Verlag Antje Kunstmann

Die über zwei Jahrzehnte als beste Rap-Crew missinterpretierte Arbeitsgruppe Da Blumentopf besticht in ihrem Lebenswerk „Diskografie" durch die volksnahe, aber stets präzise Analyse der Menschlichkeit. Ihr eigens dafür entwickeltes Modell, die oft verblüffenden Ergebnisse in Form eines Songs — vor allem den Prägbarsten — unserer Gesellschaft *über*zujubeln, bleibt bis heute plagiatsresistent. Dabei strotzen diese Jugendfreunde der Talent latent innewohnenden Ämterhäufung mit einem ausdefinierten Improvisationszwang und bleiben die wohl liebenswertesten Spinner für jeden roten Faden, der was auf sich hält. Realer wird's nicht.

   Dendemann

P.S.: Mein eBay-Name ist volker@makemerich.de, die Auktion für die *Abhängen* 12" ist wieder online.

→   Dendemann, Entreprenerd seit 2003 solo unterwegs bildete zuvor gemeinsam mit DJ Rabauke das Hip-Hop-
Duo Eins Zwo.

T.O.P.F.
1992 — 2016

Fünf Jungs, sieben Studioalben, 24 Jahre Rap, 784 Konzerte, Schlussstrich. Am 23. Oktober 2015 kündigt die Münchner Hip-Hop-Band ihr letztes Konzert an und gibt damit zugleich ihre Auflösung bekannt. Innerhalb weniger Stunden ist das Konzert ausverkauft, Gleiches gilt für die Abschiedstour durch Deutschland, Österreich und die Schweiz.

„Im Klartext: Wir lösen den Blumentopf auf. Es wird kein gemeinsames Album mehr geben. Wir sind Geschichte." Dieser Facebook-Post erreicht mehr als zwei Millionen Menschen. 2.752 Einträge zählt die Kommentarleiste. „Eine Insel der Souveränität war das alles, in einem Genre, das auf Wettstreit und Kraftmeierei fußt. Groß! Wichtig für die Stadt auch", schreibt die *Süddeutsche Zeitung*.

Blumentopf sind Kinder der goldenen Ära des Deutschraps Mitte der 90er-Jahre und haben die Szene maßgeblich mitgeprägt. Bekannt als Deutschlands beste Live-Hip-Hop-Crew, vor allem wegen ihrer legendären Freestyle-Sessions, ist der Name Blumentopf zu einer Marke geworden.

Das Buch erzählt die Geschichte der Band anhand von Bildern und Relikten aus dem privaten Fundus der Fünf, eine Reise durch 20 Jahre Hip-Hop-Geschichte. Erinnerungen und Anekdoten von Wegbegleitern, Zeitzeugen, Fans und Kritikern komplettieren eine facettenreiche Annäherung an das Phänomen TOPF, die zugleich auch ein Bild von Rap-Deutschland zeichnet.

Weshalb endet nach 24 erfolgreichen Jahren die Blumentopf-Ära?

Sepalot: Wir haben schon das letzte Album im vollen Bewusstsein aufgenommen, dass es unser letztes Album sein würde. Deshalb heißt es auch *Nieder mit der GbR*. Und weil uns das so bewusst ist, gibt es auch so eine klare Ansage und geht nicht einfach mal auf unbefristete Zeit in Pause. Es ist uns klar, das war das letzte Album, und der Kreis hat sich musikalisch gesehen mit diesem Album wieder so schön geschlossen, dass es ein schöner Abschluss ist. Ich glaube, es würde unserer Karriere nicht gerecht, wenn es einfach so nach hinten auströpfeln und weniger werden würde: Man spielt immer weniger und macht immer seltener Alben. Es ist eigentlich schön, dahinter einen Punkt zu setzen und auch Platz für etwas Neues zu schaffen.

Roger: Wir hören das Blumentopf-Ding auf, „wenn's am schönsten ist" — das klingt so schwülstig. Aber jetzt aufzuhören, ist wirklich ein guter Schritt, obwohl das für uns alle mit so einer kleinen Träne im Knopfloch verbunden ist. Blumentopf ist keine Nebenher-Band. Jeder hängt sich rein und wenn er das nicht voll machen würde, dann wären wir nicht mehr der Blumentopf, den ich mir vorstelle. Den anderen geht es wahrscheinlich auch so. Und deshalb machen wir es lieber nicht weiter. So würden wir nur die Band kaputtmachen.

Wunder: In dem Sinne: 24/7, 24 Jahre, sieben Alben.

Habt ihr euch in den 24 Jahren auseinandergelebt?

Roger: Wir haben als Freunde, die meisten als Skateboard-Freunde, angefangen. Natürlich hat sich das Leben seitdem verändert. Da ist es einfach nicht mehr so, dass man rumhängt. Man kann aber trotzdem noch gute Musik machen. Es gibt jetzt keine totalen Differenzen. Aber es ist natürlich nicht mehr Haushalt 2000, alle in einer WG und Cajus macht den Hähnchentag... (Gelächter). Da hat sich im Leben schon alles ein bisschen verändert.

Sepalot: Den Hähnchentag vermisse ich aber schon.

Roger: Wir machen mal einen Hähnchentag, wenn du vorbeikommst.

Schu: Es ist einfach nicht mehr dieser wöchentliche Hähnchentag. Das Business-Ding spielte immer mehr rein, sodass alles immer anstrengender wurde.

Sepalot: Die Zeiten, in denen man zu Hause saß, Playstation spielte, kiffte und nebenher so ein bisschen Musik machte, sind vorbei. Das hat sich verlagert.

Cajus: Es wäre aber auch total arm, wenn es sich nicht verlagert hätte.

Schu: Bei mir hat es sich nicht verlagert. (Gelächter)

Wunder: Jeder hatte seine eigenen Geschichten am Laufen. Für mich gab es dann eine Zeit, in der ich alle anderen nur noch im Bandkontext gesehen habe. Es ist für das Zwischenmenschliche schön, wenn es wieder dieses Miteinander gibt, das nichts mit der Band zu tun hat, weil es die Band nicht mehr gibt. Das hat eine andere Qualität.

Gab es Momente, in denen ihr kurz davor standet, den Blumentopf aus dem Fenster zu werfen?

Schu: Solche Momente gab es auf jeden Fall — beim vorletzten Album in besonderer Weise. Nachdem sich zuvor Sepalot ums Management gekümmert hatte, haben wir uns ein externes Management ins Boot geholt. Wir wollten musikalisch in eine Richtung gehen, aber es war nicht so leicht, auf einen gemeinsamen Nenner zu kommen. So haben wir ein Album gemacht, über das wir selbst gesagt haben, dass es musikalisch zu zerfahren war. Das Label haben wir auch noch gewechselt. Es sind also unglaublich viele Dinge von außen auf uns eingeprasselt, die dieses „Hey, da sitzen fünf Freunde im Studio und machen einfach nur Musik"-Ding schwer und manchmal auch unmöglich gemacht haben. Es gab Diskussionen, weil wir alle unterschiedlich sind. Wie machen wir das geschäftlich? Was machen wir da? Es waren Szenen dabei, wo wir uns gestritten haben, aber dann hieß es doch wieder: „Ja, gut, aber jetzt machen wir Musik." Das hat auch immer geklappt und auch allen Spaß gemacht, nur wussten wir, dass wir so nicht weitermachen könnten, weil so keiner Bock darauf hat. Als die Zeit vom *Wir*-Album ein wenig verstrichen war, war allen klar, dass das nicht das letzte Blumentopf-Album gewesen sein kann. Die Entstehung von *Nieder mit der GbR* war dann wieder so locker und unverkrampft wie bei *Kein Zufall* und *Großes Kino*. Da war vorher so viel Druck und Stress drauf, dass es eine totale Befreiung war, *Nieder mit der GbR* zu machen. Beim *Wir*-Album war der Punkt also mehr gegeben. Da hätte es im Streit enden können. Den konnten wir aber zum Glück abwenden und so überwinden, dass wir jetzt hier zusammensitzen und zusammen entschließen können, eine Abschluss-Show zu machen. Zum *Wir*-Album hätte es auch sein können, dass du mit uns Einzelinterviews hättest führen müssen.

Habt ihr als Band am Ende all das erreicht, was ihr euch selbst anfangs vorgestellt habt?

Sepalot: Da wir uns sehr wenig vorgestellt haben, haben wir das bei weitem übertroffen. Es gab eine im Nachhinein sehr bezeichnende Situation, als wir unser erstes Album *Kein Zufall* veröffentlichten. Kurz danach sind wir in die WG gezogen, in der wir alle zusammengelebt und auch *Großes Kino* aufgenommen haben. Jeder sollte auf einen Zettel schreiben, was er glaubt, wie viele Alben wir verkaufen würden. Und meine Zahl war ein Vielfaches der Zahlen der anderen. Daraufhin gab es direkt eine Diskussion.

Cajus: Ich meine, mich zu erinnern, dass die Zahlen zwischen 150 und 10.000 Stück geschwankt haben.

Sepalot: Für die 10.000 musste ich richtig einstecken.

Schu: Im Auto haben wir dann mit Four Music telefoniert und die haben es schätzen lassen. Das hat für Gelächter gesorgt. Die meinten: „Wenn das, was ihr denkt, wirklich die Realität wäre, dann würden wir jetzt nicht mehr mit euch telefonieren."

Sepalot: Weil du gefragt hast, welche Erwartungen wir hatten: Es gab keine Erwartungen. Wir sind da ja alle irgendwie reingestolpert. Natürlich waren die Erwartungen beziehungsweise Träumereien von uns sehr unterschiedlich, aber selbst bei dem größten Träumer damals, also mir, wurde das bei Weitem übertroffen.

Wunder: Für die Musik, die wir gemacht haben, ist das, was wir bekommen haben, aus meiner Sicht schon realistisch. Wir haben

es nie darauf angelegt, dass alles massenkompatibel wird, und dass wir Radio-Hits haben, sondern wir haben die Musik gemacht, wie wir sie machen wollten. Keiner ist Millionär geworden, aber über die Jahre konnten wir gut davon leben. Genauso sehe ich das auf der künstlerischen Seite: Wir konnten uns immer selbst verwirklichen und haben einfach gemacht, worauf wir Bock hatten. Wir mussten keine große Rücksicht nehmen und mit niemandem Kompromisse eingehen. Wenn ich das alles als Ganzes sehe, hat die Band Blumentopf einen Pflock in die Hip-Hop-Landschaft geschlagen. Wir stehen für etwas Bestimmtes, haben eine bestimmte Richtung mitgeprägt und ein Statement hinterlassen, das man auch gut so stehen lassen kann.

Roger: Große Träumereien gab es in der Band nicht. Das liegt auch ein bisschen am Blumentopf-Humor. Wir nehmen uns selbst nicht zu wichtig. Wir waren zu jedem Zeitpunkt zufrieden mit dem, was wir bis dato erreicht hatten. Wir machten unseren Sound offen und ehrlich und sind so eigentlich total glücklich.

Was ist das Geheimnis eurer 20-jährigen Erfolgsgeschichte als Band?

Sepalot: Ich glaube, ein Grund dafür, dass es uns so lange gibt, ist, dass wir zu fünft sind. So eine Fünfer-Konstellation lässt es auch immer zu, dass sich ein oder zwei Leute mal rausziehen, ohne dass die Band zusammenbricht. Wenn in einer Dreier-Konstellation jemand nicht richtig am Start ist, fällt das ganze Konstrukt zusammen. Natürlich braucht es in einer Fünfer-Konstellation auch viel mehr Absprachen, aber jeder kann sich die Luft nehmen, mal etwas anderes zu machen oder mal nicht zu jedem Thema seine Meinung zu haben. Das ist ein Grund, warum es uns so lange gab.

Roger: Man muss sich auch gut verstehen. Man hat einen Auftritt, der dauert eine oder eineinhalb Stunden, aber man fährt oft sechs oder sieben Stunden mit dem Auto hin. Und wenn man dann nichts miteinander anfangen kann, bringt das nichts. Und auch wenn ein Auftritt mal eher medium war, ist man danach noch richtig trinken gegangen und es war immer ein witziger Abend.

Sepalot: Da Blumentopf eine Album- und Live-Band war, war das Tal, durch das Deutschrap gegangen ist, nicht so tief für uns. Es gab eine Phase, in der weder Zeitschriften noch das Fernsehen etwas anfassen wollten, das mit Hip Hop zu tun hatte, und wo es auf einmal auch sehr wenige Veröffentlichungen gab. Das haben wir auch gemerkt, aber eben sehr, sehr gering. Wir können schon sagen, dass es für uns in diesen 24 Jahren relativ konstant ging. Und es war egal, ob es dieser große Hype Ende der 90er-Jahre oder das große Tal nach der Aggro-Berlin-Phase war oder ob es heute ist. Dieser Leuchtturm, den Blumentopf darstellt, an dem sich andere Künstler auch orientieren und es dann wie wir oder eben nicht wie wir machen, hat dazu geführt, dass man von den Moden und den ganzen Ups & Downs relativ verschont blieb.

Wunder: Ganz wichtiger Punkt, gerade für Live-Auftritte: Man muss gute Leute dabeihaben — vom Lichtmann bis zum Tontechniker, von Tour-Begleitern bis zum Management. Das müssen Leute sein, mit denen man gerne Zeit verbringt und mit denen man sich auch privat treffen würde.

Mit dem Entschluss, die Band aufzulösen, endet auch das berühmte Kapitel der Live-Auftritte von Blumentopf. Könnt ihr überhaupt ohne Publikum?

Wunder: Ich weiß für mich schon ganz klar, dass ich diese Live-Konzerte vermissen werde. Das waren für mich ganz große Momente, die in dieser Band passiert sind. Gerade die Freestyle-Sessions in dieser Chemie, wenn wir uns abgewechselt und die Bälle zugespielt haben. Für mich hat sich jahrelang mit der Freestyle-Session entschieden, ob ein Konzert gut war oder nicht. Auch für einen selber, ob man gut war oder nicht. Egal, ob man beim ersten Song drei Zeilen vergisst. Wenn die Freestyle-Session gut war, war es auch für mich selber gut. Das hat auch nichts damit zu tun, dass ich vermissen werde, wie beim Konzert zig Leute stehen und mir applaudieren. Es hatte einfach so eine Energie und hat so viel Spaß gemacht.

Cajus: Mir geht es auch nicht um dieses „Ok, du bist der Star. Hier sind die Leute für dich. Und jetzt schreit laut meinen Namen!" Dieses Eierschaukeln ist gar nicht das Ding. Die Interaktion mit dem Publikum und auch unter uns auf der Bühne, aber auch die von Holunder angesprochenen Freestyle-Sessions, das werde ich vermissen. Dieses Lebendige, und nicht, dass wir die Songs von A bis Z runterspulen und die Ansagen schon klar sind. Sich die Bälle zuspielen und das spontan auf der Bühne stehen zu lassen — das ist schon Blumentopf-Style, und den werde ich vermissen.

Die Fünf-Männer-Ehe ist ja jetzt geschieden. Besteht die Gefahr eines Rosenkriegs bei euch?

Schu: Es muss sich noch einer finden, der sich traut, die alten Geräte, die eh kein Mensch mehr braucht, auf seinen eBay-Account zu stellen, um sich die Bewertungen kaputtzumachen (Gelächter).

Sepalot: Haltet Ausschau nach gebrauchten Geräten mit leichten Wasserschäden. Das ist das, was wir noch regeln müssen. Ansonsten: Wir sind nicht im Ehekrach und es gibt auch keinen Scheidungsanwalt.

Cajus: Das Ding ist, dass das Finanzielle durch den GbR-Vertrag ganz unsexy geregelt ist. Mit T-Shirts, Plakaten und diesen ganzen Sammlergeschichten ist jeder versorgt, beziehungsweise wir haben auch noch etwas übrig, das wir aufteilen können, ohne dass es Streit gibt. Von daher: Blumentopf kann sich ohne Streit trennen.

Die Blumentopf-Ära ist also offiziell zu Ende. Wie geht es für jeden Einzelnen von euch jetzt weiter?

Roger: Ich habe mit Schu eine Platte gemacht. Was wir danach machen, weiß ich nicht genau. Bestimmt mache ich weiterhin Musik, auch wenn ich die nicht mal releasen würde. Das ist der Witz daran: Ich mache das eben voll gern, das ist mein Ding. Irgendwann ist es echt nur noch *mein* Ding, weil nur noch ich es hören werde. Das Mikrofon hört auch zu, und vielleicht auch noch der Mann im Mond. Ich bin auch noch Grafiker, bin im Videoschnitt drin — ich habe noch „große" Projekte in der Pipeline. Und ich bessere aktuell auch meinen Gamerscore auf. Aber klar, ich werde weiterhin Musik machen und in diese gestalterisch-künstlerische Richtung weiterarbeiten.

Cajus: Ich betreibe seit Längerem mit meiner Freundin ein Café am Walchensee — das ist ein schöner, unverbauter Bergsee — und wir haben fast den einzigen Privatstrand dort, mitten unter den Bergen. Ich laufe durch die Berge, mache viel Sport, bin viel in der Natur und habe da jetzt genug Zeit, um zu überlegen, wie es bei mir weitergeht.

Sepalot: Bei mir geht es mit Musik weiter, in allen Facetten. In erster Linie werde ich für mich und andere produzieren, aber auch auflegen und Radio machen.

Schu: Ich werde immer Beats machen, mir Musik anhören, ein paar Raps schreiben. Aber ich bin mir nicht sicher, ob mein Lebensentwurf dahingeht, dass ich damit weiterhin mein Geld verdienen möchte. Ein bisschen Zeit ist da, deshalb: gut überlegen und am Ende unter Torschlusspanik etwas machen. (lacht)

Wunder: Ich habe 20 Semester lang mein Physikstudium betrieben, es dann abgeschlossen und danach meine Biophysik-Promotion gemacht. Die habe ich parallel zu *Nieder mit der GbR* fertiggestellt und 2013 war ich durch damit. Mir war schon immer klar, dass ich damit beruflich etwas anfangen möchte. Von daher war es für mich auch der richtige Zeitpunkt, um mit der Band aufzuhören.

Empfindet ihr die Namensgebung als Segen oder Fluch?

Sepalot: Der Name war Segen und Fluch zugleich, glaube ich. Segen, weil er unsere Anti-Haltung und unser Besonders-Sein ziemlich klargemacht hat. Fluch, weil so ein markanter Name sofort Bilder im Kopf der Leute erzeugt und die sich ihre Meinung machen, bevor sie die Musik gehört haben.

Roger: In dieser Medienlandschaft, in der es im Zusammenhang mit Hip Hop um Coolness geht, kommen wir mit so einem „Scheiß drauf"-Namen. Der Name stellt uns aber super dar und das war auch der Plan. Wir waren immer schon „Scheiß drauf". Wir wollten nicht die Coolsten sein, wir wollten die Coolsten im „Scheiß drauf"-Style sein. Egal, was ihr sagt, wir machen es so.

Nun die Frage, die ihr all die Jahre nie beantwortet habt: Wie seid ihr auf den Namen gekommen?

Schu: Wenn das jetzt wirklich die letzte Interviewfrage in unserer Karriere ist, können wir es ja sagen. Es war einfach diese Anti-Haltung, dass alles andere nicht so ist, wie wir es uns vorstellen. Und wenn ihr die lyrische Kompetenz seid, dann sind wir halt „Da Blumentopf" und viel Spaß damit.

Sepalot: Diesen Kontrast aus „Da" und „Blumentopf", „Gangster" und „Gar Nichts" fanden wir ganz spannend. Die meisten Leute haben aber immer gedacht, wir hießen „Da Blumentopf", weil das so bayerisch klingt, war aber gar nicht so.

Jetzt die wirklich letzte Interviewfrage: Was sind eure letzten Worte als Blumentopf?

Roger: Es ist gar nicht so leicht, so was aufzuhören. Es gibt ja nicht diesen großen Knall, als ob irgendetwas Großes passiert wäre. Wir haben zusammen beschlossen, dass wir das machen. Es ist auch einfach fair für die Fans, die Blumentopf-Tattoos haben und von Tag eins an Fans waren. Da hatten wir die Verpflichtung zu sagen: „Hey, Blumentopf gibt es nicht mehr."

Wunder: Ich hoffe auch, dass all die Fans, bei denen wir uns natürlich herzlich bedanken, es nachvollziehen können, dass die Band Blumentopf zu einem Zeitpunkt aufhört und in Erinnerung bleibt, an dem sie noch oben war und nicht ganz woanders. Ich stelle mir das ganz schlimm vor. Stell dir vor, du bist von irgendetwas so sehr Fan, und dann …

Roger: Du bist 60er-Fan, du weißt genau, wie sich das anfühlt. (Gelächter)

Wunder (hält sich die Hände vors Gesicht): Ich weiß, wie es sich ganz unten anfühlt. Aber als 60er-Fan ist es nichts Neues. Jedenfalls: Wir wollen unsere langjährigen Fans nicht mitansehen lassen, wie wir so lange weitermachen, bis wir den Zeitpunkt verpasst haben, an dem wir hätten aufhören sollen.

→　Das letzte Interview mit Blumentopf führte Niko Hüls.

| 1992 | → | BANDGRÜNDUNG DA BLUMENTOPF (SEPALOT, HOLUNDER, KUNG SCHU, |
| | → | MASTER P, MIKROFON SPECHT) |

1993	→	WÖCHENTLICHE TREFFEN ZUM FREESTYLEN UND AUFLEGEN IM
		JUZ UNTERSCHLEISSHEIM
	→	ERSTER AUFTRITT IN DER UMBAUPAUSE BEIM NORDBLOCK OPEN AIR
		VOR 15 LEUTEN
	→	ERSTER AUFTRITT IN MÜNCHEN AUF DEM BLACK MUSIC JAM IN DER
		GLOCKENBACHWERKSTATT

| 1994 | → | CARAMELO „AUSSERORDENTLICHES MITGLIED" DER BAND BIS 1996 |
| | → | ERSTER AUFTRITT IN ÖSTERREICH (KAPU, LINZ) |

1995	→	DEMO-TAPE
	→	FEATURE *AUF SUMATRA GEHT ASCHE NIEDER*, AUF *MÜNCHMOB*-EP
		(MAIN CONCEPT, MOVE)
	→	DEMO-CD *TOPF HITS* FEAT. TEXTA, MANUVA (TOTAL CHAOS) & CARAMELO
		(AUFLAGE 15 STÜCK)

1996	→	SUPPORT VON PHARCYDE (BACKSTAGE MÜNCHEN)
	→	EP *ABHÄNGEN* (MUC MUSIC)
	→	AUS „MIKROFON SPECHT" WIRD „MIC SPECHT"
	→	SUPPORT VON FETTES BROT AUF *SPIEL MIR DAS LIED VOM BROT* -TOUR
		(SUPPORT: SPAX, MC RENE)
	→	FEATURE *WILDWECHSEL*, AUF *AUSSEN TOP HITS, INNEN GESCHMACK*
		(FETTES BROT, INTERCORD)

1997	→	SUPPORT VON FETTES BROT AUF *SPIEL MIR DAS LIED VOM BROT*-TOUR
		(SUPPORT: MASSIVE TÖNE)
	→	PLATTENVERTRAG BEI FOUR MUSIC

↑ ↓ Freestyle-Session im „Suspect" (Jugendzentrum Unterschleißheim)

↑ Das Auftrittsbuch führte Cajus von 1993–1998

DER SECHSTE TOPF

Ich lernte Roger mit 18 Jahren während meiner Ausbildung zum Grafiker in München kennen. Das Erste, was mir an Roger auffiel, war sein wahnsinniges Talent als Zeichner und Illustrator. Dass Roger auf Hip Hop stand, verriet sein Kleidungsstil. In der Klasse waren wir Sitznachbarn und Roger hat mir ab und an seine Kopfhörer rübergereicht. So fingen wir an, uns gegenseitig unseren Sound näher zu bringen. Ich war zu der Zeit voll auf Reggae und Dancehall, konnte ein wenig Patois und schrieb viel auf Spanisch. Auf dem Pausenhof rappten wir manchmal aus Spaß.

Irgendwann erzählte Roger mir von seiner Crew und lud mich zu einer ihrer Freestlye-Sessions in den Proberaum eines Jugendzentrums außerhalb Münchens ein. Ich fand das cool, dort konnte ich endlich meine Lyrics vor Gleichgesinnten ausprobieren. Ich fuhr mit der S-Bahn raus und Sepalot holte mich mit dem Auto ab. Wir haben stundenlang in dem Kellerraum gefreestylt. Ab dann trafen wir uns regelmäßig im JUZ in Unterschleißheim. Sepalot machte die Cuts und legte die Beats auf, und wir texteten frei ins Mikrofon. Ich war ziemlich geflasht von den Freestyles, die die Jungs kickten. Wie man einfach so sein Hirn von dem Reimzwang abkoppeln kann und letztendlich doch ein brauchbarer Reim herauskommt. Die Jungs waren darin eindeutig damals schon Meister. Ein Ritual nach den Sessions war, gemeinsam die Aufnahmen unserer Freestyle-Eskapaden auf Tape im Auto anzuhören. Es kamen wirklich witzige Reime dabei rum. Wir lachten uns über uns selbst kaputt, und aus einigen Reimen wurden auch Texte. So wurden erste gemeinsame Songs geschrieben. Wir hatten auch einige Auftritte auf Jams und waren auf diversen Hip-Hop-Veranstaltungen und Konzerten unterwegs. Auf einem MC Solaar-Konzert zum Beispiel folgten wir der Aufforderung des französischen Rappers „Ich will wissen, was in München geht? Wo sind die MCs?" und gingen zur Open-Mic-Session auf die Bühne. So sammelten wir nach und nach Erfahrung vor Publikum und erlangten eine gewisse Routine.

Der erweiterte Kreis um die Band wurde Hustensaft-Posse genannt. Zur Posse zählten alle, die mit dem Topf abhingen. Der Name basierte wie Da Blumentopf auch einfach nur auf einem Witz. Er sollte nicht direkt schlüssig klingen. Es war ein ziemlicher Spaß zu hören, wie einige versuchten, Interpretationen über die Namen anzustellen. Wir führten dieses Spielchen mit unseren MC-Namen weiter. Ich war MC Erdnuss, und die anderen hatten keine „cooleren" Namen: Mikrofon Specht, Holunder, Kung Schu, Sepalot oder Master P. Das waren alles Namen, die zeigen sollten, dass wir uns selbst nicht allzu ernst nahmen, sondern mit Humor an die Sache rangingen. De La Soul haben es vorgemacht. Cajus war damals schon ein großer Fan der Fat Boys. Die Töpfe waren überhaupt eher dem Eastcoast-Rap verschrieben, und nicht so sehr dem Gangsta-Stuff. Feinkost Paranoia standen in München für die andere Art von Rap. Mit denen kam es aber nie zu einer Zusammenarbeit, denn es existierte eine Form von Gedisse, die bestimmt nicht vom Topf ausging. Zu der Zeit kam auch der Kontakt mit Main Concept zustande. Die waren bereits eine große Nummer in München. DavidPe, ein unglaublich guter Freestyler und kluger Texter, war mit dem Topf befreundet. So kam es 1995 zu meiner ersten Veröffentlichung auf der *Münchmob*-EP.

Die Töpfe haben dieses Hip-Hop-Ding mehr und mehr gelebt. Sie waren immer strictly Hip Hop. Ich fand Hip Hop zwar immer geil, aber Reggae und Latin waren mehr mein Ding. Als ich die Jungs von Les Babacools kennenlernte, bin ich bei denen hängengeblieben, denn dort konnte ich meinen Sound mit einer kompletten Band ausleben. So haben sich unsere musikalischen Wege erst einmal

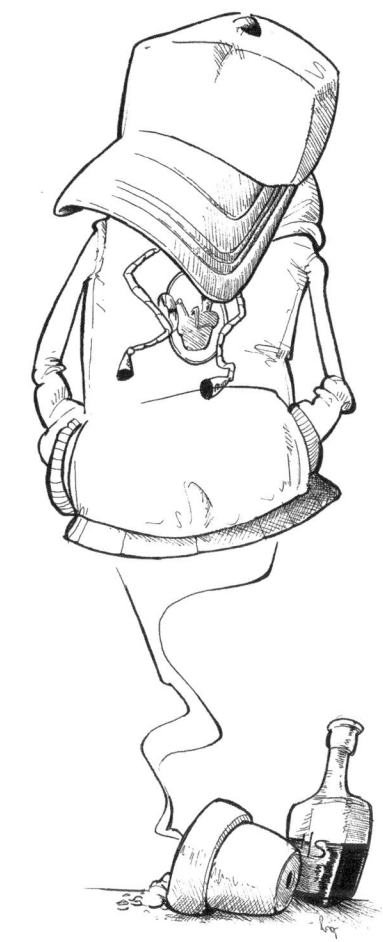

↑ Zeichnung Roger
↖ hinten von links Wunder, Roger, Cajus
vorne von links Caramelo, Schu, Sepalot

getrennt, aber wir sind uns immer wieder begegnet. Es gab einige Kollabos zwischen Babacools und dem Blumentopf. Für den Tune *Danke Bush* baten sie mich, eine Zeile von Peter Tosh zu singen: „You can fool some people sometimes / But you can't fool all the people all the time."

Caramelo

→ Der Grafiker, Illustrator und Sänger Don Caramelo war frühes Mitglied bei den Töpfen und später Frontmann der Crossoverband Les Babacools. Mit Acts wie Gentleman, Orishas und Seeed war er im Studio und auf Tour. Heute ist er gemeinsam mit seinem Bruder Paco Mendoza bei der Latin-Reggae-Formation Raggabund aktiv.

DA BLUMENTOPF

"Wir bringen den Funk aus München Nord"

Es geht ihnen um den Funk und um den Flow, und vor allem
darum, zu zeigen, daß deutscher HipHop nicht immer so
klingen muß, wie er sich bisher leider bei den meisten
Deutsch- HipHop- Gruppen anhört: engstirnig, verkrampft,
schnell und hart. Mit ihrer Kombination aus relaxten,
fetten Beats von ca. 70 - 95 bpm, funky Samples und
geschmeidigen Raps beweisen die vier MC's und der DJ vom
Blumentopf, daß es auch anders geht. Daher haben sie auch
keine Vorbilder aus der Deutsch-HipHop Szene sondern
orientieren sich eher an Gruppen aus den USA. In ihren
Texten nehmen rappen sie vom "Abhängen" mit Freunden, vom
Treppenhausrocken und dem sonstigen Scheiß den sie machen
oder nehmen auch gern mal HipHop- Ernsties oder Machos
auf den Arm.
Daß der Spaß bei der Sache schon immer eine recht große
Rolle spielte zeigt sich nicht nur im Namen sondern schon
bei der Entstehung der Band. Als es Holunder, Master P
und Mikrofon Specht im Sommer 1992 zu heiß zum
Skateboardfahren war und sie im Keller ein Mikrofon
fanden, dachte zunächst keiner von ihnen daran, eine Hip
Hop Band zu gründen. Sie legten einfach auf der Anlage
des großen Bruders ein paar Instrumentalplatten auf und
reimten drauflos. So entdeckten sie ihre Lust am
Freestyle Rap und es folgten stundenlange
Freestylesessions, bei denen sie auch ihre Namen als MC's
kreierten und sich eines Tages "Da Blumentopf" nannten.
Die ersten Texte entstanden erst ein 3/4 Jahr später.
Kurz darauf kamen Kung Schu und DJ Sepalot, die man von
der Schule und vom Skaten her kannte dazu, und es folgten
erste kleinere Auftritte, die mit Texten zu diversen
Beatplatten bestritten wurden. Im Winter '93/94
produzierte DJ Sepalot die ersten eigenen Blumentopf-
Beats. Durch Freestyles auf Jams und Konzerten wurden
mehr Leute auf die Gruppe aufmerksam, so daß sie an
weitere Auftritte u. a. als Vorgruppe von Advanced
Chemistry kam und sich nicht nur in München bald einen
Namen machte. Seither rockt der Topf auch in anderen
Städten das Haus und verwendet die Gage zur Einrichtung
eines kleinen Studios bei DJ Sepalot.
Neben den rein deutschsprachigen Liedern wird seit Ende
93 auch hin und wieder der auf spanisch rappende Latino
MC Caramelo beim Blumentopf gefeatured.
Eines der neuesten Projekte ist ein Stück zusammen mit
Main Concept und anderen Münchner Rappern, das auf deren
neuen EP erscheint.

"DJ Sepalot"   (Sebastian Weiss, Student, 21 J.): DJ
                     und Produzent
"Mikrofon Specht" (Roger Manglus, Schüler, 20 J.): MC
"Master P"   (Cajus Heinzmann, Zivi, 20 J.): MC
"Holunder"   (Bernhard Wunderlich, Zivi, 20 J.): MC
"Kung Schu"   (Florian Schuster, Schüler, 19 J.): MC
"Caramelo"   (Andreas Leske, Schüler 20 J.): MC

Glockenbachwerkstatt:

Vermutlich die beste Chance den Sprung aus der Anonymität
in den deutschen HipHop-Erfolgshimmel zu meistern.

Da wir aber mit "Scheiß Deutsche" begrüßt wurden
sanken diese Chancen etwas.

Master hielt sicheren Abstand und lag krank zu Hause.

Resümee:

Zu wenig Gage und zu viel Gewalt.

Fortsetzung folgt !!!

BLACK MUSIC JAM once again!
~ HipHop ~ Swing Beat ~ NEW SOUL ~ Ragga ~
with
D.J MOTOWN
D.J C.
D.J FRANCÓUS
and SPECIAL GUEST:
·DA BLUMENTOPF and more
(deutscher HipHop - LIVE)
DATES:
10 DEZEMBER 1993
19⁰⁰ - 24 - PAY: 5.-
WICHIG: zwecks Winterpause letzte JAM '93
nächster TERMIN!
04. Februar 1994 ab 19⁰⁰ Uhr

Blumentopf agiert als
Mitorganisator. Kung SW.
verteilt die wahnsinns Gage
von allen Gruppen. (200.-)

Speckt, die
Zeichne mit
Köpfchen. Extra
Platz für Adresse
freigelassen.
Adresse von Schu
nachher draufge-
schrieben und
Flyer 15x kopiert.
Mad Props!

Im Suspect²
Birkenstraße 2
85716 Lohhof
Tel: 3105389
(S1) Bus
219

Props für Ammo, Chi-Z und Topf.
Rest eher mäßig.

16.12.1994 ● 19.00 Uhr

Kulturstation
Oberföhringerstr. 156 ● München

Eintritt DM 8.—

DA BLUMENTOPF » AMMO-G » CHI-Z » ZIVILCOURAGE

D.O.PE. » NATIONAL-CREW » VERBALE ATTACKEN

DIE EXPERTEN » SWIPPHDONIK » MUNICH CITY ROCKERS

DJ EXPLIZIT » HUMAN D » DJ VORWÄRTS VOLLGAS » DRE KICK

Veranstalter: ZEUGNERHOF Berg-am-Laim (Kreisjugendring Mü.-Stadt); Josephsburgstraße 10; 81673 München

Scope, Aphroe und
Echo sind nicht
erschienen.
→ Von den eingeladenen
MC's waren 50% an
Topf.

1 Runde

Master   Baste
         (Blumentopf)
Master gewinnt

Specht   MC's freestyle
         Tatwaffe

Publikum war nicht ganz sicher, ob der Specht
gewählt hat.

Tatwaffe fällt unge-
rechtfertigt gegen den
Publikumsmann raus.
Wenigstens Schu Caput
hat eine Zweifel.

Tatwaffe und Spax fallen gleich raus. Publikum war nicht kraus

2 Runde   Master verabschiedet sich nach Thema OP gegen Specht
           Schu Caput Afrob gerechtfertigt raus.

3. Runde   Schu verliert gegen David
           Specht zieht nach Seg über "State of mind" ins Finale ein.

Finale   Daniel — Specht

Am Anfang verläuft noch alles typisch Battle. Doch dann
wird es Ernst mit der Beschimpfungen. Specht bringt Leute
zum Lachen. Daniel gewinnt und ist beleidigt!
"Schlägt Publikum."

Hip Hop Emotions finden sich aber schnell in Ehre verletzt.

↑   Aufnahmen mit DavidPe im Studio von Glammerlicious

AUF SUMATRA GEHT ASCHE NIEDER

Es war Ende 1993, als mir mein alter Freund und Graffiti-Partner Christian Hundertmark (bekannt als Chi-Z vom Track *Ich bleib im Untergrund* oder als C100, der beste Cover-designer der Welt) eines Tages erzählte: „Bei mir in Unterscheißheim gibt es jetzt auch eine Gruppe, die auf Deutsch rappt. Das sind coole Jungs, die kenn ich schon länger und die freestylen auch gut." Mein Interesse war geweckt, denn dass irgendwer auf Deutsch rappte, und das auch noch gut, war damals nicht selbstverständlich. „Und weißt du, wie sie sich nennen?", fragte er mich. „Halt Dich fest: Blumentopf!!!". „Was!?! Blumentopf??? Abgefahrener Name!", war meine Antwort. Irgendwie bescheuert, aber auch witzig. Zu der Zeit absolut untypisch für eine Rap-Gruppe, sich nach einem Gegen-stand zu benennen. Allerdings auch eine großartige Metapher für eine Crew. „Das sind vier MCs und ein DJ", meinte Christian. „Einer der Rapper nennt sich Kung Schu und der DJ Sepalot. Und glaub mir, die Texte sind echt witzig!" Bei diesen Namenswort-spielchen konnte ich mir das gut vorstellen. Ich war schon gespannt darauf, die Typen kennenzulernen und etwas von ihnen zu hören. Das geschah dann auch einige Monate später, allerdings in Stuttgart. Wir, also Main Concept, sind dort aufgetreten, und am Ende der Show habe ich wie gewöhnlich zur Freestyle-Session aufgerufen. Daraufhin sprangen vier Typen auf die Bühne und rappten los. Ich hörte heraus, dass sie aus München waren, und begriff schnell, dass das die besagten Blumentopf-MCs sein mussten. Wir freestylten ausgiebigst. Damn, Chi-Z hatte recht, die waren echt gut! Nach der Show unterhielten wir uns lange, verstanden uns blendend, und ich merkte, dass wir auf derselben Wellenlänge lagen. Außerdem erfuhr ich, dass Blumentopf eigentlich „Da Blumentopf" hieß.

Von nun an liefen wir uns häufig über den Weg. Bei jeder Gelegenheit rappten wir gemeinsam auf der Bühne, und ihre Freestyle-Skills spornten mich an, an meinen zu arbeiten. Bald schon hielt ich das erste Da-Blumen-topf-Demo in der Hand und ich erinnere mich genau, wie beeindruckt ich von diesen pointierten Doppelreimen war. Das war damals absolut neu, zumindest in der Dichte und beileibe kein dumpfer Spaßrap!

Mein Kumpel Michael Kuchar aka Kuchen-George, das vierte inoffizielle Main-Concept-Mitglied, und ich veranstalteten zu der Zeit bereits schon eigene Hip-Hop-Jams und so trat Da Blumentopf bei unserer „New-Kidz-On-The-Mic"-Jam in der Kulturstation auf. Aus heutiger Sicht schwer für mich vorstellbar, aber die Jungs waren damals quasi Newcomer, während wir schon unser erstes Album *Coole Scheiße* rausgebracht hatten und bundesweit in der Szene etabliert waren.

Mittlerweile arbeiteten wir an unserer *Münchmob*-EP. MünchMob nannten wir die Posse um uns herum, bestehend aus Münch-ner Writern und Rappern. Also durften die Töpfe auf dieser Platte nicht fehlen, und ich bat sie um ein Feature für den MünchMob-Posse-Track. Zu dieser Zeit waren die Jungs auf ihrem Boulevard-Bou-Reime-Film und infizierten mich damit. Bei jeder Begegnung trugen wir uns die neusten Boulevard-Bou-Reime vor, wir waren alle voll dabei. Diese Art von Reimen ist benannt nach dem Heidel-berger MC Boulevard Bou, der in seinen Texten regelmäßig solche Dinger drin hatte. Hier ein Beispiel von Boulevard Bou: „Ich bin der *Maulheld*, der nie sein *Maul hält*." Verstanden? Gut! Die Töpfe machten daraus einen Hochleistungssport mit ausgefallenen und sehr komplexen Kompositionen. Also einigten wir uns darauf, einen weiteren gemeinsamen Track auf die EP zu packen, auf dem jeder von uns seine Lieblings-Boulevard-Bou-Reime aufsagte. Wie nicht anders zu erwarten, trumpfte Wunder mit dem krassesten Reim auf: „Auf *Suma-tra geh-t Asche nieder* und wenn mir beim Einkaufen der Beutel zu schwer wird, dann stell ich meine *Suma-Tragetasche nieder*". Suma ist ein Münchner Einkaufszentrum. Wir amüsierten uns bei den Aufnahmen köst-lich. Den Track verstanden wir als Hommage

↑   Mit DavidPe im Nightliner auf der Main Concept Freestyle-Tour

an Boulevard Bou, der uns auf diese extravagante Reimform aufmerksam gemacht hatte. Erst später sollte ich erfahren, dass sowas als literarisches Stilmittel gilt und mit Fachausdruck Homonym oder Äquivokation heißt. Schon in jungen Jahren produzierten wir also literarische Lyrik!

Wie auch immer, was mich mit Blumentopf von Anfang an verband, war die Freude an Reimspielchen und an der geistreichen Pointe ... München halt ...

Die Tracks auf der *Münchmob*-EP waren unsere ersten gemeinsamen Studioarbeiten und sollten nicht die einzigen bleiben. Es folgten *Props* auf dem ersten Blumentopf-Album (mittlerweile war das „Da" aus dem Bandnamen verschwunden) und zahlreiche weitere gegenseitige Features im Laufe der Jahrzehnte bis zu *München halt* auf dem letzten Main Concept-Album. Abgesehen davon natürlich die unzähligen gemeinsamen Live-Freestyle-Sessions inklusive unserer Freestyle-Tour im Jahre 2000. Beim Freestylen

verstehen wir uns blind, sodass man meinen könnte, wir wären *eine* Crew. Wir sind jedoch zwei eigenständige Bands mit unterschiedlicher Hip-Hop-Sozialisierung, die sich im Laufe der Jahre eigenständig entwickelt haben und jede auf ihre Art stilprägend im deutschen Rap waren und sind ... München halt ... Zwischen dem Topf und mir besteht eine langjährige Freundschaft und eine gesunde Competition. Ich für meinen Teil kann sagen, dass ich ohne den „Druck" durch sie nicht der Freestyle-MC geworden wäre, der ich bin, und dafür bin ich ihnen dankbar. Blumentopf: meine Homies, meine Freestyle-Brüder ... One Love

David58Pe

→   DavidPe (David Papo, Jahrgang 1975) ist der Rapper der seit 1990 bestehenden Münchener Hip-Hop-Band Main Concept.

100% HIP HOP...

LIVE ACT: BLUMENTOPF
plus Special Guest

AT THE TURNTABLES:
STRAIGHT GROOVE DJ POSSE

INCL. FREESTYLE- CONTEST!

Sa. 26.02.94, Die Villa
Bgm. Amon Str. 3, 85748 Garching (Maibaum)

presented by:

STRAIGHT GROOVE HIP HOP MAGAZIN

in cooperation with:

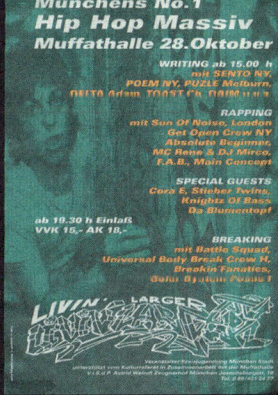

Act's:
- Underground Source
- Da Blumentopf
- Creme della Creme

Breaker:
- Burning Moves
- Crazy Fox Crew
- Bahndamm Hocker

DJ's:
- DJ Lifeforce
- DJ De Marc
- DJ Errol Flinn
- DJ Funky Fresh

Graffiti:
- Malbüro

PUSH IT!

↑　Demo-Tapes

Zum ersten Mal sah ich die Jungs 1993 bei einer Veranstaltung in der Kulturstation in München. Wie üblich kam es am Ende zu einer Open-Mic-Session und auf einmal waren die Jungs auf der Bühne. Ich war auf Anhieb von ihrem Style begeistert und sprach sie danach direkt an und wir tauschten Nummern aus. Daraufhin trafen wir uns häufiger zu Besprechungen im Drugstore, einem Café in München. Unsere „Business Meetings" bestanden hauptsächlich darin, dass ich versuchte, die Jungs zu pushen, endlich ein Demo-Tape aufzunehmen.

Ich sah in Blumentopf ein Potenzial, das zu mehr befähigte, als bloß auf lokalen Jams aufzutreten. Aber um wirklich etwas zu bewegen, brauchte ich ein Demo, das aus mehr als drei Tracks bestand. Unterstützt wurde ich bei dem Vorhaben von Sepalot. Er verstand mein Drängen und auch er wollte wohl, dass es voranging, und trieb seine Bandkollegen an. Als es dann 1995 endlich ein richtiges Tape gab, verteilte ich es direkt in meinem Freundeskreis — wie etwa an Akim Walta vom MZEE Booking und Schiffmeister von Fettes Brot. Von Plattenfirmen kam keine Resonanz oder die Gespräche erstickten direkt beim Nachhaken. Ebenso wenig interes-

siert waren die Radiosender in München. Vielleicht wirkte das Homerecording-Tape mit dem selbst gezeichneten Schriftzug auch einfach zu unprofessionell. Smudo von den Fantastischen Vier schickte ich auch eine Kassette. Die Fantas steckten gerade in der Gründungsphase ihres Labels Four Music und waren auf der Suche nach Bands. Das erste Treffen fand während der Popkomm in Köln statt. Das war alles vor Youtube, Myspace oder Bandcamp, und Kommunikation fand meist von Anrufbeantworter zu Anrufbeantworter statt. Ich bin nie als offizielle Managerin vom TOPF aufgetreten und als sich der Deal mit Four Music abzeichnete, war ich raus und Sepalot übernahm die Verhandlungen. Es wäre einfach unglaublich schade gewesen, wenn die Band diese Gelegenheit verpasst hätte.

Klaudie

↳　Klaudie Drazdansky kann sich auf die Fahne schreiben, als Entdeckerin von Blumentopf zu gelten. Mit dem Tramperticket war sie Anfang der 90er bundesweit auf Hip-Hop-Jams unterwegs. Mit ihren Kontakten aus der Writer- und Hip-Hop-Szene konnte sie den TOPF an Fettes Brot und Four Music vermitteln.

B M G ARIOLA
MUENCHEN GMBH

Da Blumentopf
Sebastian Weiss
Graf-Moy-Str. 1

85356 Freising

Ihr Zeichen	Ihre Nachricht	Unser Zeichen		
		AAAN/HK/gg		05.01.1996

Demo (CD " Topfhits ")

Hallo Sebastian,

vielen Dank für die Zusendung Eures Demomaterials.

Obwohl uns Eure Produktion gefallen hat, konnte uns aus kommerziellen Gesichtspunkten keiner der Titel richtig überzeugen. Zur Zeit sehen wir daher leider keine Übernahme- oder Veröffentlichungsmöglichkeit innerhalb unseres Hauses.

Wir bitten um Verständnis für unsere Entscheidung. Dennoch würden wir uns freuen, wieder von Euch zu hören.

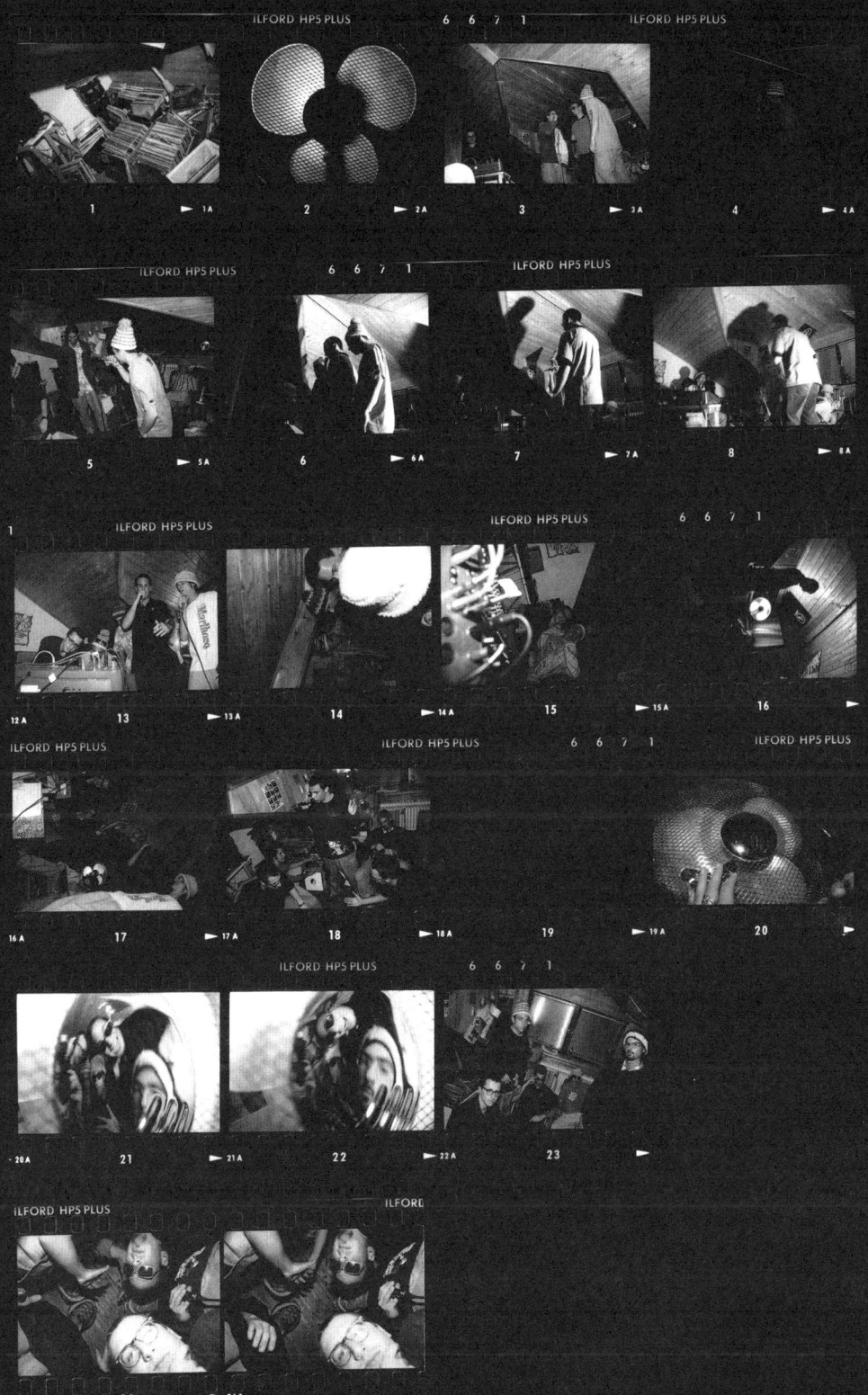

↑   Hustensaftstudios oder Sepalots Zimmer im Elternhaus

01

Die ersten Platten, die ich mir kaufte, waren allesamt aus dem Fach „Funk/Soul/Jazz". Irgendwann entdeckte ich die Instrumental-versionen auf den B-Seiten der Hip-Hop-Maxis. Hier gab es auf drei Minuten Länge die besten fünf Sekunden eines Soul- oder Jazz-Songs zu hören. Zugang zu Rap-Musik fand ich über die Beats und das ist bis heute so geblieben.

Im Jugendzentrum in Unterschleißheim, das Schu für uns klargemacht hatte, gab es zwei statt nur einen Technics 1210er wie zu Hause, und so wurden unsere Sessions dort zu meinem wöchentlichen Highlight. Das damals schon antiquarische Roland Bandecho war eines der ersten Geräte, die ich kaufte. Mit den alten Jazz-Platten und den verspulten Bandecho-Effekten auf den Vocals der MCs muss ich meinen Bandkollegen bei unseren wöchentlichen Sessions wohl ziemlich auf die Nerven gegangen sein. Meine Versuche mit Plattenspielern, Echo und einem im Mischpult integrierten Sampler fixten mich an, eigene Beats zu bauen. Eine Art Initialzündung, Equipment zum Produzieren zu besorgen,

war die Rückseite des Pete Rock & C.L. Smooth-Albums The Main Ingredient. Dort war für mich der Inbegriff eines Hip-Hop-Studios zu sehen: zahllose Platten, Sampler, ein Rhodes und zwei Plattenspieler. Unendlich oft sah ich mir die Rückseite des Covers an und versuchte genau herauszufinden, was dort zu erkennen war. Ich zog los, um Flohmärkte und Kleinanzeigen zu durchstöbern.

Ich besorgte mir einen Akai S950 Samp-ler, einen Atari ST Computer, den ich als Sequenzer benutzte, und eine EMU SP12. Die Geräte waren zu dieser Zeit eigentlich schon mehr als veraltet, passten aber ins Budget und waren eben auf der Rückseite eines meiner Lieblingsalben zu sehen. Damals war mir noch gar nicht klar, wie sehr die SP12 und der S950 den Hip-Hop-Sound der 90er-Jahre prägen sollten. Beide Kisten zusammen hatten nicht mal 10 Sekunden Sample-Zeit bei 12bit und waren selbstverständlich mono — aus heutiger Sicht vollkommen unvorstellbar, damals aber völlig in Ordnung. Um ein paar Sekunden mehr aus den Samplern heraus-zuholen, habe ich die Schallplatten auf

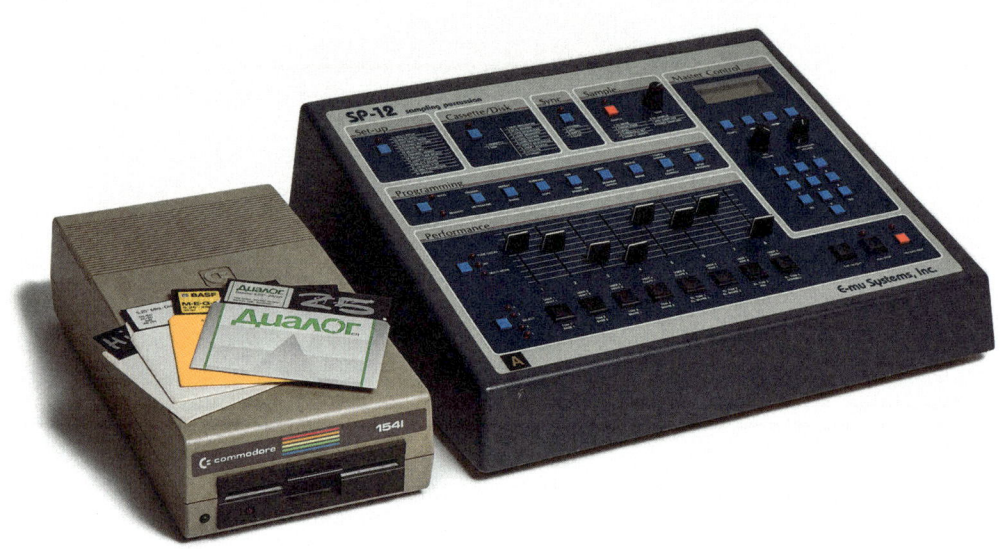

02

03

04

05

06

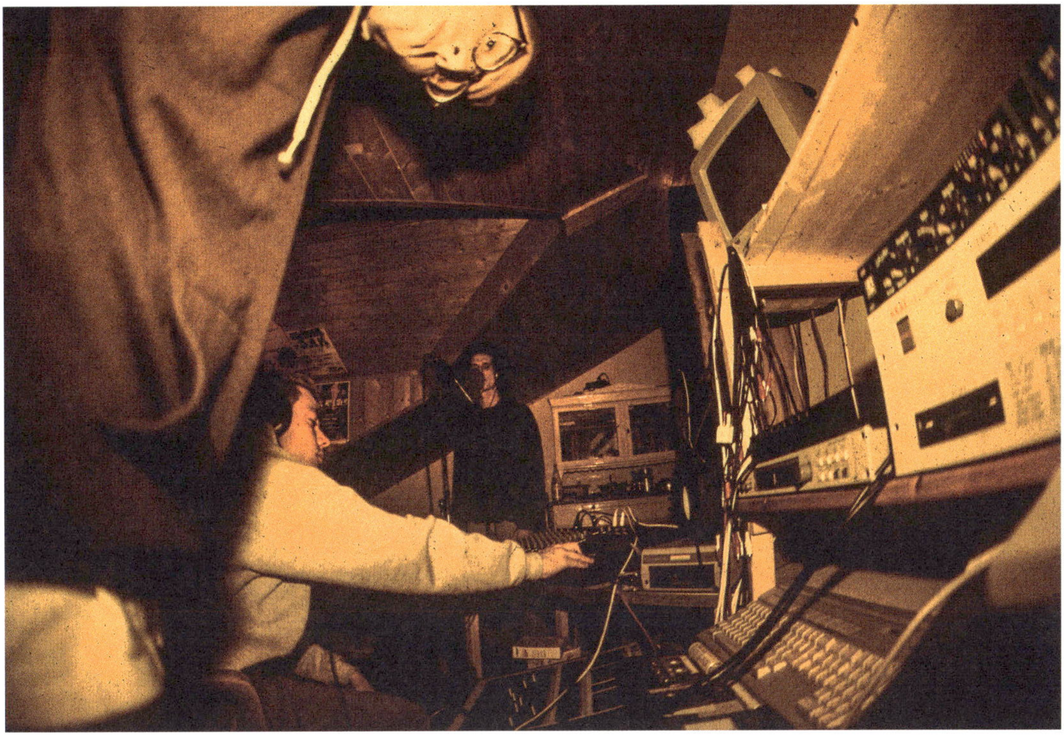

45 UpM abgespielt und die Audioschnipsel
dann im Sampler wieder nach unten gepitcht.
Ein Nebenprodukt dieser Technik war dieser
in den oberen Frequenzen ausgefranste Sound.
Das war das Setup, um die ersten Beats
für uns zusammenzuschrauben. Um das erste
Demo und dann auch die *Abhängen*-EP aufzunehmen, besorgten wir uns einen Tascam 8
Spur Recorder. Das war die erste gemeinsame Investition in die Band, die auch gleichzeitig einen Wegweiser von den wöchentlichen
Freestyle-Sessions in Richtung Bandzukunft
darstellte.

Sepalot

01	Roland Chorus Echo RE-301 (Bandecho)
02	E-MU SP 12 (12Bit Sampler) und Commodore Floppydrive zur Datenspeicherung
03	Atari SM124 (Monitor für Atari ST)
04	Boss BX-8 (8-Kanal Mixer)
05	Tascam Portastudio 488MKII (8-Spur Aufnahmegerät für Kassette)
06	Akai S950 (12Bit Sampler)

Ich glaube Kaiser ist dichter in Stuttgart
als der Rauch und die Stäbe um mich rum
So daß ich kaum Luft hab zum Atmen

Hans und wenn man nicht prao ist ist alles
In dem Film nur Zell so bustig und d ich mag nicht
fragen warum unser Teil entschädel
wenn ich mir ne Platte kaufdann höre ich sie anstatt
Sie
brenose

4|

Ja schau auf'm Tischchen rum und neben der Meldung Luft
nd am Stück von meiner Fahrerscheim
dem Boden jammerd finde und dem grössen Hell
Beschpreen stell dann denn ganzen ist fühl neue und der Bird
de
und shattwas in Tourden brieg ich nur nochso Color
Auf die Schocke nehm ich erstmal einen Schluck
aus der Cola die der Aschenbecher war meiner Tüte und ich spuck
die ganze Brühe in den Waschtisch   meine Güte
Hardisch kommt mir heut nicht in die Tüte
Was uns blühte, ich wußte es doch ich mußte es
tun deine ich bin   ab
Weil wir von abhängen abhängig sind

DAS FEHLENDE „N"

Stellt euch mal vor, wie es ist, die eigene Platte in den Händen zu halten! Die eigenen Songs zu mixen! Die eigene Stimme zu scratchen!

Im Frühjahr '96 waren wir an dem Punkt, wo wir uns das nicht mehr länger vorstellen wollten, wir wollten es wissen! Mittlerweile hatten wir auch Songs, die wir für gut genug befanden. Aufgenommen in unserem ersten Studio, Sepalots Zimmer, der Dachboden im Haus seiner Eltern, auf einem Tascam 8 Spur. Außerdem erhielten wir von den Broten die Anfrage, ob wir nicht bei drei Konzerten ihrer *Spiel mir das Lied vom Brot*-Tour den Support des Supports (MC Rene & Spax) machen möchten. Für uns natürlich eine hammer Gelegenheit, vor einem großen Publikum zu spielen.

Die Zeichen waren also eindeutig — Da Blumentopf brauchte eigenes Vinyl.

Auf unsere immerhin vier verschickten *Topf Hits*-Demos bekamen wir von den Plattenfirmen — wie erwartet — entweder Absagen oder keine Antwort. Also nahmen wir es unbeirrt einfach selbst in die Hand. Unser Label bestand aus einem Namen, einem Logo und uns — MUC MUSIC war geboren, das sich später

noch um ein liniertes DIN A4-Heft und einen Kugelschreiber erweiterte. Expansion!

Die nächsten Wochen telefonierte ich immer wieder mit Emilio, dem Typen vom Presswerk, um die Herstellung zu organisieren. Von Datenformaten über Galvanisierung, den Zeitplan, die erste Testpressung, die sich als Fehlpressung erwies, bis zum eingeritzten Code „MUC 101" in der Auslaufrille: Alles klärte ich am Telefon in der Pforte vom Sehbehindertenzentrum Unterschleißheim, meiner damaligen Zivildienststelle — während der Dienstzeit, versteht sich. Ich war eben ein richtiger Zivi.

„Sehbehindertenzentrum Unterschleißheim, Heinzmann, grüß Gott." … „Ah, Emilio, gut, dass du zurückrufst. Ich hab da nochmal 'ne wichtige Frage bezüglich der Verpackungsmöglichkeiten des Covers."

Der Traum der eigenen Platte formte sich immer weiter in jedes Detail aus. So bildeten wir uns irgendwann ein, sie müsste eingeschweißt sein. Genauso wie die Ami-Platten, die wir zu der Zeit im WOM kauften.

„Ach, das macht ihr gar nicht, hm."

Den restlichen Tag verbrachte ich in der Pforte damit, sämtliche dafür in Frage kommenden Firmen abzutelefonieren, vergebens. Dann eben nicht eingeschweißt. Frustriert stempelte ich aus — Dienstschluss.

Wir hatten von nix eine Ahnung, aber jede Menge Enthusiasmus.

Das Abmischen der Songs war ein gespanntes Herumdrehen an Knöpfen, von denen wir nicht wussten, was sie bewirkten. Einmal wurde Sepalot und mir von Schu ein „Macht meine Stimme auf jeden Fall laut genug" mit auf den Weg ins wilde Abenteuer gegeben. „O.K., wir probieren es halt mal", wäre die einzig ehrliche Antwort darauf gewesen. Wir liehen uns im Musikladen sogar noch ein paar Geräte aus, nur um eine noch größere Auswahl an rätselhaften Knöpfen und Reglern zu haben.

So wichtig es uns war, dass der *München Nord*-Remix noch mal komplett neu eingerappt, umgeflowt und teilweise umgeschrieben wird — das hatten wir uns von der Fugees-Single *Vocab* abgeschaut —, so wichtig war es uns, möglichst viele Logos auf dem Cover zu haben. Das machten damals alle so. Doch neben dem Topf-Logo, das Roger entwarf, und dem Azyra-Logo, hinter dem sich die Grafikerin des Covers und damalige Freundin von Sepalot verbarg, hatten die weiteren Logos keinerlei Bedeutung. Die Treppenhaus Rocker sowie die Hustensaft Posse basierten einfach nur auf Scherzen von uns. Es waren nichts als dumme Namen, die nun ein Logo bekamen. Und MUC MUSIC sollte dem Ganzen mit seinem Logo, einer Klaviatur im Barcode-Look, einen hochoffiziellen Stempel geben. Einen Label-Kontakt gab es auch. Es war unser Studio, und somit die Adresse von Sepalots Eltern, die wir samt ihrer Telefonnummer auf das Cover der Platte drucken ließen. Da ruft eh keiner an, scherzten wir.

Unser Vertrieb war mit einem Rucksack nicht weniger naiv aufgestellt als unser Label. Es hieß ganz einfach, die Maxis auf den Konzerten, die wir zu der Zeit in Jugendzentren und auf Jams spielten, zu verkaufen. Ich erinnere mich noch an die Situation nach einem Freestyle-Battle in Köln, bei dem Toni L den Host machte. Roger und ich gingen mit einem Stapel Maxis unter dem Arm zu ihm hin und drückten ihm eine in die Hand. Er konnte das nur so verstehen, dass wir ihm die Platte schenken würden. Nur aus Höflichkeit fragte er noch einmal nach. Wir hatten aber nichts zu verschenken und wollten 13 DM. Augenscheinlich war es ihm zu unangenehm, die Platte daraufhin wieder zurückzugeben. Vielleicht hatte er auch einfach nur Mitleid. So oder so, wieder war ein

Exemplar verkauft oder besser gesagt: aufgeschwatzt.

Am Tag nach Shows klapperten wir die Plattenläden der Stadt ab in der Hoffnung, dass sie ein paar Scheiben auf Kommission nehmen würden. Alles notiert in dem linierten DIN A4-Heft, das wir auch einmal nach einer Zwischenzählung im Biergarten liegen ließen. Profis!

Und eines Tages war es dann soweit: „Sehbehindertenzentrum Unterschleißheim, Heinzmann, grüß Gott." … „Ah, Emilio." … „Was? Wirklich!?! Heute rausgeschickt?"

Ich höre noch das Geräusch des Hubwagens, wie er mit seinen Eisenrollen über den Asphalt, vorbei an Wunderlichs Haus, direkt hinter zu Heinzmanns bollert. Ich stand schon in der Tür, die 511 *Abhängen*-Maxis unüberhörbar auf mich zu bewegend, nichts ahnend, dass sich etwa ein halbes Jahr später die gleiche Szenerie mit der zweiten Auflage, weiteren 506 Stück, abspielen würde. Wir hatten ja keinerlei Erwartungen, wir wollten uns einfach nur den Traum der eigenen Platte erfüllen.

Als wir sie im Wohnzimmer meiner Eltern auspackten, bemerkte Roger den Druckfehler als Erster. Beim *Abhängen*-Schriftzug, der auf der Rückseite nicht wie geplant bis zum Rand gedruckt wurde, war das „n" abgeschnitten. Also malten wir es bei jeder einzelnen Platte mit schwarzem Edding bis zum Rand aus. Bei der zweiten Auflage ließen wir diesen Fehler nicht korrigieren, da das erneute Kosten der Filmherstellung für den Druck bedeutet hätte. Diese 50 DM wollten wir auf keinen Fall auf uns nehmen und griffen lieber erneut zu den Eddings.

Abhängen, drei Songs, ein Remix, zwei Instrumentals. Von uns, Da Blumentopf. Der Traum war Wirklichkeit geworden. Aber zu dem Zeitpunkt war bereits ein neuer herangewachsen: das eigene Album!

Zu einem zweiten MUC MUSIC-Release mit dem Code „MUC 102" sollte es jedoch nicht kommen. Denn ein paar Monate später rief doch jemand unter der von uns angegebenen Kontaktnummer an. Es war Smudo, um uns auf das von den Fantas kurz zuvor gegründete Label zu holen.

Und immer wieder rief einer der Eltern Weiss in den Dachboden hoch: „Sebastian, Four Music ist schon wieder dran."

Cajus

Hidden Records & Music Production

Cajus Heinzmann

85716 Unterschleißheim

Berlin d. 12.4.96

Rechnung Nr.02120496

Folienschnitt, 2 Seiten bis 18 Min. à 230,00	460,00
1 zusätzlicher Schnitt zum Sondertarif inkl. Versand	135,00
Galvanik, 3 Seiten à 200,00	600,00
10 Testpressungen	50,00
Etikettendruck, 500 Paare, s/w	250,00
Coverdruck, Kastentasche, 280g, 500 Stk. à 1,82	910,00
Porti	40,00
	2.445,00
15% Mwst.	366,75
	2.811,75 DM
	=======

Vorkasse: 2.000,00 DM
Rest: **811,75 DM**, zahlbar sofort ohne Abzüge

gesamt Gewinn 1. Abrechnung : 2342,50
=> Pro Person : 456.—
+ 92,50 für Topf Kasse

01	Abhängen		04	München Nord
02	Abhängen (Instrumental)		05	München Nord (Instrumental)
03	München Nord (Remix)		06	Ich Erinner' Mich

„Die fünfköpfige Crew aus dem Norden von München präsentiert uns auf ihrer Debüt Maxi verschiedene Styles, die mal gut und mal weniger gut gelungen sind. Auf der A-Seite befindet sich das Titelstück „Abhängen", welches vom Sound her an „Morgen geht die Bombe hoch" von Tobi und Bo erinnert. Im durchschnittlichen Rapstil erfahren wir, daß die Jungs von „Da Blumentopf" gerne schlafen, auf dem Sofa chillen, Ganja rauchen und jede körperliche Anstrengung vermeiden. Das nächste Stück heißt „München Nord" und ist ein Partystück mit einem ordentlichen Flow. Bei diesem Part ist der angepriesende Funk allerdings kaum zu verspüren. Der Orginalmix gefällt mir persönlich trotz des schlechten Refrains besser, weil das Instrumental wirklich gelungen ist. Mein Highlight der Platte kommt als Letztes. „Ich erinnere mich ..." ist ein ehrlicher und deshalb sympathischer Rückblick auf ihre Kindheit. Sie erzählen, daß sie früher Computer gespielt haben, anstatt zu breaken. Eine herausragende Textzeile ist: „Das Breaken in der Fußgängerzone war gar nicht ohne aber ohne mich ...". Insgesamt ist „Abhängen" eine durchschnittliche Platte, die mit guten Beats, aber eher mit schlechten Raps aufwartet. Da gute Ansätze und eine gute Einstellung vorhanden sind, bin ich mir sicher, daß man in Zukunft noch gute Sachen von „Da Blumentopf" hören wird."

(Dynamik: *Backspin*, September 1996)

DA BLUMENTOPF

abhängen
12"
jetzt draußen!

Mit ein paar Probleme
und zahlreichen Telefonate
verbunden, aber letztendlich
hat es doch zum ge-
planten Termin geklappt!

Auch die Sache mit der
Verpackung konnte sich
klären. Topf läßt sich mehr

blicken! Viel Spaß Topf, aber t...

Sache.

© 1996

DA BLUMENTOPF
abhängen

1. ABHÄNGEN
2. ABHÄNGEN INSTR.
3. MÜNCHEN NORD REMIX

1. MÜNCHEN NORD
2. MÜNCHEN NORD INSTR.
3. ICH ERINNER' MICH

KONTAKT: MUC MUSIC · C&G · MOY · STR.1 · 85356 FREISING · TEL: 08161/43...

Fettes Brot Support-Act:

Präsentation der Maxi bei

Fettes Brot in der Muffathalle.
Es hat also doch noch geklappt.

1179

mit MC Rene feat. Spax, Da
Blumentopf

16.04.1996

MUFFATHALLE
Zollstr. 4, München

Einlaß: 19:30, Beginn: 20:30
VVK: 17,00 DM, AK: 20,00 DM

VVK zzgl. VVK-Gebühr, Veranstalter: Muffathallen-Betriebs-GmbH

1179

18.4: Erlangen

Toleranz mit Doc Renz an der
Gitarre.

20.4: Karlsruhe

Begeistertes Publikum, gute

Auftritt.

Holunder haut Spax nach

Freestyle auf die Nase.

(Topf-Sticker sind fertig.

und bedroht das Publikum mit ner Pistole?

Holunderman ain't no one ta fuck wit

↑   Backstage mit Fettes Brot und DJ Rabauke

„SELL-IN"

„Hey, ich kenne so eine Band aus München, die erinnert mich ein wenig daran, was ihr macht, und ihr würdet euch bestimmt gut verstehen. Ihr habt einen ähnlichen Ansatz, eine ähnliche Idee von Hip Hop." Es muss 1995 gewesen sein, als uns Da Blumentopf von Klaudie Drazdansky empfohlen wurde. Klaudie kannten wir aus der Sprayer-Szene. Kurz darauf lag in unserem Briefkasten das Demo-Tape der Töpfe, auf dem schon *München Nord* zu hören war. Und Klaudie behielt recht. Unser Humorzentrum war von dem Tape gänzlich erschüttert. Vor allem die selbstironische Art gefiel uns von Anfang an. Im Nachhinein ist das vielleicht auch die stärkste Verbindung zwischen uns. Eben auch, dass Sachen gesagt werden, die andere lieber für sich behalten. Dafür steht auf Blumentopf-Seite eine Top-Line wie „Was ich lieb: Unsere Platte steht in jedem Plattenladen. Was ich hass: Unsere Platte steht in jedem Plattenladen."

aus dem Track *Liebe & Hass*. Das ist der TOPF-Humor. Die fünf hatten eine gesunde Distanz zu sich selbst, gepaart mit dem Bewusstsein, dass man nicht jeden Tag die Welt rettet, sondern Musik macht. Es gab einen Haufen Protagonisten, die sich und das, was sie machten, sehr ernst nahmen. Diese Attitüde war uns schon immer suspekt und dem TOPF bestimmt auch.

Jedenfalls stellte Klaudie den Kontakt zu Sepalot her und wir luden den Blumentopf als Support zu unserer *Spiel mir das Lied vom Brot*-Tour 1996 ein. Die Geschichte mit Vorbands hat bei uns eine lange Tradition. Wir waren damals bei MZEE Booking. Für uns als Band, die bereits im Pop-Business gewisse Erfolge feierte und deren Videos auf VIVA und MTV liefen, war es eine klare Angelegenheit, Bands, die wir toll fanden und die für uns auch Rap-Musik repräsentierten, mit auf Tour zu nehmen. Damals war der Begriff von Sell-Out ein großes Thema, gerade in der deutschen Hip-Hop-Kultur. Wir hatten dagegen die Idee, aus taktischen oder auch politischen Gründen Sell-In in das Hip-Hop-Business einzuführen: Also die richtigen Leute und die richtigen Bands mit ins Boot zu holen und ihnen die Möglichkeit zu geben, im Business Fuß zu fassen und sich einem größerem Publikum präsentieren zu können. Außerdem waren wir von der *Klasse von '95*-Tour geprägt, auf der wir unsere ersten Tour-Erfahrungen sammeln konnten. Da waren so viele Leute dabei und das Wuselige und das „Wer ist jetzt dran"-Gefühl haben uns gut gefallen. Wir handhaben das bis heute in dem Stil, dass wir Leute mit auf Tour nehmen, auf die wir Bock haben, deren Musik uns flasht. Damals war es nicht anders mit MC Rene, Spax oder Massive Töne, die wir alle noch von der *Klasse von '95* kannten. Und da es sich für uns mit den Jams auf einmal erledigt hatte, da wir Touren spielen durften, war es uns eine Freude, unserem Publikum unsere Lieblingsbands zu zeigen. Auf jeden Fall sagten die Töpfe zu und schlussendlich lernten wir acht uns bei unserem ersten gemeinsamen Konzert in der Muffathalle kennen. Sie waren mit MC Rene und Spax noch auf zwei weiteren Konzerten und Anfang '97 auf unserer Tour zu unserem zweiten Album *Außen Top Hits, Innen Geschmack* mit den Massiven dabei.

Es gab den schönen Tour-Slogan: „Es gibt keine Alternativen zu Blumentopf, Fettes Brot und den Massiven." Das war eine Party-Routine, die sich die Töpfe für ihre Freestyle-Sessions ausgedacht haben. Ihre Auftritte begeisterten uns direkt. Die hatten eine ordentliche Show und einiges an Platten für Freestyles im Gepäck. Keine der Shows war wie die andere. Es wirkte nicht so, als hätten sie sich neu für die Bühne erfunden, sondern als wäre es ihr normales Sozialverhalten, dass sie alle ein Mikrofon in der Hand halten und Sepalot hinter den Turntables steht. Nach ihren Auftritten kam es in der Mitte der Bühne regelmäßig zu einem riesigen Kabelknäuel. Nicht, weil es so chaotisch zugegangen wäre, sondern weil sie einfach alle gleichzeitig dabei waren und — obwohl fünf unterschiedliche Typen auf der Bühne — eine kompakte Einheit darstellten.

Das hatte etwas unglaublich Neues. Andere Bands hatten meistens einen MC und vielleicht noch einen Backup-MC, der ein paar Reime mitdoppelte, dabei. Beim TOPF war es ganz normal, dass ein Chorus zu viert gemacht wurde — oder diese ganz schnellen Abwechselparts. Das machte sie zu der Zeit einzigartig in Deutschland und das ist auch heute noch so.

Wenn eine Band das Qualitätssiegel „Partyband" für sich in Anspruch nehmen darf, war und ist das der Blumentopf. Zudem spielte der DJ beim TOPF von Anfang an eine sehr zentrale Rolle. Es war immer klar, woher die Musik gerade kommt, wer jetzt gerade auflegt. Wir ließen uns damals davon inspirieren und sind von DAT-Kassetten auf Live-DJ mit Vinyl umgestiegen. Denn der TOPF war eine der Bands, die uns zeigten, dass es deutlich unterhaltsamer und mitreißender ist, wenn der Sound live vom DJ über die Platte eingespielt wird und der DJ somit die Möglichkeit hat, den Song zu breaken oder zu scratchen. Das performten die Jungs von Anfang an gut. Blumentopf lebten Hip Hop auf der Bühne und mussten dadurch — im Gegensatz zu anderen — nicht ständig darauf verweisen, Hip Hop zu sein.

Zwischen den beiden Touren stellten wir unser zweites Studioalbum *Außen Top Hits, Innen Geschmack* fertig. Wir waren schon immer Veranstalter von Posse-Tracks. Auf jeder unserer Platten gibt es einen Song wie *Nordisch by Nature*, *Wildwechsel* oder *Schlecht* mit einer Vielzahl an Gästen. Auf *Außen Top Hits, Innen Geschmack* war der Feature-Track *Wildwechsel* mit Max Herre, Spax, Tobi & Bo und dem TOPF mit Holunder und Cajus. Es liegt wohl an der Freestyle-Schule der Töpfe, dass sie so ganz schnelle Gehirne und also super schnell Reime parat haben. Die RAPortagen, mit denen sie einen neuen Standard im deutschen Sportjournalismus setzten, demonstrierten diese unfassbare Schnelligkeit, ein Ereignis, das gerade erst stattgefunden hatte, mit brillanten Wortspielen und dem dazugehörigen Fußballsachverstand vertonen zu können. Das war nicht einfach nur „Hey Ho, Deutschland vor, noch ein Tor", sondern auf den Punkt abgelieferter, intelligenter Rap. Jedenfalls wollten wir für *Wildwechsel* drei verschiedene Refrains machen, und es war wirklich nachhaltig beeindruckend, wie schnell die Jungs diese schrieben. Vielleicht ist auch die Situation, unter sportlichen Wettkampfbedingungen schreiben zu müssen, beflügelnd, wenn vier MCs miteinander texten und man immer geilere Reime als die anderen am Start haben möchte.

Auf zwei Blumentopf-Alben waren wir dann auch vertreten. Auf *6 Meter 90* von *Kein Zufall*

„Wie jeden Donnerstag traf ich mich mit meiner Clique in der Muffathalle. Heute war ein neues Gesicht dabei. Wir unterhielten uns super. Das System gefiel mir mit seinen dunklen Haaren und seinen grünen Augen auf Anhieb. Nach einer Weile bot es an mich zu begleiten. Gemeinsam marschierten wir zum Bahnhof. Ich genoss die Nähe des Systems. Zum Glück hatte das System sturmfreie Bude. In seinem Zimmer fing es gleich an mich heftig zu küssen. Während wir auf seinem Bett lagen und es mich zärtlich streichelte, versicherte mir das System immer wieder wie gern es mich habe. Ich hatte mich immer vor dem Schmerz beim ersten Mal ge- fürchtet. Doch das System war so liebevoll, dass es gar nicht weh tat als es in mich eindrang. An diesem Tag hatte mich das System gefickt. Leider hat es sich danach nie wieder bei mir gemeldet."

(Das schönste Gefühl ...)

↑ ↗ Flyer und Backstagepass Fettes Brot Tour

hat die Zeile „Es steigen ei'm die Tränen in die Augen — weißt du nicht, dass sowas scheiße ist" aus *Jein* als Cut gedient. Es freut uns natürlich sehr, auf dem Blumentopf-Klassiker verewigt zu sein, und außerdem waren wir schon immer Fans von Scratch-Hooks. Auf *Sie* haben wir den Blumtopf-Scratch „jeder Augenschlag ist wie 'ne kleine Sonnenfinsternis", eine Zeile von Cajus aus *Flirtaholics*, verwendet.

Wir verbrachten auch ein Wochenende in der Band-WG, dem Haushalt 2000, in Freising und sind zusammen — bis auf Schu — mit den Skateboards die Hügel runtergefahren. Dazu gab es die von den Töpfen leicht modifizierte schöne Zeile von Xavier Naidoo „Ich will Freising" aus Xaviers erstem Hit *Freisein*.

Zu der Zeit ist auch das Intro *Das schönste Gefühl* zu *Fuck the System* entstanden: Die Geschichte von einem Typ, der aus der *Bravo* vorliest und im Dr. Sommer-Stil erzählt, wie er vom System gefickt wurde, haben wir in Hamburg auf einem 4-Spurrecorder aufgenommen und die Stimme noch leicht hochgepitcht. Mit dem „Song" haben wir es dann geschafft, auf einem FM4-Sampler zu landen.

Es gibt leider keinen extra hergestellten Song, auf dem Blumentopf und Fettes Brot sich gegenseitig features. Das wäre immer noch eine schöne Möglichkeit gewesen, die jetzt nicht mehr umsetzbar zu sein scheint. Das ist echt schade. Wir sind davon ausgegangen, dass das ewig so weitergeht. Aber eine Band kann irgendwann ihr Ende finden. Wir haben von der tatsächlichen Auflösung auf Tour erfahren. Fatoni hat uns das Video Backstage auf Facebook gezeigt. Wir haben bei der 1LIVE Krone-Session, die kurz darauf stattfand, die Chance genutzt, den TOPF noch mal hochleben zu lassen und ihnen Danke für ihre Musik zu sagen, und haben den Track *Liebe & Hass* mit einer abgeänderten Zeile „Was ich lieb, 'ne RAPortage über 'nen Fußballgott. Was ich hass, Hip Hop ohne Blumentopf" gecovert.

Fettes Brot

→ Fettes Brot sind Dokter Renz, König Boris und Schiffmeister. Die deutsche Hip-Hop-Gruppe war Teil des MZEE-Samplers und Hip-Hop-Klassikers *Die Klasse von '95*. Kurz darauf hatten sie mit *Nordisch by Nature* ihren ersten Charterfolg.

ARE YOU READY TO BATTLE...

3. MAI KOELN

– MC FREESTYLE BATTLE 1996 –

An den Decks:
- ..DJ Stylewarz (BH)
- ..DJ Lifeforce (K)
- ..DJ D Mark (K)
- ..DJ Triple T Arni (K)

Im KO-System treten an:
- ..David P (Main Concept, M)
- ..Tatwaffe (Die Firma, K)
- ..Scopemann (STF, K)
- ..Spax (Schüttorf)
- ..Aphroe (Raid, Ob)
- ..Filo Joes (Ruhrpott Ag, EN)
- ..Bob (Königsdorf Posse, K)
- ..Underground Source (D)
- ..Da Blumentopf (M)
- ..Prime (B)
- ..M.C.M.Z. (Königsdorf Posse, K)
- ..Chris D (Ruhrpott Ag, EN)
- ..Absolute Beginner (HH)
- ..ZM Jay (C)
- ....und viele mehr

Moderation:
- ..Tony L (A. Chemistry, HD)

O.T. St. John, Ricarda-Huch-Str. 5A, K-Stammheim

Hallo Leute,

anbei einige Infos über den Ablauf des _Freestyle Battles_ am 3. Mai in Köln Stammheim.
Wie es aussieht, werden außer den auf den Flyern ange-
kündigten Teilnehmern, noch weitere Freestyler an den
Start gehen. Maximale Teilnehmerzahl beträgt 24 Personen. Insgesamt wird es 5 Runden geben, wobei jede
einzelne Runde unterschiedlich gestaltet wird.
Da es bei dem großen Aufgebot an guten und gleich starken
MCs relativ schwierig ist, den Besten herauszufinden, ist es
offensichtlich, daß der Anspruch und der Schwierigkeitsgrad
in jeder weiteren Runde zunimmt.

Was Ihr in den einzelnen Runden genau zu erwarten habt,
entnehmt bitte aus dem beiligendem Ablaufkonzept.

Ansonsten seit bitte alle so gegen 16 Uhr vor Ort, damit
auch alle Teilnehmer zur 1. Runde pünktlich (20.30 Uhr)
anwesend sind. Sollte jemand nicht pünktlich zur
Anfangsrunde erscheinen, so wird er automatisch dis-
qualifiziert. Also fahrt vorsichtshalber etwas früher los, da
Ihr eh mit Wochenendstau auf den Autobahnen rechnen
müßt.

Für Catering und Unterkunft ist soweit gesorgt. Fahrtkosten
werden Euch natürlich auch erstattet (denkt bitte an die
Tankquitungen!!!)

Also bis dann, fahr vorsichtig, viel _Glück fürs Battle_
(es erwarten Euch jedemenge phatte Preise!!!)

PEACE..........LIFEFORCE ...

Ablauf und Regeln : MC FREESTYLE BATTLE 1996

-Teilnehmer treten einzeln im Knock-Out System gegeneinander an
-jeweiligen Gegner werden ausgelost
-maximale Teilnehmerzahl beträgt 24

RUNDE 1:
-1 min. Zeit für jeden Teilnehmer
-Inhalt des Freestyles in der 1. Runde: Selbstdarstellung, persönliche
 Vorstellung
-die 2 Teilnehmer eines Battles rappen über dieselbe Instrumentalversion
-bei 24 Teilnehmern in der ersten Runde gibt es insgesamt 12 Battles
 a 2 min.

RUNDE 2:
-1 min. Zeit für jeden Teilnemer
-Inhalt des Freestyles in der 2. Runde: spontan von der Jury einge-
 worfene von einander unabhängige Wörter auf Schildern
-die 2 Teilnehmer eines Battles rappen über die selbe Instrumentalversion
-12 Teilnehmer in der 2. Runde = 6 Battles a 2 min.

RUNDE 3:
-1 min. Zeit für jeden Teilnehmer
-Inhalt des Freestyles in der 3. Runde: vorgegebene Themenstellung,
 die individuell von jedem einzelnen unterschiedlich interpretiert
 werden kann
-jedes Battle andere Themenvorlage
-6 Teilnehmer in der 3. Runde = 3 Battles a 2 min.

RUNDE 4:
-1,30 min. Zeit für jeden Teilnehmer
-Inhalt des Freestyles in der 4. Runde: freies Battle
-die 2 Teilnehmer rappen über die selbe Instrumentalversion
-3 Teilnehmer + 1ausgeschiedener Teilnehmer aus der 3.Runde. also
 4 Teilnehmer = 2 Battles a 3 min.

RUNDE 5 (FINALE):
- keine genaue Zeitfestlegung (10-15 min.)
- Inhalt des Freestyles im Finale : freies Battle , mit der Einschränk-
 ung , daß sich die einzelnen Teilnehmer alle 4 Takte ablösen

---

Meine erste wirkliche Wahrnehmung der
Jungs war 1996 in Köln, als ich ein Freestyle-
Battle hostete, an dem sie teilnahmen.
Dabei sprang mir gleich der Name Holunder
wie ein Kung Schu ins Auge, aber Sepalot
habe ich kein Cajus bekommen und alles war
Roger. Später stellte ich fest, dass die Jungs
einen echt guten Dünger hatten, weil sie
den ganzen lyrischen Kompost sehr umwelt-
bewusst recycelten und ihre natürlich
frei improvisierte Art in einen Blumentopf
pflanzten, wodurch sie viele Lorbeeren
erhielten. Durch ihren grünen Daumen blieben
der Hip-Hop-Landschaft sicher viele Rosen-
kriege erspart. Umso mehr hat es mich
ge-efeut, dass wir unsere Laber-Rhabarber
für eine gemeinsame Flo(w)ra bündeln
konnten, was ja eh a jeder Edel weiß.

Toni-L

Bewertung:

-Gewinner der einzelnen Battles werden zu 50% vom Publikum und
 zu 50% von der Jury ermittelt, wobei die Jury bei kritischen und un-
 gerechtfertigten Entscheidunen des Publikums (z.B. bei offensichtlichen Heimvorteil) die Hauptentscheidung für sich bean-
 spruchen kann.
-für die Ermittlung des Siegers eines Battles sollen von der Jury und
 dem Publikum vor allem folgende Faktoren beachtet werden:

1. **Flow und Style des Rappers**

2. **Reime, Aussage**

3. **Sprachliche Mittel**(Metaphern, Vergleiche, An-
 spielungen, Wortspiele...)

4. **Witz**

5. **Spontanität**

6. **Schlagfertigkeit**

7. **Ideenreichtum**

→   Toni-L ist geburtiger Heidelberger, Pionier deutschsprachigen Raps und prägte als Mitbegründer von Advanced
Chemistry Generationen der Hip-Hop-Kultur. Nach wie vor
auf den Bühnen dieser Welt unterwegs. Als Rap-Literat war
er Teil des Komitees, welches den Titel „Unesco City of Lite-
rature" für Heidelberg erwirkte.

21. 12. 96   Freising-Lindenkeller

Lindenkeller ist eine richtig coole Lokalität, auch wenn da Architekt den oberen Teil etwas verhackt hat.

Viele München Nordler waren da und auch begeistert, obwohl da Topf so mancher Teil verhackt hat.

Wenigstens Sepalot setzt bei seiner DJ-Show einen drauf.

Zitat Gerber: „ Also da Seppi war ja scho' imma mein Gott,
         aber was er da gestern gebracht hat ...."

Hamburg Trockendock

Topf macht sich eine gemütliche Herfahrt mit dem Ice-Train. Zwei Studierende und drei Tütü'en HipHop-Remix von Schüfferosen für   produzieren. That's the real Traveller's Knowledge.

Trockendock: Nicht kiffen, nicht saufen, sonst geht die Gruppe flöten. —> Immer leider bleiben!

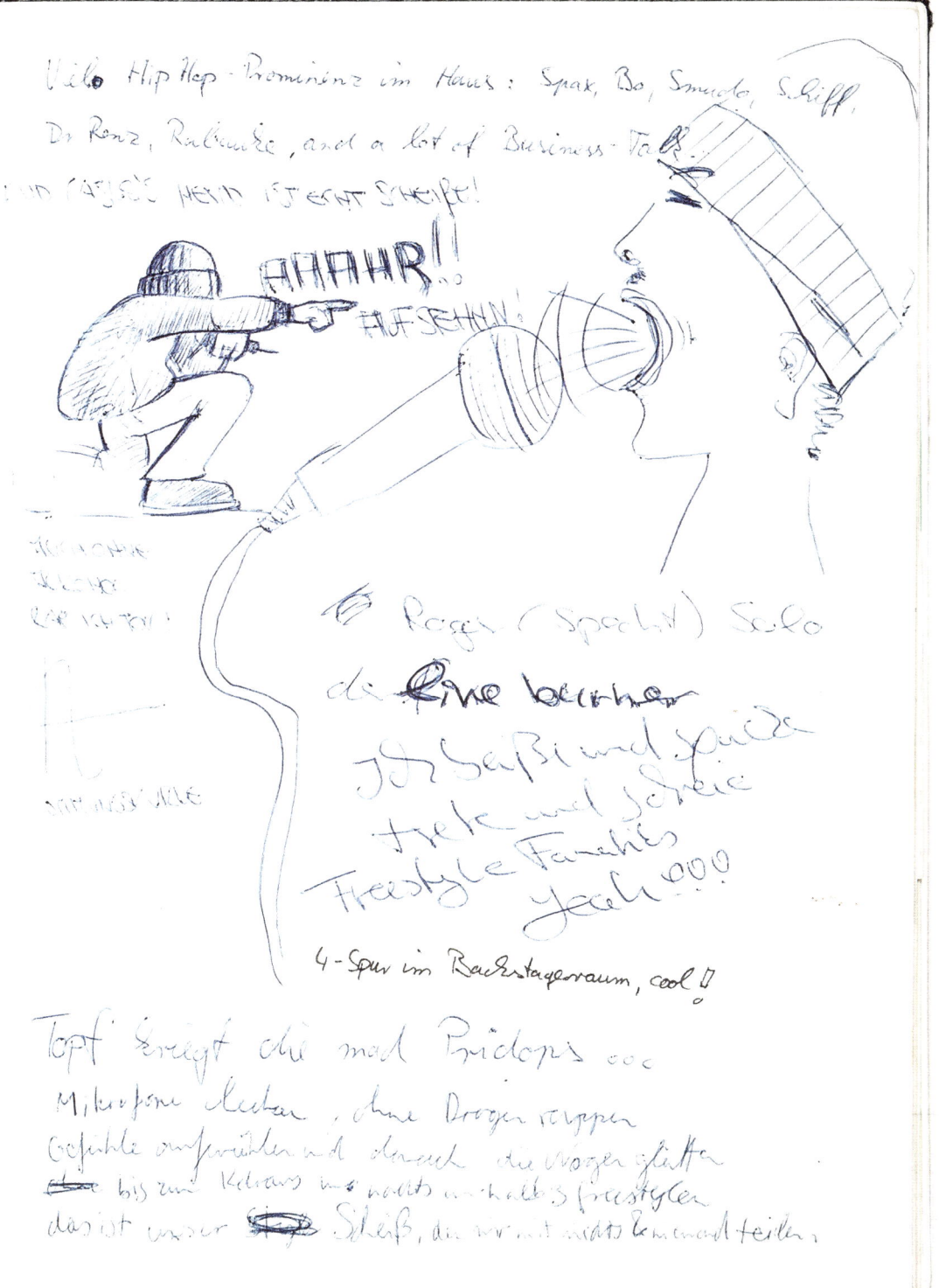

JURASSIC FIVE OF BAYERN

Am Anfang hatten deutscher Rap im Allgemeinen und wir, die Fantastischen Vier mit unserem Pop-Appeal, im Speziellen es schwer in der Szene — wenn in den Achtzigern überhaupt groß von Szene gesprochen werden konnte. Ende der Achtziger fingen wir an, auf Deutsch zu rappen. Später haben das viele andere auch gemacht. Wir waren wahrscheinlich alle relativ gleichzeitig unterwegs, vor allem diejenigen, die in der amerikanischen Besatzungszone wohnten wie zum Beispiel die Ulmer von Kinderzimmer Productions oder Advanced Chemistry aus Heidelberg. 1991 waren wir die Ersten, die ein deutschsprachiges Hip-Hop-Album herausbrachten. Es gab manche, die das kategorisch ablehnten. Gar nicht so sehr wegen des Pops, sondern überwiegend, weil es in deutscher Sprache war. Kulturell musste sich Rap auf Deutsch erst mal durchsetzen.

Die Idee, Four Music zu gründen, hatte unser Manager Andreas Läsker, genannt „Bär", 1995. Wir sind seinerzeit mit *Sie ist weg* richtig groß geworden. Das war unser erster emanzipierter Pop-Hit. Und dann waren wir auch gleich auf dem besten Weg in eine Katerstimmung, hatten keinen Bock mehr auf Fanta Vier. Unser Manager überlegte sich als lebensrettende Maßnahme, mit uns gemeinsam ein Label zu gründen, um uns weiterhin nah an der Musik zu halten. Als Geschäftsführer konnte er unseren damaligen A&R bei Universal, Fitz Braum, gewinnen. Und dann wir so: „Ja, okay, machen wir ein Label." Das Label hat uns allen tatsächlich eine Richtung und eine Identität gegeben und die Fantas als popkulturelles Phänomen etabliert. Dass Four anfangs als Hip-Hop-Label galt, kam automatisch, weil wir als Rap-Band natürlich in der Sparte unseren Schwerpunkt hatten. Labels wie Def Jam oder Tommy Boy waren unsere großen Vorbilder. Wir wollten als Label

für eine bestimmte musikalische Qualität stehen, sodass der Plattenkäufer sagt: „Allein weil die Platte auf dem Label erscheint, kaufe ich sie mir bereits." Und das ist uns tatsächlich gelungen. Der Letzte, der es geglaubt hatte, war ich, weil ich '96 keinen Bock auf ein Label hatte.

Für das erste Portfolio konnten wir vier shoppen gehen. Wenn man so will, waren wir die Trüffelschweine. Wir waren dafür zuständig, das Vakuum mit Inhalt zu füllen. Wir wollten für alle Bands, die von Four unter Vertrag genommen wurden, auch stehen können. Es gab keine Regel wie „jeder bringt jetzt eine Band und dann machen wir ein Label". Wir haben zu der Zeit einfach mit vielen Bands zusammengearbeitet und hatten unzählige Kontakte. Und dann hat sich jeder von uns etwas mitgenommen, das er geil fand. Michi Beck hat Max Herre gebracht und Blumentopf war meins.

Klaudie Drazdansky wies mich damals darauf hin, dass Da Blumentopf eine tolle Band sei. Klaudie hatte sich für mich bereits als Szene-Kennerin erwiesen, da sie mir, ein halbes Jahr bevor Fettes Brot steil ging, das Demo-Tape der Hamburger zugesteckt hatte. Die Idee, eine Münchner Band zu signen, fand ich vor allem spannend, weil München — aus Deutschlandperspektive — nie Quell großer deutscher Popmusik gewesen ist. In jedem Fall bin ich dann an das Demo-Tape der Töpfe gelangt. Ich weiß, dass ich es zum ersten Mal in meinem Urlaub in Thailand gehört habe. Es war wahnsinnig heiß und in der abgeranzten Traveller-Butze war nur eine Matte und so ein Gartenstuhl. Dort habe ich bei über 30 Grad, nur in der Unterhose, das TOPF-Tape gehört. Das Tape war geil und ich habe es immer wieder gehört und gedacht: Jurassic Five of Bayern. In so ein Tape brauchst du eigentlich nur zehn Sekunden reinhören, dann weißt du, ob sie das können oder nicht — das habe ich von Fitz gelernt — und so ging es mir mit dem Blumentopf-Tape. Ich fand das sofort gut und habe es mir angehört von A bis Z. Was mir besonders gefallen hat, war dieses Spielerische. Das war eigentlich der amerikanischen „Partystyle Funk und rockt das Haus und alle in die Luft"-Attitüde sehr ähnlich und eben nicht „jetzt pass mal auf, was ich dir Krasses zu

erzählen habe, und ich erkläre dir die Welt".
Das ist auch die Kultur von Hip Hop, auf die
sich alle am meisten einigen können: Man ist
jung, man möchte ein Mädchen knutschen
und einen trinken gehen. Das wollen alle mit
15, 16, 17, 18. „Hat den Funk und rockt das
Haus." Ist das geil!

Zurück in Deutschland, meinte ich zu den
anderen: „Ich habe eine Band für unser Label,
die finde ich toll und wichtig. Die sind so
Next Generation und haben viel Humor und
eine große Funkyness."

Über Klaudie habe ich die Jungs kontak-
tieren können. Fitz und ich sind runter
nach Freising gefahren. Wir waren zu dem
„Geschäftstermin" in Sepalots Elternhaus.
Das war ein klassisches Gespräch: „Wie alt
seid ihr gerade? Was macht ihr gerade?
Seid ihr fertig mit der Schule? Zivildienst?
Was kommt als Nächstes? Wer will studieren?
Hat jemand schon einen Job? Wie ist die
allgemeine Situation?" Einfach um rauszu-
finden, wie viel Motivation und Flexibilität
gegeben ist. Wie viel Bereitschaft ist vorhanden, um zu sagen: „In den nächsten fünf
Jahren machen wir nur das und nichts
anderes." Die Töpfe hatten einfach alle voll
Bock, Mucke zu machen.

Und wir haben denen dann das Gleiche
gesagt, was uns Fitz damals vor der Unter-
zeichnung unseres ersten Plattenvertrages
gesagt hat: „Wir denken, ihr schafft das
schon. Wir statten euch aus, ihr kriegt Geld,
kauft Geräte, produziert selbst was, super."

Wir wollten bei Four Bands haben,
die das selber machen. Wir wollten denen
nicht reinreden, wir wollten denen aber mit Rat
zur Seite stehen. Den üblichen Marketing-
druck eines Labels auf die Band wollten wir
gerade nicht ausüben. Es ist ein bisschen ein
romantisches Feature, weil derjenige, der
professionell Musik machen möchte,
sich selbst genug unter Druck setzen wird.
Sie wissen, dass sie künstlerisch das eine
oder andere machen müssen, wenn sie eine
breitere Masse ansprechen wollen, aber das
sind alles ihre Entscheidungen, und es sollte
nie so sein, dass man sagt, das hätte die
Plattenfirma entschieden und man fühle sich
nicht wohl damit. Die Kompetenz, sich so
etwas einfallen zu lassen, liegt beim Künstler.
Die Kompetenz, das zu vermarkten, bei einer

Plattenfirma — genau das macht die Zusammenarbeit aus. Wenn der eine denkt,
er könne das andere besser machen, braucht
er den anderen nicht. Warum soll ich denn
einer Band wie Blumentopf die ganze Kohle
geben, wenn ich denke, ich weiß besser,
wie es gehen soll? Dann kann ich doch die
Kohle selber nehmen, alles kaufen, mir ein
paar Leute hinstellen, die das für mich
machen. Das ist gar nicht das Genre, in dem
wir als Fantas und als Label tätig waren.
Das Schöne am Topf ist, und das ist auch eine
Fanta-Eigenschaft, wenn sie sich zu etwas
entschlossen haben, stehen sie alle da wie ein
Mann — für die Entscheidung. Das ist übrigens eine super Band-Eigenschaft und nicht
selbstverständlich. Das hat sie bestimmt
dazu befähigt, das so lange machen zu
können. Blumentopf hat mir auch deswegen
gefallen, weil ich das Gefühl hatte, dass
sie nicht nur die Hardcore-Fraktion bedienen
können und trotzdem eine super Hip-Hop-
Musik machen. Sie haben all die olympischen
Disziplinen vereint, die man von einer Hip-
Hop-Band verlangt hatte. Sie konnten super
freestylen, sie waren funky, haben gute
Beats gemacht. Diesen altmodischen Scheiß
hatten sie voll cool drauf, und trotzdem
waren sie frisch und modern und München.

Ich bin ein großer Topf Fan, inhaltlich in
allererster Linie, aber vor allem auch weil sie
eine richtig gescheite Band sind. Sie haben
immer gute Musik gemacht. Sie haben sich nie
groß verbogen, sie haben aber auch mit der
nötigen Portion Humor die größeren Sachen
angepackt wie zum Beispiel die Freestyles
und Fussball-Raps, und sie sind einfach eine
unglaublich tolle Live-Band. Ich weiß noch,
wie ich einmal in Hamburg nicht an mich
halten konnte. Ich bin in die erste Reihe,
habe meine Klamotten ausgezogen und bin
mitgedived. Und ich finde, sie hören auch
ehrenhaft auf, unsere Töpfe.

Smudo

→   Smudo ist Texter und Rapper der Hip-Hop-Band
Die Fantastischen Vier und hat Blumentopf 1996 zu Four
Music geholt. In den ersten Jahren der Band bei Four
war Smudo der A&R (Artists and Repertoire) von Blumentopf.

1997

→ AUS „DA BLUMENTOPF" WIRD „BLUMENTOPF"
→ AUS „MIC SPECHT" WIRD „SPECHT"
→ ERSTES BOOKING ÜBER FOUR ARTISTS
→ LP *KEIN ZUFALL* (FOUR MUSIC)
→ SINGLE *MAN KANN NICHT ALLES HABEN* (FOUR MUSIC)
→ FEATURE *SCHLAFLIED*, AUF *GEDIEGEN* (TEXTA, GECO TONTRÄGER)
→ SUPPORT VON SENS UNIK AUF *PANORAMA*-TOUR (SUPPORT: CORA E)

1998

→ EINZUG IN DEN HAUSHALT 2000 (FREISING)
→ SINGLE *6 METER 90* (FOUR MUSIC)
→ SINGLE *POPCORN* (FOUR MUSIC)
→ TRAUMATIK TOUR, SUPPORT: TEXTA, TOTAL CHAOS
→ FEATURE *ALPENPANORAMA* UND *ZUKUNFTSMUSIK*,
  AUF *WERWASWANNWIEWO* (TOTAL CHAOS, MOVE)

1999

→ FEATURE *SESSION 1*, AUF 12" *OPENING SESSIONS* (MAIN CONCEPT, DECK8)
→ SUPPORT VON SENS UNIK AUF *POLE POSITION*-TOUR

Viele Gärtner verhindern eine gesunde Aufzucht, sagt sich der BLUMENTOPF aus München Nord und besinnt sich auf sein eigenes gesundes Wachstum. Als erklärt leidenschaftliche Kiffer und kritikfähige Storyteller erzählen die MCs Master P., Kung Schu, Holunder(man) und (Mic) Specht mit einer Menge Wortwitz, einer gehörigen Portion Selbstironie und einem allgegenwärtigen Augenzwinkern äußerst unterhaltsame Alltagsgeschichten aus ihrer Umgebung, machen den Prahlhans („Schreit nach Neid" und das breitmaulfroschige „Ich habe eine Crew") oder beschreiben hochidentifikatorische Kindheitserinnerungen (vgl. das bei MAIN CONCEPTs HUMAN-D aufgenommene „Ich Erinner' Mich ..."). Die BLUMEN-TOPF-Stories kennen kein wirkliches Happy-End, sondern thematisieren knallhart Teenie-Tragödien („6 Meter 90"), Verzweiflungstaten gegen das Gefühl alltäglicher Machtlosigkeit („Mach was") oder erzählen, wie auf dem vierteiligen Lyrical-Flash „Irgendwie Lieb Ich Das", chaotische Rap-Märchen. Ihre ureigenen, ausgefeilten Rap-Stilos kommen dabei aufgrund der durchgängig entspannten, luftigen und betont dem zeitgenössischen Eastcoast-Flava verschriebenen Produktionen von DJ SEPALOT perfekt zum Vorschein. Dessen konsequente Einbindung ins TOPF-Crewkonzept mit (vorzugsweise DeutschRap-) Cuts & Scratches mutiert dabei zum schweißtreibenden Fulltimejob. Außer „Hustensaftposse"-Mitglied DAVID PE (auf dem Style-kickendem Jam „Props") bleibt man sonst im eigenen Gewächshaus. Und der einzige — vermeintlich gefürchtete — einschränkende künstlerische Eingriff von Seiten des neuen Labels „Four Music" dürfte lediglich die Verkürzung der Namen gewesen sein. Ohne Kunstdünger und -licht gedeiht hier eine wahrhaft fette Pflanze, deren THC-haltigen Blätter sich schon jetzt sehen lassen können. Definitiv „Kein Zufall"!

(Chris Maruhn: *Intro*, November 1997)

01

02

Als wir unseren ersten Plattenvertrag bei Four
Music unterschrieben hatten, gab es einen
Produktionsvorschuss. Andere Bands mieten
sich davon für gewöhnlich in ein schickes
Studio ein, für uns war das keine Option.
Wir wollten unabhängig sein und kauften uns
von dem Geld alles, was man braucht,
um ein Album aufzunehmen. Fitz Braum,
der damalige Label-Chef, bestätigte uns darin:
„Kauft euch von dem Geld ein paar Geräte
und von dem Rest Schokolade." Diesen Rat
befolgten wir gerne. Wir tauschten das
alte 8-Spur-Gerät gegen ein neues digitales,
das alte Boss Mischpult wurde durch ein
großes Mackie Pult ersetzt und das Bandecho
bekam ein paar neue Freunde. Ich baute
mein ehemaliges Kinderzimmer zu unserem
Kein Zufall-Studio um, und wenig später
standen da vier Skater und ein Ex-Metaller,
die ihr erstes Album aufnahmen. Auf der
Bühne hatten wir immer sehr viel Energie —
diese Energie versuchten wir auf Platte zu
bringen. Das Resultat waren neben einer
Platte, auf der vier MCs ins Mikrofon schrien,
auch ein paar Besuche von den Nachbarn.

Sepalot

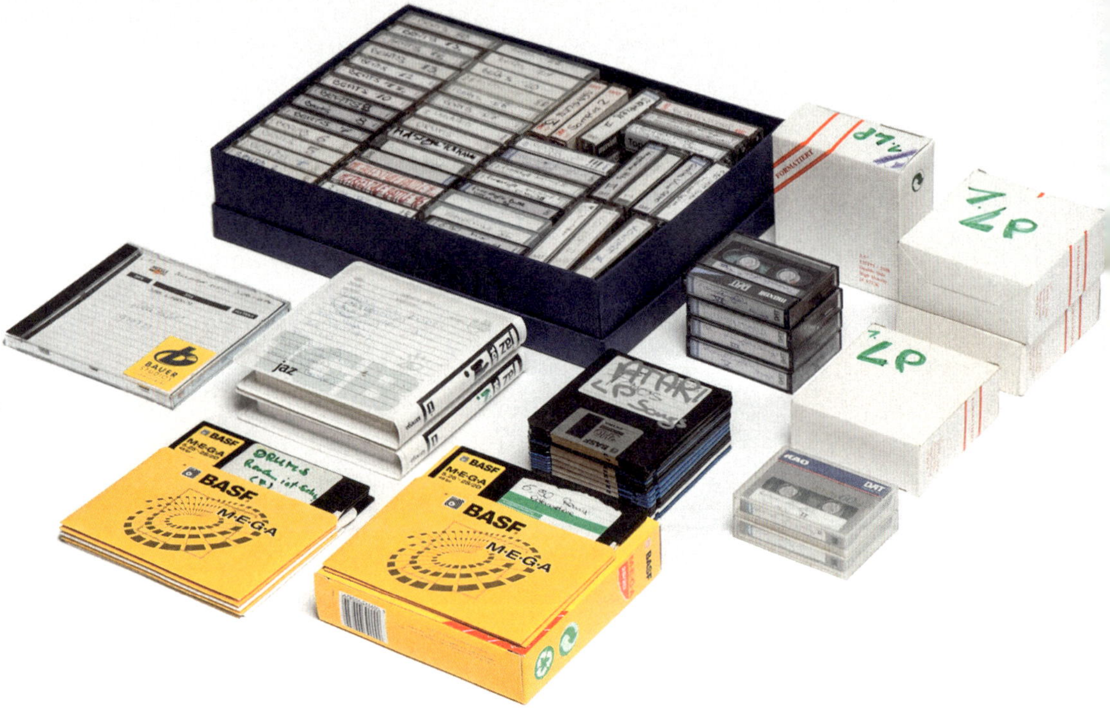

03

01	Akai DR8 (8-Spur-Aufnahmegeröt Digital)
02	Lexicon PCM 90 (Hallgerät)
03	Disketten 5 1/4" und 3 1/2", DAT Kassetten, JAZ-Platten
04	Datenträger für Akai DR8/ JAZ 1GB
05	PCM-R500 (DAT Recorder)

04

05

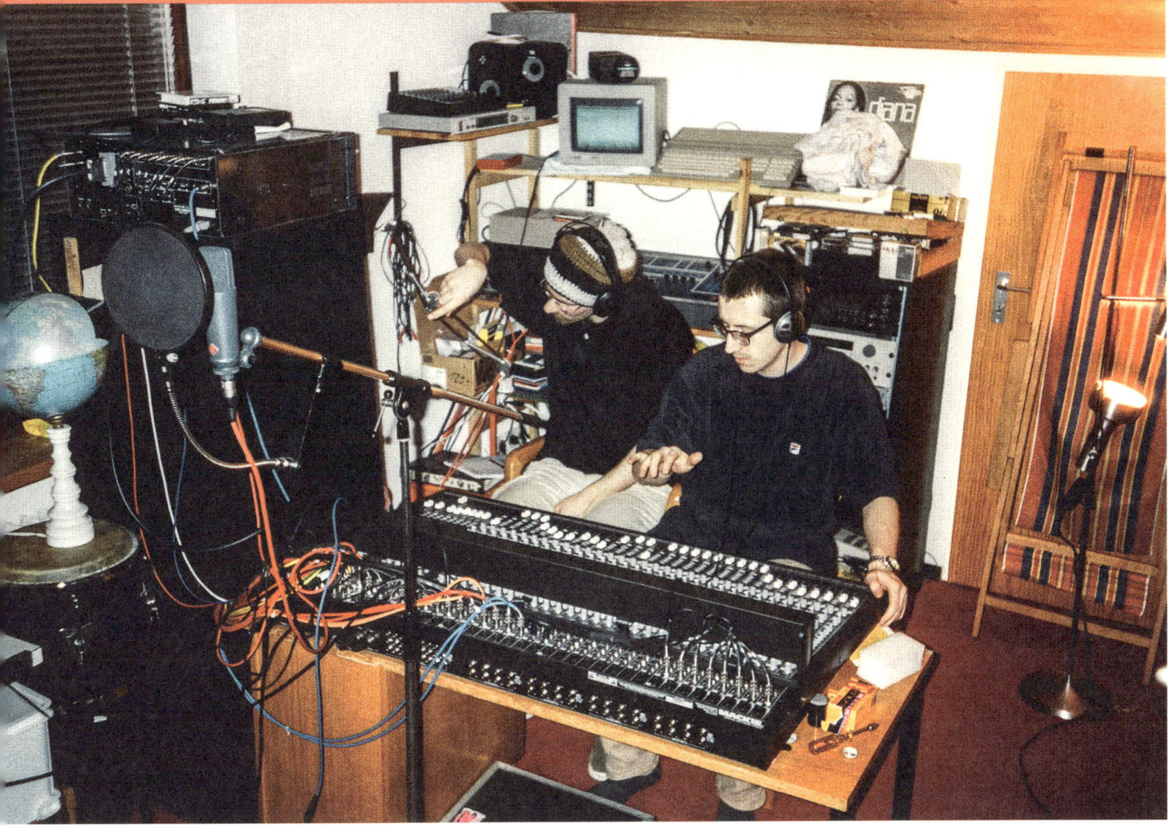
dana

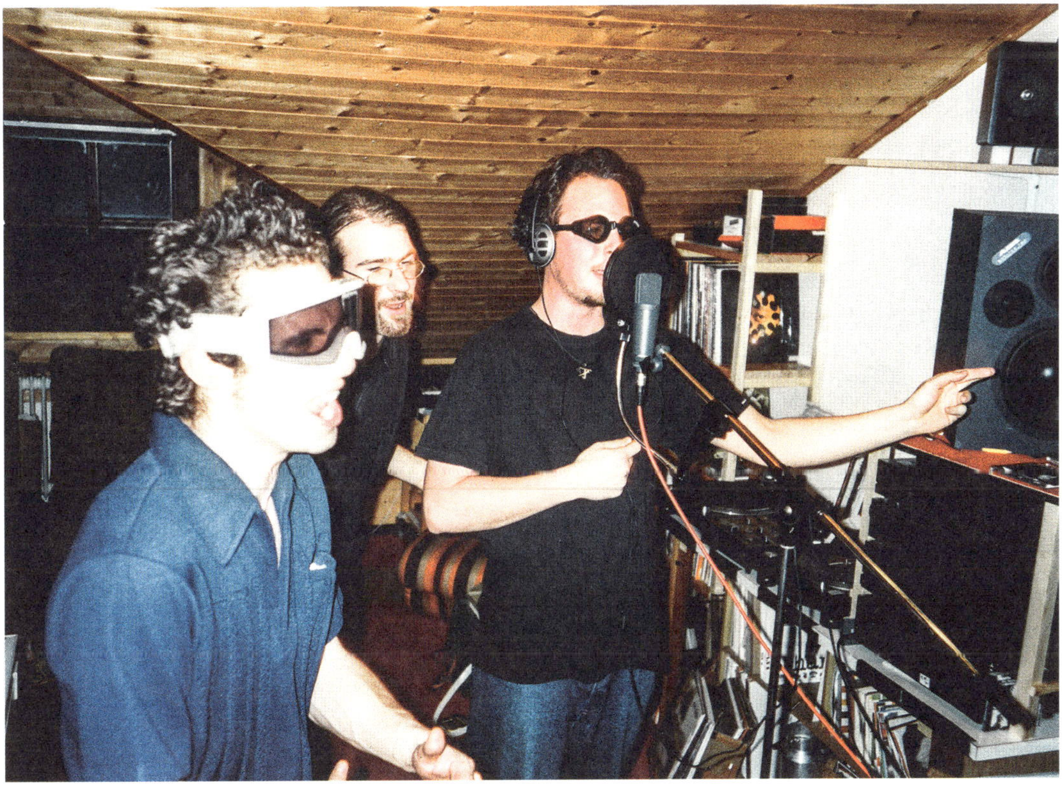

Sehr geehrte Damen und Herren,
ich heiße Kurg shu und sie herzlich willkommen auch im Namen
meiner Crew. Heute hier an Bord
unsres kurzen Fluges- sie fliegen mit
Topf-air-incorporated- und vor uns
liegen wundervolle dreieinhalb
Minuten, ich ihr Captain, sie können
endlich mal relexen während ich und
meine Jungs rappen und ich könnte
wetten das wir zwischen uns das Eis
brechen während des Fluges, hey laß uns
mal über den Preis sprechen" O.k. andieser
stelle will ich ihnen versichern

Flugzeughul

Gestern war ich im Muffat Café, wie jeden
Donnerstag, dort traf ich ein Mädchen
mit neuem perfekten Körperbau sie trug
eines dieser knappen Kleider die ich
besonders mag und seit dem Augenblick
als ich ihr Lächeln sah gehört der Frau
mein ganzer Jukeverage - und trotzdem
steh ich noch allein in der Ecke
denn der selbstbewussteste Star mit der
großen Fresse bin ich nur auf der
Bühne, sonst bin ich schüchtern
doch der Abend war lang und ich bin
nicht mehr ganz nüchtern
ich also geh ich drauf zu sie zu und
kraffe das alles nicht mehr
denn ich hab ihr großes in der Hose
und es ist mein Herz trotzdem sag ich
hey du kannst mich keng schan;

LEDDARIDDEMHIDDYA

„Ich bin in der Muffathalle, so wie jeden Donnerstag" (Mach was)

Schlimm war nur der Freitag: Niemand war zu gebrauchen, keiner war zu erreichen, in der Arbeit war man nur physisch anwesend. Schlimm war das nicht, man hatte ja am Abend schon alles besprochen, bei einem Bier, vor dem Muffatcafé.

Irgendwann sprach es sich rum, 1994, dass es eine neue Party gab, eine Hip-Hop-Party, von Jungs, die straighten Rap spielten. Das Beste war, die Veranstalter gehörten keinem der Camps an, die in München Rap vertraten: 58 Beats aka Main Concept, die Woo Haa Crew, Münchener Zulus, Square One, Neuperlach, 70er, 80er, Kinderchor oder Feinkost Paranoia. Es waren zwei Mitarbeiter der Muffathalle, die ihren Chef gefragt hatten, ob sie manchmal Rap-Platten spielen dürften, zunächst ein Mal im Monat samstags, dann wurden sie auf den Donnerstag verlegt und legten fortan wöchentlich auf. Innerhalb weniger Monate hatte sich der Abend zu einer der wichtigsten Hip-Hop-Partys Deutschlands entwickelt.

Die Jungs machten alles anders. Es wurde Rap gespielt, dazu gab es erwachsene Drinks, die sich der versierte Gastronomie-chef der Muffathalle, Tulpe, ausdachte. Ralf „Elvis" Binder und Wolfgang „Tornimator" Torniporth spielten einfach ihren Lieblings-sound. Mobb Deep, Nas, Gang Starr, Rakim, Wu Tang, EPMD. Neu war auch, dass die Jungs das aus Spaß machten und sich nicht wirklich um die DJ-Skills scherten, also auch nicht zu den etablierten Hip-Hop-DJs aus München gehörten. Es sorgte für viel Augen-verdrehen, wenn mal wieder ein Übergang verkackt war, tat der Stimmung aber keinen Abbruch, im Gegenteil, die Routinen der anderen DJs kannte man zur Genüge, und endlich wurde mal nichts totgescratcht. Kurz gesagt: Den Münchnern wurde endlich mal der Stock aus dem Arsch gezogen, man konnte zusammen feiern.

Und wie gefeiert wurde. Rap-Cyphers, immer nur magische 30 Minuten lang, ab und zu B-Boy-Battles, und wer nicht tanzen wollte, hielt sich an seinem Drink fest oder spielte im Vorraum Domino. Die verschiedenen Crews trafen sich hier auf neutralem Boden, die männliche Dominanz auf den Partys wurde endlich gebrochen, denn durch das ent-spannte Feiern kamen auch viel mehr Frauen — und die Laune stieg immens.

Hip Hop war im Begriff, weltweit erwach-sen zu werden und man konnte die über-schäumende Energie des Heranwachsenden fühlen. Das „Golden Age" stand am Anfang. LEDDARIDDEMHIDDYA hat diese Ära durch-

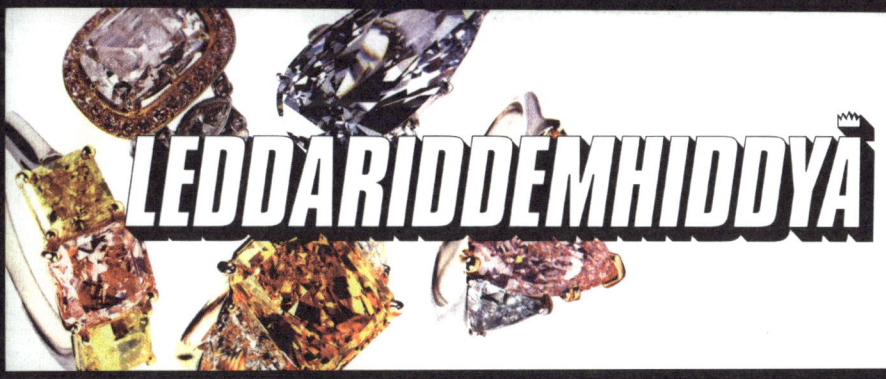

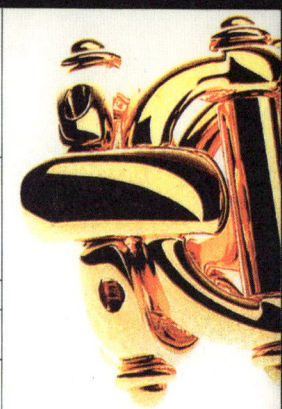

RAZUL & SIZZERHAND
DO.11.09.
BAM BAM RECORDS

HAMAN
DO.18.09.
SUTRA MASTER

F U N K L O R D S

RAGS
DO.02.10.
KING SIZE RECORDINGS
[SAN DIEGO, USA]

ORAL AKROBATIK
DO.09.10.
BEAT BOX SPECIAL [FEAT. ELIOT & ZLEP]

CAFÉ MUFFATHALLE
23.00 UHR
ADULTS ONLY

JEDEN DONNERSTAG MIT TORNIMATOR & ELVIS B

GOODSTUFF

OPTIMAL
vinyl/cd's/books+mags

DO.11.06.
THE JIGGMASTAS RAWKUS RECORDS | NYC
AKA DJ SPINNA & MC KRIMINUL

ROEY MARQUIS II QUIET FORCE RECORDS NY | FRANKFURT

DO.25.06.
DJ LIQUID STEP TO DIZ

DO.02.07.
AZIZA-A & DJ DEREZONE BERLIN

DO.09.07.
DJ K'S BAMBAM RECORDS

CAFÉ MUFFATHALLE 23.00 UHR | TORNIMATOR & ELVIS B. | JEDEN DONNERSTAG | ADULTS ONLY

WWW. **GOODSTUFF** .DE

DO 06.08.
ROB SKI
BAY AREA
EMILIO KOLCHOSE

DO 10.09.
THE X-ECUTIONERS
TOTAL ECLIPSE MISTA SINISTA ROC RAIDA ROB SWIFT NYC
4 CHAMPIONS 4 YOU 22 UHR KARTEN AN VVK STELLEN

DO 24.09.
DJ HONDA FEAT **MISSIN LINX**
AL TARIQ PROBLEMZ BLACK ATTACK
G.E.R.M. DJ ROEY MARQUIS
MC HARVEY DENT 22 UHR KARTEN AN VVK STELLEN

CAFÉ MUFFATHALLE 23.00 UHR PUFF TORNI & ELVIS B. JEDEN DONNERSTAG ADULTS ONLY

WWW **GOODSTUFF** DE

SAMSTAG 18.09.99 HALLE
MELLOWBAG

DONNERSTAG 23.09.99
FEINKOST PARANOIA
21 UHR

DONNERSTAG 09.09.99
DJ JEFF
FUNKY HIPHOP BERLIN

DEICHKIND 21 UHR

CAFÉ MUFFATHALLE 23.00 UHR
TORNIMATOR & DADDY B.
ADULTS ONLY
JEDEN DONNERSTAG

WWW. **GOODSTUFF** .DE

↑   Abschiedsfoto: Das letzte Mal LEDDARIDDEMHIDDYA

gehend begleitet, von den euphorischen Anfängen bis zur Kommerzialisierung Anfang des Milleniums. Endlich konnte sich auch der Münchner Hip Hop vom ewigen Jugendzentrum befreien und in Ruhe erwachsen werden.

Auch für mich gab es große Momente im Muffatcafé. Ungefähr '95 hatte ich mein DJ-Debüt im Café. Bisher spielte ich nur ein paar Gigs auf Zulu-Partys oder im Backstage, frei von jeglichen DJ-Skills, aber überzeugt davon, dass meine New School / Old School Selections die absoluten Partyrocker waren. Dazu kam die Überzeugung, dass MCs mein DJ-Set begleiten sollten. Ich fragte die Jungs vom TOPF, deren Freestyle-Skills mich schon länger überzeugt hatten. Wir hatten nichts vorbereitet, also spielte ich ein paar Classic Cuts und verlängerte die Breaks, so wie ich es aus New York kannte. Die Jungs haben gerockt. Die ganze Session kann nicht lange gedauert haben. Ich kann mich auch fast nur daran erinnern, wie ich immer nur versucht habe, den Beat zu halten. Mit Sepalot an den Turntables wäre es für die vier einfacher

gewesen, aber es war echt top, dass sie mitgemacht haben. Im Café habe ich später oft gespielt, und Torni wurde mein Resident Partner in dem Münchner Club „Erste Liga" — später kam auch Sepalot als Resident dazu.

1997 feierten wir im Muffatcafé die erste Ausgabe des Magazins *Juice* und es war von Anfang an klar, dass freitagmorgens irgendjemand aus der Redaktion direkt aus der Muffat ins Büro kam und versuchte, eine gute Figur zu machen.

Das Münchner „Golden Age" fand in diesem Club an der Isar statt. Der Donnerstag im Café brachte sie alle zusammen. Zu Party and Bullshit.

Katmando

→   Sven Katmando Christ, Buchautor, Vollbluthiphopper, Graffiti-Sprüher, Hip Hop DJ und Gründer des Magazins *Juice*. Heute glücklich und leicht angegraut, hält es mit Torchs „Wir waren mal Stars — früher habt Ihr zu uns aufgeschaut, vielleicht kennt Ihr mich noch, von mir habt Ihr euren Style geklaut". Jetzt einfach Fan, und — wie es sich für das Alter gehört — ein Mann mit Hobbys.

Panorama Tour '97

12.-21.12.

Roland: Boland liefet pünktlich
Roland, Boland lebt im Wohlstand
(v. Schu zitiert)

NCC 12.12.97   Backstage

Nach der "Merchandise mit Rollbrett, Bus und S-Bahn zum
Backstage-Fahraktion" begrüßt uns erstmal ein netter Night-
liner. Backstage bricht aus allen Nähten und ist vom
Stagediven nicht abzubringen. Und Merchandise läuft auch gut.
Also, Tourstart hat schon mal so richtig geackert.

AN DIE TÖPFE
HIER IST CORA UND ICH FINDE ES GUT EUCH KENNEN GELERNT ZU
HABEN... ICH FINDE IHR HABT NE GEILE PLATTE, MACHT COOLE
LIVE SHOW'S UND VOR ALLEM SEID IHR SUPER NETTE JUNGS.
ICH HOFF MIT DIESER TOUR IST NICHT ALLES VORBEI
CORA 08221 6026148 UND WIR TREFFEN UNS WIEDER

17.12.   Hamburg – Markthalle

Es wird einfach nicht voll. Trotzdem recht gute Stimmung
und viele bekannte Gesichter. MTV - Interview!?

'A' Prost – A' Traum! Uwe war da, Dänemark war da
"HipHop ist besser als G" (Meilenstein der Stieber); DJ Rapunzel
war da

Spucht und Florste beim
"Gottesdienst" – die Gemeinde
wächst

Traumatisch
Tours!

18. 12.   Berlin - SO36

Es wimmelt nur so von Solitairites. Ist halt ein rauhes Pflaster! Nach anfänglichen Schwierigkeiten dann doch mehr als genug Leute, die auch Bock auf Party haben. Es wird gemunkelt, daß das unser letztes Konzert war.

Sepulot Mixtape - ausverkauft!
Die meisten Props des Abends kassierte Rico Lemon, legendär.
Und in jedem Fall auch der von der Lo- cation gestellte Lichtmann. Der Erste, der's kapiert hat. Herrlich! Unser Publikum- was eine wahre Freude, voll motiviert und laut! Shallalalla Basis 2 war da.

HOW CAN YOU THROW MY TOPF AWAY?

Wahrscheinlich bin ich einer der schlechtesten Ansprechpartner, um eine deutsche Hip-Hop-Band in der deutschen Hip-Hop-Szene und -Geschichte einzuordnen, da ich selbst kaum deutschen Hip-Hop höre und diese Szene und Geschichte stark infrage stelle. Nachdem ich anfangs über meine älteren Brüder nur amerikanischen Hip Hop gehört hatte, kam ich zwar mit elf Jahren auf den Geschmack und hörte auch viele Sachen aus Hip-Hop-Deutschland, wurde dann aber mit vierzehn auf Westberlin Maskulin aufmerksam und fand dort die rohe, intuitive, unkonventionelle Machart wieder, die ich an den amerikanischen Produktionen schätzte. Ich hörte dann tatsächlich wieder ganz auf, mich für deutschen Rap zu interessieren.

Ich glaube, es war Zufall, dass es *Kein Zufall* damals nicht in meine Sammlung schaffte, als ich auch deutschem Hip Hop mehr Gehör schenkte. Ich kaufte mir aber die Single von *6 Meter 90* und fand dort vor allem den Beat gut. Als ich das Sample kurze Zeit später auf der Lootpack LP *Soundpieces: Da Antidote* von 1999 in einem Interlude hörte, fand ich es bemerkenswert, dass Blumentopf das zuerst benutzt und einen dopen Track daraus gemacht hatten. Ist es eigentlich Zufall, dass sogar der Originaltrack, den sie da gesamplet haben, inhaltlich zu ihrem *6 Meter 90* passt? Die Frage, die Carla Thomas mit *How Can You Throw My Love Away* 1970 auf einer Stax-Veröffentlichung stellte, findet 1997 ein musikalisches Echo in einem Song, der die Verzweiflung von jungen Boygroupfans thematisiert, die sich ob der Auflösung ihrer Lieblingsband aus dem Fenster werfen. Der Topf stellte den Kindern einer (pop)kulturellen Wegwerfgesellschaft Carla Thomas' Frage in abgewandelter Form: How Can You Throw Yourself Away? Die Message ist dabei: Don't Believe the Hype! Das ist für mich Hip Hop in seiner reinsten Form und universellsten Funktion: liebevolle, geschichtsträchtige und — bewusste, sozialkritische wie affirmative Bastardisierung von Kulturen. Keines der Remakes von *6 Meter 90*, die der redundante Deutschrap-Diskurs hervorgebracht hat, rekurrierte so schlüssig auf sein Original, wie es die Töpfe mit ihrem Song taten. Doch kein Zufall: Blumentopf ist Hip Hop.

An den Hip-Hop-Produktionen aus Deutschland störte mich immer vor allem der saubere, biedere, akkurate Sound. Alles klang immer so, wie man das halt so macht. Wo waren die Ecken und Kanten, die den Wu-Tang Clan, aber auch schon das erste De La Soul-Album für meine Ohren so interessant machten?

Viele sehen im Aufkommen des Hypes um das, was die Musikindustrie und die Presse einst „Gangster Rap" nannten, die Zäsur, die genau diese Rohheit in Deutschland auf die akustische Landkarte brachte. Der Sound aber war auch hier meist clean, wuchtig, poppig, massen- und radiotauglich, angepasst und am modernen R'n'B orientiert. In meinen Ohren: keine Rawness.

Interessanterweise wird auch oft behauptet, dass eben dieser Straßenrap-Hype etablierte Gruppen aus der deutschen Hip-Hop-Identität verdrängt hätte. Blumentopf, deren Texte eine Schimpfwortwüste sind, wurden in meiner Generation zu einer der Bands, die es scheiße zu finden galt, um underground zu sein, was jeder sein wollte, ohne die Widersprüchlichkeit eines solchen gemeinsamen Ziels zu bemerken.

Heute scheint Hip Hop aus Deutschland sich wiedergefunden oder gar neu erfunden zu haben. In der verwertungsindustriellen und popkulturellen Selbstinszenierung als „Deutschrap" scheint mir das Genre über sich selbst hinausgewachsen zu sein. Es werden Partys gefeiert, auf denen ausschließlich deutscher Rap, also „Deutschrap", läuft. „Deutschrap" ist nicht mehr deutschsprachiger Hip Hop, sondern seine eigene popkulturelle Programmatik. Wo steht hier der Blumentopf? Ich denke, außerhalb. Dort, wo der Hip Hop wächst.

Nicht zuletzt als DJ möchte ich der Band meinen Dank und Respekt dafür bekunden, dass sie so lange an dem Modell „ein DJ und vier MCs" festgehalten haben. Big up!

Retrogott

→ Retrogott, DJ, MC und Produzent aus dem Umfeld des Kölner Labels ENTBS ist den meisten aus seiner Kollaboration mit Hulk Hodn bekannt. In seinen DJ Sets schlägt der Retrogott gern Brücken zwischen Hip Hop, Funk und Soul, Reggae, Afrobeat, Latin, Disco und House. Keinem anderen Genre als guter Musik verpflichtet, ist sein Credo: Musik ist groß.

Nie wird es wieder so werden wie es war
und deshalb nehme ich meinen Stift, um ... mir dieses Jahr
in meinem Tagebuch mit einem schwarzen Rand
alles begann damit, daß Take in ... Bravo Charts verschwand
einfach abgelöst von ...
ich konnte gut verstehen, ...
ihren Piercing Ring verschluckten und den Teddy fallen ließen
denn Howard und Jason und wie sie alle hießen
waren doch einfach putzig, so unwahrscheinlich schrecklich
so ... danu; jedenfalls, ... heute spucke ich
auf die ... Beispielle sind sie gewiss
denn sie haben meine kleine Schwester auf dem Gewissen

Ihr seit schuld

es war schon verdammt schwer für sie als sich Robbie
vom Rest der Band trennte — das war nicht ihr Glückstag,
doch daß sie sich ganz auflösten brach ihr das Rückgrat
und von da an war das Kopfkissen in ihrem Bettchen Naß

ich denke mit Schrecken an den letzten Auftritt ... daß
unvorstellbar diese Massenhysterie
ich verstehe nicht wieso sich die Verfassungsschützer nie
... mit Takes That beschäftigten, denn sowas gibts
... nicht bei Scientology oder den Zeugen Jehovas
... Thomas Gottschalks Spott half auch nicht
um die Fans zu beruhigen, es war unglaublich
weibliche Tränen, unbeschreibliche Szenen
... meine Schwester beschloß, das Zeitliche zu segnen

↑   **Plakat für das Musikvideo zu** *6 Meter 90*

THE SIXNINETY BOYS

Da war dieses Poster: Schu im hautengen Tanktop, Cajus mit Kajal, Roger umhüllt von glänzendem Leder. Blumentopf als Boygroup? Das Foto war natürlich ein Gag. Ein Promo-Kniff zur legendären Single *6 Meter 90*, in der Blumentopf das Geschäft mit der Teenie-Hysterie auf die Schippe nahmen. Im Rückblick aber verrät es noch eine weitere Wahrheit über diese Band: dass sie nicht nur Humor hatte, sondern auch selbst als eine Art Boygroup funktionierte.

Wenn die Menschen über Cajus, Roger, Sepalot, Schu und Wunder sprechen, ist fünf meistens eins. Blumentopf gelten als Einheit, als großes Sinnbild, bei Freund wie Feind: „Der Topf" ist dies, „die Töpfe" sind das. Dabei haben sie, wie alle guten Bands, stets von einem Zusammenspiel verschiedener Charaktere gelebt. Weit mehr als eine amorphe Masse waren Blumentopf die Summe ihrer Unterschiede: ein Allstar-Team ohne offensichtlichen Star, in dem sich eine erstaunliche Vielzahl an Fans wiederfinden konnte.

Um Missverständnissen vorzubeugen: Blumentopf wurden nicht gecastet. Wenn überhaupt, dann hat sie der Flashgott zusammengeführt, der, wie einst von Jan Delay besungen, irgendwo da oben an kunterbunten Strippen zieht und sich dabei immer wieder die verblüffendsten Konstellationen ausdenkt. Die weltliche Variante dieser Schöpfungsgeschichte geht so, dass Blumentopf durch ein geteiltes Interesse und ihren gemeinsamen Wohnort im Norden von München zusammenfanden. Wie fast überall auf der Welt war Hip Hop damals auch in Unterschleißheim noch eine exotische Präferenz,

kein popkultureller Normalzustand. War man der Meinung, dass es unbedingt eine gute Idee sei, sich im Stil eines Roboters über eine PVC-Matte zu bewegen, seinen Kosenamen mit Lackfarbe an einen Zug zu sprühen oder zumindest die Hose im Schritt baumeln zu lassen, gehörte man dazu — ohne dass man dafür wirklich begreifen musste, wozu eigentlich genau. Hip Hop war makrosozialer Kitt, eine ständige Suche nach Gleichgesinnten. Das hatte zur Folge, dass Menschen zu besten Freunden wurden, die sich unter anderen Umständen womöglich in tiefer Abneigung oder schlicht gar nicht begegnet wären. In der Begeisterung um dieses neue, aufregende Ding aus Amerika verkamen augenscheinliche Unterschiede zur Nebensache. „I'd like to say hello, to the black, to the white, the red and the brown, the purple and yellow. It ain't where you from it's where you at. Und age ain't sowieso nothing but a number." Wer auch nur die leiseste Ahnung hatte, wovon da die Rede war — oder zumindest ausreichend Motivation zeigte, es herauszufinden —, war down mit der Crew. Nicht selten wurde aus der Crew eine Band.

Als Fan nimmt man die Dynamiken, die eine Band in ihrem Innersten bewegen, oft nicht wahr. Weil sie sorgsam überdeckt werden. Oder weil man es gar nicht so genau wissen mag, so wie wenn sich die Eltern hinter geschlossener Schlafzimmertür zoffen. Die Unterschiede zwischen den einzelnen Mitgliedern der Lieblingsgruppe offenbaren sich meist erst dann, wenn diese nicht mehr ist. Wenn der Kitt seine Kraft verloren hat, wenn Musik ein Job geworden und dieser Job hinter anderen Umständen des Lebens zurückgetreten ist. Wenn in der Öffentlichkeit schmutzige Wäsche gewaschen wird. Gerade im Hip Hop ist das so, wo ein gepflegter Streit nicht nur Branchenusus ist, sondern ebenso konstitutionelle Ehren-sache wie die Treueschwüre davor. Es gibt dann Interviews und Anschuldigungen und Auflösungsanekdoten, die jeder Dschungel-camp-Folge zur Ehre gereichten. Dann muss man zusehen, wie sich die Helden der Jugend vor laufender Kamera gegenseitig zerfleischen und dabei nicht selten ihren eigenen Mythos demontieren. Ausnahmen wie Metallicas legendäre öffentliche Gruppen-therapie in der Dokumentation *Some Kind Of Monster* bestätigen nur die Regel. Wohl auch deshalb gilt: Die meisten Pop-Fans sehen die Bäume vor lauter Wald nicht mehr.

Dabei waren die besten Bands immer die, bei denen ganz unterschiedliche Charak-tere zusammen und auch individuell zur Geltung kamen. Der exzentrische John & der einfühlsame Paul & der introvertierte George & der witzige Ringo. Der angriffs-lustige Peter Tosh & der smarte Bob Marley & der kompromisslose Bunny Wailer. Die radikal-intellektuelle Rampensau Neil Tennant & der schweigsame Prinzipien-Purist Chris Lowe. All diese Gruppen waren mehr als die Summe ihrer Teile — weil ihre Teile eher komplementär waren als konform.

Die Boy- und Girlgroup-Industrie hat das sehr genau erkannt. Als der Plattenproduzent Maurice Starr Mitte der Achtzigerjahre die Gruppe New Kids On The Block zusammen-stellte, suchte er nicht nur nach Jungs, die singen, tanzen und dabei toll aussehen konnten. Er besetzte auch Rollen — wie in Hollywood. Ein cooler Anführer. Ein begnadetes Supertalent. Ein bodenständiger Normalo.

Ein unnahbarer Beau. Ein knuffiges Nesthäk-chen. Diesem Modell folgten alle großen Teenie-Bands der 90er-Jahre wie East 17, die Spice Girls, N*Sync, die Backstreet Boys oder natürlich Take That, um deren Auflösung es in *6 Meter 90* geht. Die wenigsten von ihnen waren, was oft vergessen wird, gecastet. Aber sie alle nutzten die Unterschiede in ihren Persönlichkeiten zu ihrem Vorteil. Wenn für jeden (in der Zielgruppe) was dabei ist, bleibt am Ende für jeden (in der Band) am meisten übrig.

Im Hip Hop ist das kaum anders. In der sogenannten „goldenen Ära" des Genres, der ja auch Blumentopf entstammen, den späten Achtziger- und frühen Neunziger-jahren also, waren die wichtigsten Bands durchaus auch Boygroups. N.W.A. sind ein gutes Beispiel. Ja, da waren die Skandale und der Zeitgeist, die die Kumpels aus Compton binnen kürzester Zeit zu Weltstars machten. Aber es war auch das Zusammenspiel ihrer Charaktere: der ewige Styler Eazy-E & der musikbesessene Perfektionist Dr. Dre & der gewitzte Lyriker Ice Cube & der geniali-sche Instinkt-Rapper MC Ren & der Spaßvogel DJ Yella. Oder A Tribe Called Quest: der smarte Bohemien Q-Tip & der bodenständige Sportsfreund Phife Dawg & die wandelnde Enzyklopädie Ali Shaheed. Über den Wu-Tang Clan brauchen wir gar nicht erst zu reden. Die neunköpfige Truppe aus New York ist der Inbegriff der Hip-Hop-Boyband. Und sie wurde sogar gecastet — wenn auch nicht im Beisein des Privatfernsehens, sondern im Hirn ihres Lenkers RZA.

Inzwischen hat die Gruppe als Goldstandard ausgedient. Die größten Hip-Hop-Stars sind heute Egozentriker wie Drake oder Kanye West. Mit Blumentopf geht nun die nächste Band, die ihre Fans nicht nur mit schierer Mannes-stärke zu überrollen wusste — sondern subtil auch diese ewig anziehende Romantik des bedingungslosen Zusammenhalts sehr unterschiedlicher und doch gleichgesinnter Charaktere transportierte. Ja, Blumentopf waren die „Musikmaschine"; sie haben ihr Zusammenspiel auf der Bühne über Jahre perfektioniert, später auch mit ihrer Band. Aber Blumentopf waren auch Die fünf ?????, sie waren auch TKKG mit anderen Anfangs-buchstaben. Oder anders gesagt: Sie waren auch der Wu-Tang Clan der bildungsbürgerlichen Mittelschicht.

Da ist Holunder, der vor allem in der Anfangsphase ganz besonders im Fokus stand. Der promovierte Physiker Bernhard Wunderlich verkörperte in den Augen seiner Fans alles, was den Topf von den klassischen Rapper-Stereotypen abhob. Er war traditionell gebildet und eloquent, konnte — zumal gemessen am damaligen Leistungsniveau — flüssig und fehlerfrei freestylen, und zeigte sich komplett unbeeindruckt von den in seiner Gilde üblichen Statussymbolen und Schwanzvergleichen. Er war eher der leicht vergeistigte Wunder-Junge, der sich im Laufe der Zeit immer noch weiter vom Tagesgeschehen entfernte und, für alle sichtbar, seinen eigenen Film fuhr.

Im Kontrast dazu steht Roger. Er war stets der Rapper-Rapper der Crew. Roger sieht aus wie ein Rapper, bewegt sich wie ein Rapper, kleidet sich wie ein Rapper und rappt wie ein Rapper. Über Rap, Rap über Rap und über andere Dinge, aber immer wie ein Rapper. Rap. Punkt. Geil.

Schu ist — um in den Worten einer anderen, dem Topf nicht gerade in tiefer Zuneigung verbundenen Münchner Crew zu sprechen — der ewige Dorn im dritten Auge. In seinen Texten wie in seinen Interviews schwingt oft etwas Angriffslustiges, manchmal auch Sarkastisches mit: ein leises Sticheln in alle Richtungen, bevorzugt natürlich nach rechts, wo sich all die Stammtischminister des Freistaats drängen wie durstige Zecher um die Blaskapelle im Festzelt, aber auch nach links, wo sich in München traditionell das linksliberale Bürgertum selbst gefällt. Er hat es sich und seinem Publikum nie leicht gemacht, sich allzu plumpen Versuchen der Deutung und der Vereinnahmung stets entzogen: ein bayerischer Querschädel ohne Laptop und ohne Lederhose, ein Hip-Hopper ohne Uniform, ein heimlicher Mannschaftssprecher ohne überzogenen Selbstdarstellungsdrang.

Den wird auch Cajus niemand unterstellen, der in der Boygroup Blumentopf stets die Rolle des latent unterschätzten Stillen einnahm. In der Band der selbsterklärten „Normalo-Typen" war er der Allernormalste, mit einem feinen, verschmitzten Humor,

dauerschmalen Augen, perfekt sitzender Direkt-aus-dem-Bett-Frisur und einem heimlichen Talent für die beste Line eines Songs. Das ganze Selbstironie-Ding hat er vollumfänglich gemeistert, bei ihm kommt es souverän, nicht lauchig devot. Dass er heute am Walchensee wohnt und als Bergsportler ein Café betreibt, passt ins Bild.

Und dann ist da noch Sepalot, der Musik-Typ, der Regisseur und Ruhepol hinter dem Pult. Er wirkte von Beginn an deutlich älter und erfahrener als die anderen, obwohl er das gar nicht ist. Er schien den Laden zusammenzuhalten, obwohl er das zumindest nicht alleinverantwortlich tat. Und er stand gefühlt stets etwas über den Dingen, obwohl sie oft Ausgang in seinem Laptop und seiner MPC nahmen.

All das stimmt natürlich nicht. Zumindest ist es heillos simplifiziert. Aber es gibt im Pop eben immer mindestens zwei Ebenen. Das, was hinter den Kulissen passiert, wo echte, vielschichtige Menschen ein echtes, vielschichtiges Leben leben. Und das, was beim Publikum ankommt, das in seinen Stars vor allem eine Projektionsfläche für seine eigenen Bilder sieht. Blumentopf haben sich um die zweite Ebene nie sonderlich gekümmert. Aber sie haben dennoch auch dort eine gute Figur abgegeben. Was den einen ein Bonding-Moment in der Skatehalle oder auf dem Basketballplatz, ist anderen ein kollektives Feindbild und wiederum anderen eben eine heimliche Boygroup. Eine feine Ironie des Schicksals.

Wenn sich Blumentopf nun, fast 20 Jahre nach *6 Meter 90*, selbst auflösen, wird das ohne jedes Dschungelcamp-Drama ablaufen. Aller Voraussicht nach wird es auch keine Fensterstürze geben. Irgendwo enden, zum Glück, die Parallelen zu Take That dann doch.

→   Als Münchner, Rap-Fan und Kind der Neunziger hat Davide Bortot Blumentopf von Beginn an verfolgt. Zwischen 2001 und 2006 interviewte er sie mehrmals für das damals noch in München ansässige Hip-Hop-Magazin *Juice*.

↑   **Backstage E-Werk, Köln**   →   **Kurz vor der Show im E-Werk, Köln**

3.9. Köln: Prime Club a.k.a. Luxor

Trotz schlechter Werbung wird die Tour mit einer vollen crowd begonnen. Total Chaos entdecken den Powertrupf und lassen ihn bis zum Schluß nicht los. Hey Jungs, das schlägt sich auch in den Verkaufszahlen nieder.

Die Stimmung ist gut, die Nightliner nice und der Zustand traumatisch.

0050

PRIME ENTERTAINMENT
PRESENTS

KONZERT

DONNERSTAG
03. SEPTEMBER 1998

BLUMENTOPF

TEXTA   TOTAL CHAOS

EINLASS 20.00
BEGINN 21.00
VVK 15,- inkl. 7% MwSt., zzgl. VVK-Gebühr / AK 18,- inkl. 7% MwSt

PRIME CLUB
LUXEMBURGERSTR. 40
50674 KÖLN

Keine Haftung für Sach- und Körperschäden. Zurücknahme der Karte nur bei Absage der Veranstaltung, bis zwei Wochen nach Konzerttermin. Bei Verlassen des Clubs verliert die Karte ihre Gültigkeit. Das Mitbringen von Glasbehältern, Dosen, Tonbandgeräten, Film- und Videokameras, pyrotechnischen Gegenständen, Fackeln sowie Waffen ist untersagt. Bei Nichtbeachtung erfolgt Verweis aus dem Club. Ton-, Film- und Videoaufnahmen - auch für den privaten Gebrauch - sind nicht erlaubt. Mißbrauch wird strafrechtlich verfolgt. Blitzlicht-Fotografie nur mit Erlaubnis der Tourneeleitung. Terminverschiebung möglich.

BLUMENTOPF
00

Kalendertypisch prächtiger Anfang. Alles abdrehen! Eins ist klar: Es wird noch besser aber Represantkoffer ist jetzt sehr heiß, und der mit dem Feuer knapp stimmt. #.

Unglaublich, aber wahr: Im Kölner CONRAD gibt's kein geeignetes Nintendo-Video Verbindungskabel. Die Mario Sessions müssen also gegen Playstation Aktionen getauscht werden. Aber mit 2 vollen Videokassetten SIMPSONS kann nichts schiefgehen.

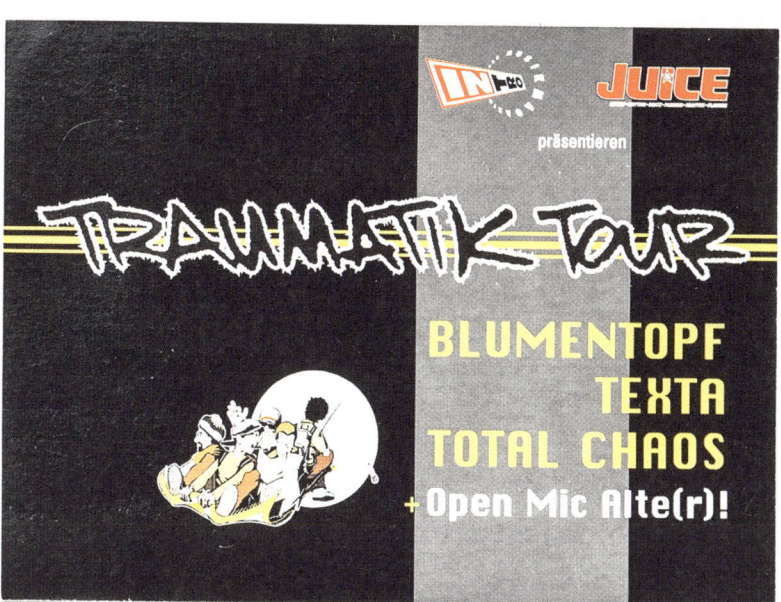

Grosser

4.9. Freitag 21.00

Hardcore, Crossover and more

Judgement Night

Längst in der Heidelberger Szene etabliert, gibt es auch in diesem Monat mit der Judgement Night die Alternative für alle Freunde der etwas härteren Gangart. Aktuelle Crossover Hits, feinster Hardcore und eine umfassende Hommage an die in Ehren ergrauten Heroen der Krach-Kultur stehen auf dem Programm, neue Trends und coole Hypes werden unters tanzende Volk geworfen. Wer also zu Korn, Dog Eat Dog, Rammstein, Hole oder Nirvana das Tanzbein schwingen mag, sollte sich für diesen Tag ein dickes Kreuz im Kalender machen. Start The Riot!
Eintritt: 4.-, mit S-Clubkarte 3.-

5.9. Samstag 22.00

„Siedepunkt"
Drum'n'Bass-Club
mit DJ Fish'N'PunkFood

Der Club-Hit vom August wird noch einmal in den September hereingerettet. Für alle Techno-Fans und solche, die es noch werden wollen, bringen wir im Foyer die Tanzfläche mit siedend heißen Breakbeats und Technosounds zum Kochen. Jazzy Grooves mixed with the latest Rollers.
Eintritt frei!

10.9. Donnerstag 21.30

HipHop-Event

DJ Friction (Freundeskreis) und Blumentopf
support: Texta, Total Chaos

Mit einem speziellen HipHop-Event, das von den Heidelberger Lokalmatadoren Stieber Twins präsentiert wird, geht der kulturcafé e.V. in die Herbst-Saison. Der „Freundeskreis"-DJ Friction featured ein HipHop-Package, das es in sich hat. Blumentopf sind die Münchner Crew, die gerade dabei ist, vom langjährigen Insider-Tip zu einem der großen deutschen HipHop-Acts zu avancieren. Schon seit 5 Jahren rocken die Ex-Skater (die Rapper Kung Schu, Holunder, Master P und Specht & DJ und Produzent Sepalot) so ziemlich jeden Konzert-Saal zwischen Buxtehude und Berchtesgaden und traten unter anderem als offizielle Gäste von The Pharcyde und Fettes Brot auf, die die Jungs unbedingt auf der Deutschland-Tour mit dabei haben wollten. Ihr aktuelles Album „Kein Zufall" ist eine Liebeserklärung an HipHop, das Abhängen und das andere Geschlecht. Das Video zur Single „Man kann nicht alles haben" wird auf den einschlägigen Musiksendern hoch und runter gespielt, und man merkt der Gruppe an, daß sie eine gewachsene Gemeinschaft sind, denn die Crew rappt nicht nur zusammen, sondern lebt und musiziert im gemeinsamen Haus in München.
Darüberhinaus haben die Blumentöpfe zwei hochkarätige support-acts im Marschgepäck:
Die österreichischen HipHop Pioniere „Total Chaos" gehören schon seit anno 89 zum besten, was die Alpenrepublik in Sachen Heimat-Rap zu bieten hat und waren bislang auf diversen Samplern (u.a. auf dem von P. Kruder von Kruder und Dorfmeister produzierten „Austrian Flavors") vertreten, während die vier MC's von „Texta" der jungen und wilden Generation Linzer Reimkünstler entsprungen sind.
Waren bislang das kühle Hamburg und das provinzielle Stuttgart die Keimzellen deutschsprachiger HipHop-Kultur, fordern jetzt die Alpen-Rapper ihr Recht ein, die etablierte und reichlich langweilig gewordene Szene aufzumischen. Seid also am Donnerstag abend dabei, wenn ein neuer Trend geboren wird. See ya!
Saal
Beginn: 21.30, Einlaß 21.00, Eintritt: 18,-/15,-; VVK ab sofort bei Crazy Diamond, MA-Kartenhaus und im RTS-System

CORA war da, die STIEBERS warn da (auch wenn's Skero nicht ganz überrissen hat) SPAX war da, TORCH hat Platten verkauft und Chris Matahn versorgt uns mit dem brummig Black Star / Flipmode Tape. Die Heidelberger sind relativ reserviert, dies scheint aber normal, denn nach der Show gratuliert mir einer kurz, daß wir die Crowd die sonst wohl nur mit verschränkten Armen dasteht dermaßen mitgerissen haben. Kam aber relativ knapp vor, hat aber trotzdem Spaß gemacht. Bei der Freestyle Session demonstriert Spax dann wie Präzise ein geöltes Reimwerk rattern kann. Mehr Silben pro Minute als ein Techno-Beat auf +5! Zum Ende gabs dann noch MANDY-Burger bis uns schlecht war. HD

HEIDELBERG. DIE STADT DIE HIPHOP NEU KONZIPIERT HAT, REVOLUTIONIERT HAT? – DIESE AL-TEXTZEILE KANN JA WOHL NUR EINE SATIRE GEWESEN SEIN. DENN HEIDELBERG SUCKS LIKE HOOLERS SUCK SICK – TOTE GESICHTER IM SAAL, ZUM FÜRCHTEN. DAFÜR WAR'S VIEL PROMINENZ, SO KONNTE MAN WENIGSTENS KONVERSIEREN. FAZIT: LIEBER 100 FRÖHLICHE MENSCHEN ALS 300 DÜMMLICHE LANGWEILER. FIUSMO (Wahrscheinlich wollten die alle DJ Friction sehen.)

DJ FRICTION WAR NICHT DA, UND DIE HEIDELBERGER STANDEN MIT EINGESCHLAFENEN GESICHTERN DA. DAS WAR WOHL DIE ERSTE SCHLAPPE, ABER SULM'S GUTE KÖNNEN GESCHICHTEN. RUGER HAT BEIM FREESTYLEN EH ALLES GLAUBT, STEX TANZT AUF DER BÜHNE RUM UND SCHWITZT NUR, DITO AUCH DIE ANDEREN VON SEINER CREW. WEIL ES HAD A GOOD LAUGH! MAL SEHEN WAS IN MÜNSTER GEHT... HD

CHR. MATAHN WAR HALT DER LICHTBLICK DES ABENDS, ES HEITE MENSCHEN SIND AUCH NETT

Kung Schu, Holunder, Specht, Master P und Sepalot go to the Movies: Nach über 1 ½-jähriger Aufzucht und unzähligen Live-Burneauftritten präsentiert uns Blumentopf seinen heiß ersehnten LP-Zweitling „Großes Kino". Das Drehbuch: Non-virtuelle True-Stories im 16:9-Format, welche den geneigten Zuhörer durchweg geflasht zurücklassen. Obendrein fünf HipHop-Besessene, die (mal solo, mal im tighten funktionierenden Team) ihre „Seelen in Silben" und dabei gesteigerten Wert auf die „Quintessenz" im Wortsport legen. Oder wie formuliert es doch Holunder so treffend auf der ersten, infunktiösen Singleauskopplung „Fensterplatz": „Denn wenn wir euch das Gefühl, das wir beim rappen hatten, vermitteln/werden aus Käufern Künstlern und aus Opfern Täter."

„Großes Kino" präsentiert uns kein vorgetäuschtes „Ghetto-Life in 85356 Freising". Es projiziert vielmehr authentische, dokumentarische, unterhaltsame, aber auch phantasievolle Filme auf die Retina eures inneren Auges. Soviel ehrliche Einstellungen aus dem realen Leben sind selten geworden, stark szenenhaft sind ihre mitreißenden Momentaufnahmen mitsamt ihren style-vollen Verfremdungs-Elementen: konsequent umgesetzte Perspektivwechsel (wie auf „Block und Bleistift" oder beim rap-taktisch klugen Zug „Am Schachbrett") verdeutlichen die mehr denn je ungetrübte Freude der Freising-Five an cleveren Wortspielereien. Warum auch

grellblendende Special-Effects oder eine lebensumgebungsfremde Dramaturgie auffahren, wenn das Leben einem auch so oft genug den Blues verpaßt (höre „Kein Plan")?! Ist ein charmantes Augenzwinkern (wie auf dem spaßigen Skit „Fuck the System") nicht viel schöner als allmähliches Festfahren im Schlamm der HipHop-Plattitüden? Klischees verenden hier im Harakiri-Style oder dreht sich nicht tatsächlich irgendwo „alles nur um Autos und Frauen"?

Zu all dem spricht Wax-Maniac DJ Sepalot, wie es sich gehört, „nur" mit seinen Händen: er liebt das Knistern des Vinyls ebenso wie extravagant-schnulzige Soul-Choräle aus den 60ern und 70ern oder auch abstrakt-konstruierte, aber dabei stets locker-flockig-klingende Beatkonstrukte. Die außergewöhnliche Armada seiner erlesenen musikalischen Zitate und Querverweise übersteigt das Glossar eines jeden Filmlexikons, trotzdem wirkt seine maßgeschneiderte Produktion nie überladen oder zu sehr im Vordergrund positioniert. Nicht nur so gesehen ist das Nachfolgealbum vom Topf zu deren Dauerläufer-Langspieler „Kein Zufall" natürlich bestes filmisches Handwerk straight von der Pike auf. Ein weiteres, riesengroßes Hip-Hop-Erlebnis in diesem Jahr auf Four Music!

(cm: *Juice*, August 1999)

BLUMENT◉PF GROSSESKINO

01

Der Haushalt 2000 war unsere Band-WG. Alle zusammen in einem Haus und die Musik zum Zentrum zu machen war ein großer Traum. Unter anderem The Pharcyde haben mit dem Album *Labcabincalifornia* bewiesen, dass unter diesen Bedingungen gute Platten entstehen. Eine Band, von der wir Fans waren. Unsere Wohngemeinschaft sah etwa wie folgt aus: Wunder im Erdgeschoss neben unserem Altglaslager, Schu in einem Zimmer mit abgeschlagenen Wänden und ohne Heizung, Cajus in einem Zimmer, in dem man nur in einer Hälfte aufrecht stehen konnte, und ich im Hinterzimmer vom Studio. In unserem Haus gab es eine Wohnküche mit Bergen von dreckigem Geschirr, eine Dusche, die nach dem Auszug rausgerissen werden musste, ein Gewächshaus, Grill und Couch auf dem Dach und 24/7 Musik. Roger wohnte zu der Zeit nicht bei uns, dafür aber Sidi, ein Raumfahrttechnologiestudent aus Österreich, der uns unsere ersten Verträge aufsetzte. Ich machte nonstop Beats, ging pennen und wurde um 6:00 morgens von Raps geweckt.

Dann stand ich auf und nahm Scratches auf oder arrangierte den in der Nacht entstandenen Song. Danach machte ich ein neues Instrumental. So ging das ohne Pause weiter. Die einzige Unterbrechung gab es, wenn wir auf Tour gingen. Neu im Studio war unter anderem eine MPC 2000, und der Atari wurde gegen einen Mac eingetauscht. Durch das ständige Diggen nach altem Vinyl füllten sich unsere Zimmer mit schwarzem Plastik. Dem Kellerstudio vom *Main Ingredient*-Album kam ich immer näher. Durch die MPC veränderte sich der Produktionsstil: Da ich auf einmal nicht mehr so stark limitiert war, konnte ich in ganz anderen Strukturen denken und das war mein kreativer Befreiungsschlag.

Von Torch über MC Rene, Immo, Ono, Aphroe, Toni-L bis zu den Stieber Twins besuchte uns die halbe Rapszene Deutschlands und teilte sich nacheinander den Schlafsack von Schiffmeister, der ihn mal bei uns vergessen hatte.

Sepalot

02

03

↑ Bilder aus dem Haushalt 2000, der Blumentopf-Wohn-
gemeinschaft in der Wiesenthalstraße 26 in Freising

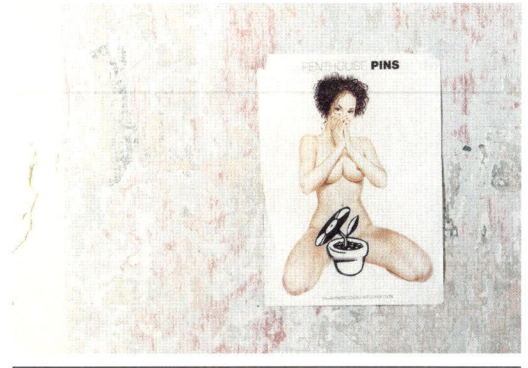

← ↑ Bilder aus dem Haushalt 2000

COMPETITION-STYLE

Blumentopf lernte ich 1994 bei einer Veranstaltung in der KAPU in Linz kennen. Holger (DJ D.B.H.) und ich waren zu der Zeit als Total Chaos fleißig unterwegs. Es liegt vielleicht auch daran, dass wir in Innsbruck im Umkreis von 200 bis 300 Kilometern die Einzigen waren, die sich mit Hip Hop beschäftigten. Und in dieser Abgeschiedenheit haben wir einfach versucht Leute kennenzulernen. Aus dem Grund waren Jams und Konzerte für uns wichtig und in Österreich war der Ort dafür immer die KAPU in Linz. Und 1994 war das ein Konzert mit Texta, Blumentopf und uns.

Über das Musikalische hinaus lernte ich die Töpfe im Haushalt 2000 kennen. Aus beruflichen Gründen pendelte ich zwischen Innsbruck und München. Meine einzige Connection in München waren Blumentopf, doch die wohnten nicht in München, sondern in Freising. Ich bezog dort von Anfang an Quartier und schlief für eineinhalb Jahre tageweise bei den Jungs auf der Couch. Der Haushalt war ein Mehretagenhaus. Er war ein Bubentreffen: Wohlfühlatmosphäre wurde nicht so großgeschrieben. Dazu fehlte ihnen, glaube ich, irgendwie der Fokus. Da ging es um andere Dinge.

Unten waren ein großer Wohnbereich und eine Küche, und dann gleich im ersten Stock sehr zentral das Studio, von dem die verschiedenen Zimmer der Jungs abzweigten. Die lebten wirklich neben und mit diesem Studio. Und da erlebte ich, wie sie rund um die Uhr gemeinsam produzierten. Nur Roger wohnte in München. Aber eigentlich war auch er die meiste Zeit über im Haushalt. Es war ein interessanter Ort. Dort mischte sich das alltägliche Leben mit dem ständigen Produzieren von Musik. Die Töpfe diskutierten über Haushaltsfragen, etwa wer wann den Abwasch zu machen habe, wie über die letzte Aufnahme-Session. Das Studio war das Zentrum des Hauses, der Lebensmittelpunkt aller. Haushalt 2000 hieß die TOPF-WG, weil sie eben 2000 ausziehen mussten. Im Prinzip war das Ganze ein großer Countdown. Und vielleicht konnten sie deswegen dort so produktiv sein. Das Zusammenleben war nicht immer einfach. Das bekam ich schon mit. Wenn sich so verschiedene Charaktere an einem Ort vereinen, die miteinander arbeiten und leben, kommt es auch zu Auseinandersetzungen. Ich glaube, das ist es auch, was Blumentopf als Band immer auszeichnete.

Denn wenn man bedenkt, dass die fünf gemeinsam eine WG, das gemeinsame Musik-machen und die ganzen Touren überstanden haben, kann einen der Bandzusammen-halt nicht wundern. Der Haushalt 2000 war ein Prüfstein für die Jungs als Band und als Freunde. Und den haben sie genommen. Was sich auch änderte, war, dass die MCs anfingen Beats zu produzieren. Zuvor war Sepalot der Produzent. Jetzt im Haushalt standen allen alle Geräte ständig zur Verfügung. Wenn du als MC nicht die ganze Zeit nur rappen und Texte schreiben willst, und die MPC da steht, die du auch bedienen können möchtest, fängst du automatisch an, Beats zu bauen. Das veränderte die Band und auch die musikalische Bandbreite. Genau diese Band-Dynamik nahm ihren Ursprung im Haushalt.

Meine Features auf Blumentopf-Platten waren völlig natürlich, da ich die ganze Zeit mit den Jungs abhing. Durch die Traumatik Tour und das Gefühl, in München keine richtige Crew am Start zu haben, ist dann die Idee einer München–Linz–Wien–Crew mit Texta, Total Chaos und Blumentopf entstanden. Wir wollten auch ganz bewusst ein Gegen-gewicht zu Stuttgart oder Hamburg setzen. Und ich hatte damals auch das Gefühl, dass es ein Gemeinsam in München nicht gab. Es gab keine Kolchose- oder Mongo-Clique-mäßigen Zusammenschlüsse. In München hat jeder für sich selber gearbeitet, egal ob das die Töpfe waren oder Square One oder Feinkost Paranoia oder Main Concept. Wir alle waren von dem Gedanken einer Competi-tion angetrieben, einem freundschaftlichem Wettbewerb untereinander — als Freunde, als verschiedene Bands, die sich gegenseitig inspirierten und die nächsten Ansprech-partner waren. Egal, ob Texta oder Blumentopf oder Total Chaos — wir pushten uns gegen-seitig: in der Produktion, im Rappen, im Freestylen. Da war es dann sehr lustig, wie dieses Bermudadreieck Wien–Linz–München entstand. Der erste Song, den wir zu dritt aufnahmen, war 1997 *Alpenpanorama* auf unserem ersten Album *WerWasWannWieWo*. Für die Aufnahmen kamen alle, Texta und Blumentopf, nach Innsbruck. Wir legten einen Beat auf und jeder schrieb. Und dadurch dass unser gemeinsames Musikmachen und Auf-Tour-Sein so gut funktionierte und wir dann bereits alle sehr eng miteinander waren, war es eigentlich nur naheliegend, dann auch *Kaleidoskop* zu machen. Zu der Zeit war der Haushalt schon passé und die Töpfe lebten in München, Holger und ich auch und die Texta in Linz und Wien. Total Chaos und Blumentopf waren sogar für eine Zeit Nachbarn in einem Studiokom-plex in der Klenzestraße. Das war kein besonders schönes Studio, aber dadurch dass wir so eng nebeneinander produzierten, ist dort sehr viel entstanden, auch für *Kaleidoskop*.

Mein letztes Feature auf einer Blumentopf-Platte war *Mein Block*. Zu der Zeit lebte ich nicht mehr in München. Einmal zu Besuch im TOPF-Studio hörte ich den Beat und einen der Parts, und beides gefiel mir extrem gut. Ich habe dann in einer kurzen Session die Hook gemacht. Ich kann mich erinnern, dass *Mein Block* auf die *Juice*-CD kam — und kurz darauf Sido mit seiner Version. Und darauf folgten dann diese unnützen Vergleiche: Das ist das dreckige Ghetto Berlin, und das sind die Reihenhausjungs aus dem feinen München. Dann wurde diese Straßengeschichte immer größer, und deswegen waren ein Track wie *Mein Block*, eine Band wie Blumentopf und sogar ich der totale Reibebaum für ganz viele Leute. Bezeichnungen wie Studenten-Rap kamen auf als Gegenentwurf zu dem Aggro-Berlin-Ding. Das empfand ich als völlig respektlos. Ich hatte nie eine Uni von innen gesehen. Ich stellte schnell fest, dass das nicht länger der Competition-Style war, wie ich ihn mochte: entweder das eine oder das andere. Es turnte mich extrem ab und zeigte mir, dass die Welt, in der ich mich so lange bewegt hatte, mit der ich mich identifizierte, in eine Richtung driftete, mit der ich nichts zu tun haben wollte. Ich ver-spürte keine Lust mehr, Teil des Ganzen zu sein.

Manuva

→   Clemens Fantur war als Manuva der MC der österrei-chischen Hip-Hop-Band Total Chaos. Heute arbeitet er als Fotograf und Radiomoderator bei FM4. Das letzte Mal auf der Bühne stand er mit seinem DJ D.B.H. als Total Chaos beim Bandjubiläum von Texta 2009.

↑ Zeichnung Roger für das Artwork der Single *Fensterplatz*

01

EIN HIP-HOP-SOMMER

Die *Spiel mir das Lied vom Brot*-Tour 1996 begleitete ich mit Spax als Support vollständig, die Jungs vom TOPF waren für ein paar Konzerte als quasi unser Support am Start. Wir wussten vom Hörensagen natürlich bereits übereinander Bescheid. Und ich erinnere mich an eine Freestyle-Veranstaltung im Airport in Würzburg bei der wir uns über den Weg gelaufen sind. Doch richtig kennengelernt haben wir uns erst während der Tour mit den Broten. Und zwar bei den Freestyle-Sessions, die durch eine allseitige Freestyle-Affinität zustande kamen und die — von Beginn an durch eine positive Atmosphäre begünstigt waren — den kleinsten gemeinsamen Nenner unserer musikalischen wie menschlichen Annäherung darstellten. Neben einigen freundschaftlich gemeinten Spaßbattles war das künstlerische Zusammenspiel vor allem durch ein Miteinander geprägt: darüber rappen, was man sah, über Situationen, Menschen, die gemeinsame Tour und das gemeinsame Lebensgefühl.

Diese Art Freestyle habe ich später, als ich bei Mixery Raw Deluxe die Freestyle-Battles hostete, immer ein wenig vermisst. Dort waren mehr Leute mit weniger Talent, die wiederum meinten, alles und jeden battlen zu müssen.

Und dann gab es diesen unvergesslichen Sommer, in dem ich für einige Wochen bei den Jungs im Haushalt 2000, wie sie ihre Residenz in Freising nannten, lebte. Der Haushalt 2000 war Rap-Wohngemeinschaft und — nicht allzu — chaotischer Männerhaushalt zugleich, mit selbstgebautem Aufnahmestudio, der sogenannten Rapwerkstatt, und Räumlichkeiten zum Chillen und Schreiben, im Garten wurde gegrillt. Als ich dort war, schrieb ich jeden Tag, unter anderem den Track *Hüftschwung*. Eine Session mit den Töpfen lief etwa so ab: Schu meinte „Ey, welche Punchline hast du? Ich hab: ‚Ich schlage wie Kids Alarm — Rikscha fahren.'" Und ich: „Woah, cool, ich hab: ‚Ich spuck mir ’nen Schluck aus meiner Cose Dola.'"

02

03

01 Mit MC Rene auf *Großes Kino*-Tour
02 Roger im Tourbus
03 Cajus und Thomas (Busfahrer)

Dafür habe ich dann das Sample von Frank Sinatras *Singin' In The Rain* mitgebracht, das ich im Groove Attack Store in Köln aus einem riesigen Fundus gedieggt habe. Als wir das Ding mit Sepalot anhörten, ist dieser sofort darauf angesprungen, hat es bearbeitet, Drums daruntergelegt und daraus schließlich einen superdopen Beat gemacht. Es ist wie ein Automatismus, wenn ein guter Vibe da ist: Nachdem die Beats fertiggestellt waren, fingen wir sofort an zu schreiben — der Track entstand beinahe von selbst und ohne dass wir uns darauf verständigen mussten, welcher Art er sein sollte und ob er für eine Veröffentlichung bestimmt sein würde oder nicht. Der *State of Mind* der Töpfe, ihr Stil und ihre Art, die Dinge zu sehen und über sie zu rappen, all das half, auch die übrigen Lieder, die später dann das Album bilden würden, zu erschaffen. Auch die für Kreativität so notwendige Spontaneität war vorhanden: Jeder konnte jederzeit — und auch für sich allein — einfach aufnehmen. Eine derartige Symbiose fünf talentierter Musiker, die über das Künstlerische hinaus auch noch ihren Lebensraum teilten, sorgte natürlich für gegenseitige Inspiration.

Vor allem haben vier Rapper auch vier Perspektiven. So herrschte unter den Musikern immer eine positive Konkurrenz: Hatte einer der Jungs einmal keine Lust mehr, motivierte es ihn sichtlich, wenn ein anderer einen guten Part schrieb, und so zog er mit. Kung Schu etwa hatte damals schon immer kluge Doppel-reime, Cajus war immer am lässigsten, Roger war derjenige, der einen immer ein wenig verarschte und Holunder der superstraighte Dude, einer der logischsten Freestyler, einer der Besten. Sepalot war der Technikver-sierte — also hauptverantwortlich für die Produktion —, er hat, glaube ich, auch ein bisschen Struktur in das Chaos gebracht. *Hüftschwung* steht für meine Zeit im Haushalt 2000. Dieser eine Song hat auch dieses sonnige Gefühl transportiert. Am meisten hing ich damals mit Schu ab und wir freestylten ziellos. Die Zeit mit den Jungs war großartig — und aus diesem Vibe heraus bin ich später auch auf die *Großes Kino*-Tour mitgekommen, im Vorprogramm — als unsigned Mitglied des Topfes sozusagen. Nach der Tour war es auch naheliegend, dass sie mich als Figur im

Video zu *Fensterplatz* einbauten: Wir drehten in einem Sexshop in Innsbruck, ich spielte den Pförtner. In einer Szene ist DavidPe zu sehen, wie er den Sexshop verlässt und sich die Hose zumacht. Bei dem Gedanken muss ich heute noch lachen.

Es war eine schöne Zeit für mich — rück-blickend wahrscheinlich der letzte Atemzug des positiven Raps, bevor alles relativ dunkel wurde. Blumentopf hatte den besten Blick auf die kleinen Geschichten des Lebens und das verkörperte auch der Haushalt 2000. Das war das Alter, in dem du erwachsen wirst, aber gleichzeitig noch die Jugendlichkeit auslebst. Und bei den Jungs auch eine Zeit, in der es schnell von der Amateur- in die Profigruppe überging. Es gibt diesen alten Surferfilm *Endless Summer* und das im Haushalt war für mich sowas wie mein *Endless Summer of Hip Hop.* Nur noch Baggersee, Freestyle, Sonne, blauer Himmel, Hip Hop, Beats und Einrappen. Die letzte Unbeschwertheit vor der harten Realität. Ich zog dann nach Berlin und der Kontakt zu Blumentopf riss ein wenig ab, die haben ihr Ding gemacht und ich meins — doch mein Aufenthalt im Haushalt bleibt mir in Erinnerung als eine kurze, sehr intensive Zeit. Ich finde es erstaunlich, wie lange das bei den Jungs gehalten hat. Vor allem für eine Gruppe mit vielen verschiedenen Charakteren.

Es ist sehr mutig, die Entscheidung zu treffen „O.K. Jungs, lasst uns einen guten geilen Abschluss machen!" — das wird dem Stil der Gruppe Blumentopf gerecht, wie sie auch schon immer waren: nicht zu privat nach außen, sondern sympathisch aber professionell. Auf der TNT-Tour in Heidelberg konnte ich diese Unbeschwertheit in den typischen Blumentopf-Freestyles noch mal erleben — ich war auch auf der Bühne und habe ein bisschen mitgefree-stylt — und da war das Gefühl sofort wieder da, obwohl so viele Jahre vergangen sind, als wären wir wieder im Haushalt 2000 auf der Dachterrasse und grillen Würstchen.

MC Rene

→ René El Khazraje auch bekannt als MC Rene ist ein deutsch-marokkanischer Rapper und Stand-up-Comedian.

↑　Kojen im Nightliner

AKTE BLEISTIFT:
Die unheimlichen
Fälle des RAPs

Es gibt Tage, an denen sich die Anzahl deiner Freunde auf einen Schlag verzehnfacht. Der Tag, als ich mit Eminem zum Essen gehen sollte, war so einer. Mir ist zwar bis heute unklar, wie sich diese Nachricht zur Zeit der Festnetztelefone und ohne soziale Netzwerke so schnell verbreiten konnte, aber das ist wohl eine dieser X-Akten. Ich musste meinen aufgekratzten Telefon-Freunden aber leider klarmachen, dass Marshall und ich uns schon sehr auf einen romantischen Abend zu zweit freuten — sorry. Eigentlich war es einfach so, dass meine damalige Freundin Eminems Tourbegleitung war und Mister Mathers eventuell auch gar nichts davon wusste, dass er später mit einem der Flower Pot Boys dinieren sollte. Wahrscheinlich hat ihn der Erhalt dieser Nachricht dann aber so nervös gemacht, dass er bei meinem Eintreffen gar nicht mit am Tisch saß. Stattdessen war es eine kleine Runde aus Manager, Tour-Leuten, Label-Menschen und eben mir. Ihr müsst wissen, dass Eminem zu dieser Zeit für uns TOPF-MCs der absolute King war. Die *Slim Shady LP* war erst ein paar Monate alt und lief im Haushalt 2000 noch immer in Dauerschleife. Wir hatten gerade *Großes Kino* veröffentlicht und aus irgendwelchen Gründen war ich mir sehr sicher, dass Eminem unbedingt unsere Scheibe besitzen müsste. Ich war also schon etwas enttäuscht, als die Nase nicht zum Essen erschien — dammn! Wir sollten ihm aber etwas einpacken und ins Hotel mitbringen. Er fing uns dann am Parkplatz vor dem Hotel ab, wo er in die Tüte schaute, in den Burger biss, uns ansah, „Fuck that food" schrie und alles auf den Boden warf — einfach ein super Typ, dieser Eminem. Aber egal, meine damalige Freundin hatte mir schon ein

paar viel bessere Geschichten erzählt und ich wusste ungefähr, was für ein wahnsinniges Drogen-/Rap-Monster mich da erwarten würde. Kurz darauf standen wir dann zu dritt im Hotelaufzug und dieser Wahnsinnige fing plötzlich an, uns Texte, die er ein paar Tage zuvor in Amsterdam geschrieben hatte, vorzurappen. Auch kurz darauf im Zimmer war er nicht zu stoppen — wenn das jetzt meine Telefon-Freunde sehen könnten. Der Typ war vielleicht ein kleiner arroganter Assi, aber eben auch der Krasseste. Ich habe ihm dann später noch etwas verlegen unsere CD überreicht. Er öffnete die Hülle, biss rein, sah mich an und … Um ehrlich zu sein habe ich keine Ahnung mehr, wie er reagierte — ich war aufgeregt wie ein kleines Schulmädchen, das Justin Bieber gegenübersteht —, und ein paar Minuten danach war das Aufeinandertreffen der zwei Rap-Giganten dann auch schon wieder vorbei. Jetzt kommt aber der eigentliche Grund, warum ich Euch diesen Quatsch überhaupt erzähle: Auf *Großes Kino* gab es den Track *Block und Bleistift* von Wunder, auf dem er den Scratch-Sound mit einem Bleistift auf Papier imitierte. Es kann ja auch ein dummer Zufall sein oder ein klassisches Beispiel von „great minds think alike", aber ein paar Monate später kam Eminem dann mit einer ähnlichen Idee in *Stan* um die Ecke. Ich kann mir zwar nicht vorstellen, dass der Meister jemals in unser Werk reingehört hat, aber … Ich will das jetzt einfach mal so stehen lassen, und hiermit schließen wir die X-Akten für heute.

Mit freundlichen Grüßen,
Roger „Stan" Manglus.

Block & Bleistift

- egal ob die lorbeer geblieben, Stärke 5H oder 6B

- die Skizzen Picassos, die Bibel oder Goethes Werke

Block & Blei Stift . stift & Papier
accapella über kreuz vorm Song

Scratch : Block & Bleistift !
Skero auf "Ich bin der Beste" | ♥ Lambrusco
auf kurz & schmerzlos
↳ Mein Demo ist fett

Stift & Papier

Ich räume den Frühstückstisch ab, wie gewöhnlich an ...
als ich im Kaffeesatz las, ich sei der König des Kings
und die Wahrheit nicht im Wein sondern in ... Tchibo
& so tauschte ich den Kaffeelöffel von damals mit dem Mikro

Ich brauche keinen Smashhit, kein Whackshit, keinen kommerziellen
Schnullsch..., ...
Ich tue das was ich tun muss ⇒ Fick the Syst. Scratch
Kinderzimmer

Schlusswort: abrupt, > Nel...

Textblatt Wunder Block und Bleistift

VON DISCO ZU DISCO

Und als der Rest der Partyleute wie gebannt ins Strobo schaute, lag ich draußen mit dem Rücken gemütlich auf'ner Motorhaube.

Auf einmal stand sie da, mit Puppis groß wie ne Nickelbrille und hauchte mir ins Ohr

"Schluck nur diese bitt're Pille, und ich versprech dir hoch und heilig, du wirst alles besser blicken, doch um Gottes Willen beeil dich weil die Cops verdeckt ermitteln.

Mein kleines Schwesterherz war ausnahmsweise nicht dabei und es war ein Samstag, Alter, drum nahm ich gleich drei.

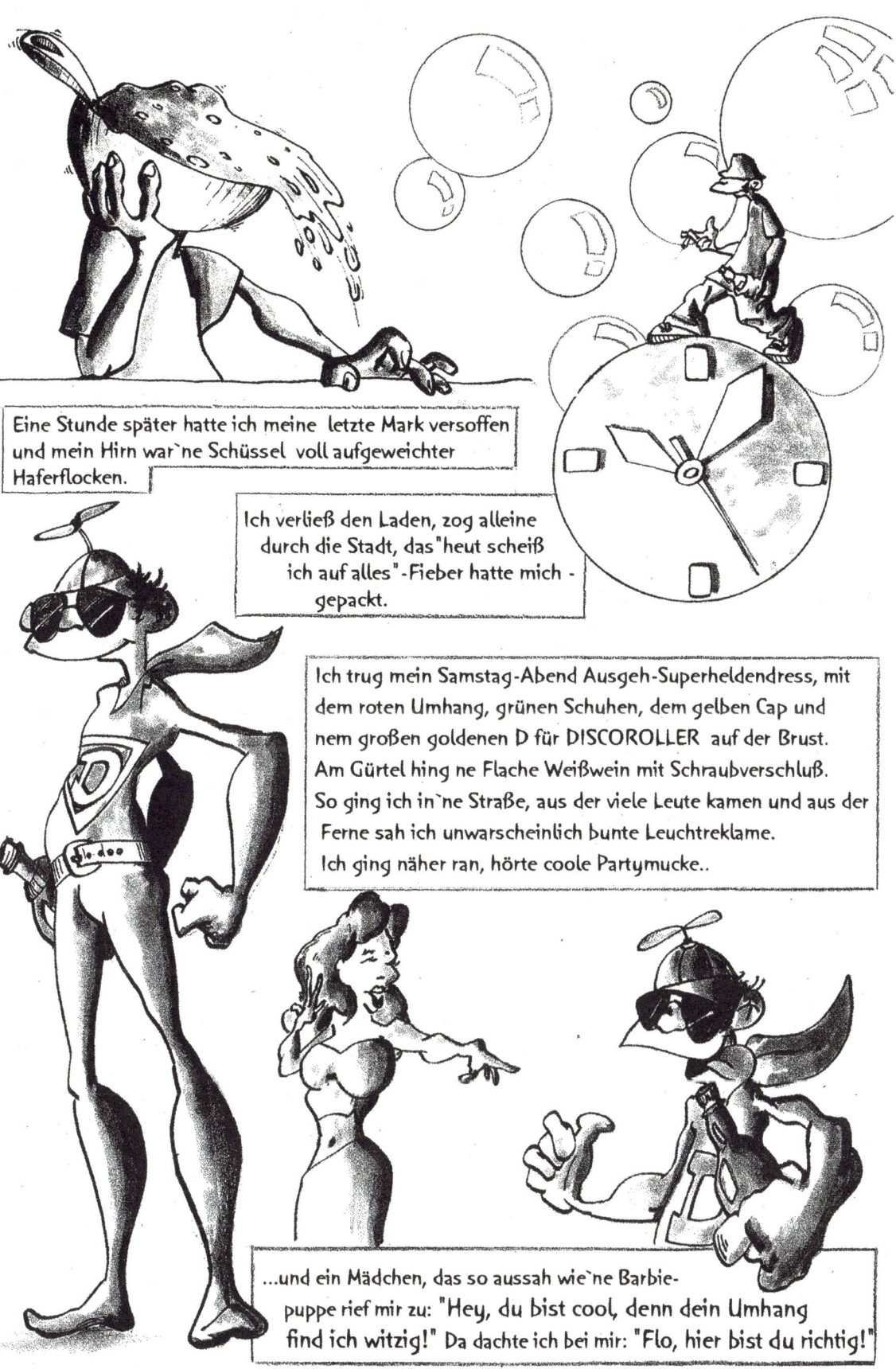

Eine Stunde später hatte ich meine letzte Mark versoffen und mein Hirn war`ne Schüssel voll aufgeweichter Haferflocken.

Ich verließ den Laden, zog alleine durch die Stadt, das"heut scheiß ich auf alles"-Fieber hatte mich - gepackt.

Ich trug mein Samstag-Abend Ausgeh-Superheldendress, mit dem roten Umhang, grünen Schuhen, dem gelben Cap und nem großen goldenen D für DISCOROLLER auf der Brust. Am Gürtel hing ne Flache Weißwein mit Schraubverschluß. So ging ich in`ne Straße, aus der viele Leute kamen und aus der Ferne sah ich unwarscheinlich bunte Leuchtreklame. Ich ging näher ran, hörte coole Partymucke..

...und ein Mädchen, das so aussah wie`ne Barbie- puppe rief mir zu: "Hey, du bist cool, denn dein Umhang find ich witzig!" Da dachte ich bei mir: "Flo, hier bist du richtig!"

Ich ging weiter und langsam wurde ein kleiner Club erkennbar, davor standen hunderte von Leuten am Geländer. Ich schubste sie beiseite, denn ein echter Partylöwe lässt sich niemals von`ner Warteschlange fressen.

Der Türsteher, der mich um nen Kopf überragte, versperrte mir den Weg lachte laut und sagte: "Wenn du die Partycrew suchst, Junge hier ist ihr Hauptquartier. Doch heut kommt da kein anderer mehr rein außer dir! Das wird der derbste Abend deines Lebens, du du hast das große Los gezogen!"

Dann hat er mich vom Boden hochgehoben und auf seinen Schultern in den Club getragen. Ich verteilte meinen Weißwein und Taschentücher für die Schnupfennasen. Alle lachten und schrieben, dass ich das super mach und dann trank einer nach dem anderen mit mir Bruderschaft. Wir stießen an "Auf das wir heut`nen schönen Abend haben!" und drehten uns im Kreis als wir uns in den Armen lagen. Der DJ legte die ganze Zeit nur Klassiker auf, die Tanzfläche war voll, ich passte fast nicht mehr drauf.

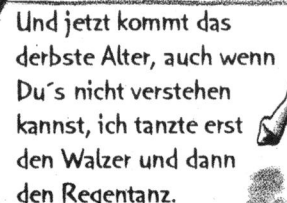

Und jetzt kommt das derbste Alter, auch wenn Du´s nicht verstehen kannst, ich tanzte erst den Walzer und dann den Regentanz.

Die Piuretten, die ich drehte, waren lupenrein und ich begrüßte jedes neue Lied mit lauten Jubelschreien!

Ich spürte das die Nacht was ganz besonderes war, um das zu feiern holte ich mir erstmal`nen Drink von der Bar. Und als ich mich mit meinem Glas auf einen Hocker setzte sprach das kleine bunte Schirmchen, das in meinem Cocktail steckte:

"Sieh da, ein neues Gesicht. Dich hab`ich hier noch nie gesehen und ich geb`Dir den guten Rat. Du solltest lieber gehen. Die Stimmung ist zwar super und die Mädchen fast splitternackt, doch verlasse diesen Club vor Mitternacht!"

Ich ging erstmal auf`s Klo, so wie immer einen kiffen und lud meine Kumpels ein, die vor Freude in ihre Trillerpfeifen pfiffen

Ich rief nach der Kellnerin, daß sie mir nochmal einschenkt, wer hört schon auf `nen Knirps in so`nem albernen Hawaiihemd? Vielleicht weißt Du ja nicht, wovon die Rede ist, aber ich fühlte mich als ob mir ein Engel an die Seele pisst

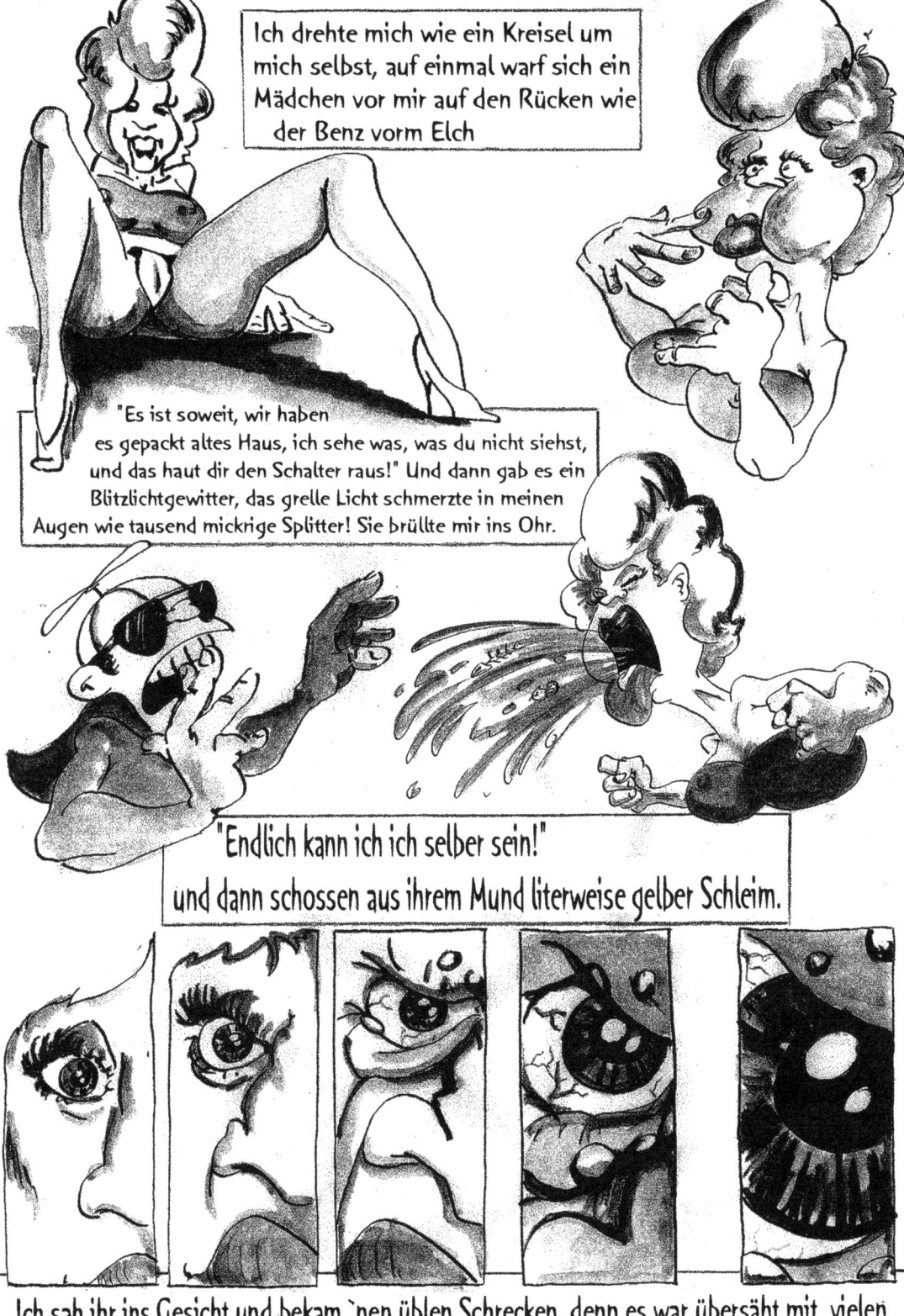

Ich drehte mich wie ein Kreisel um mich selbst, auf einmal warf sich ein Mädchen vor mir auf den Rücken wie der Benz vorm Elch

"Es ist soweit, wir haben es gepackt altes Haus, ich sehe was, was du nicht siehst, und das haut dir den Schalter raus!" Und dann gab es ein Blitzlichtgewitter, das grelle Licht schmerzte in meinen Augen wie tausend mickrige Splitter! Sie brüllte mir ins Ohr.

"Endlich kann ich ich selber sein!" und dann schossen aus ihrem Mund literweise gelber Schleim.

Ich sah ihr ins Gesicht und bekam 'nen üblen Schrecken, denn es war übersäht mit vielen großen grünen Flecken! Ein Blick in Ihre leeren toten Augen lähmte.

Sie kam näher und zeigte
mir die spitzen faulen
Zähne.

Und warscheinlich denkt ihr jetzt
ich hab`nen heftigen Schatten, doch
ich schwör` ich war umkreist von
diesen häßlichen Fratzen

Es war`ne Monsterparty, ich das kleine Häppchen, mit messerscharfen Krallen zerfetzten
sie mein gelbes Käppchen! Sie wollten mich, O.K., aber niemals ohne Kampf! Deshalb
schlug ich wild um mich und schrie dabei in Todesangst:"Es ist aus, -KEIN ZUFALL- war
meine letzte Platte!" Doch dann hörte ich eine Stimme,die ich schon längst vergessen hatte:

STORYTELLING

„Willkommen bei meiner Spielshow, heut' verlosen wir 'n Päckchen lange Blättchen, 'ne Palette Dosenbier und als Hauptgewinn 'nen Fotoapparat mit Weitwinkel, dass du's festhalten kannst, wenn ich in deinen Teich pinkel" *(Quintessenz)*

Autos und Frauen ist einer meiner Lieblingssongs auf *Großes Kino*. Doppelreime par excellence von Wunder, zusammen mit einem einfachen, passenden und sehr ergiebigen Aufhänger für seine Strophe, die eingebauten Städtenamen. Rogers Part gleicht einer Filmszene. Ich höre fast den prasselnden Regen auf dem Autodach. Die Pointe am Schluss: Die Angebetete ist die Taxifahrerin. Wiedersehen nahezu ausgeschlossen. Tragisch. Super! Also passt auch die Message. Genau wie in Wunders Strophe. Der Stau löst sich auf. Sie ist weg. Unerfüllt. Das alles erzählt über ein wundervoll melancholisches Instrumental von Sepalot. Der perfekte Soundtrack, um wehmütig schönen Frauen hinterherzuschauen. Eine meiner Lieblingsbeschäftigungen. Und ich? Ich habe mit dem Song nicht mehr zu tun, als dass ich zufälligerweise die drei Typen kenne, die ihn gemacht haben. Und das ist manchmal das Schöne gewesen am Musikmachen in unserer Band. Vergleichbar mit einem Wochenendausflug auf eine Berghütte mit guten Freunden. Da kannst du auch mal einen Tag faul auf der Wiese liegen und bekommst am Abend trotzdem etwas Leckeres zu Essen. Einer steht immer am Grill.

Autos und Frauen steht natürlich auch sinnbildlich für eine Zeit, eine kreative Phase bei uns, eine unserer großen Stärken und, für viele, unser Alleinstellungsmerkmal: das Storytelling. Vier Rapper, die zusammen eine Geschichte erzählen, zusammen ein Bild malen. Schon in unseren Anfangstagen, bei den ersten gemeinsamen Freestyle-Sessions im Jugendzentrum, hat es uns immer am meisten gefesselt, wenn wir spontan eine Idee hatten, eine einzelne Zeile, eine Hook, die jeder von uns aufgreifen und, im Idealfall, die anderen mit der noch blöderen, noch abstruseren, noch kreativeren, schlicht noch besseren Interpretation des Themas alt aussehen lassen konnte. Für mich manifestiert sich diese Herangehensweise an Rap in *Mach was* auf unserem Debütalbum. Ich kann immer noch nicht ganz verstehen, wie ich da mit so einer Alltäglichkeit wie einer Club-/Frauen-Geschichte um die Ecke kommen konnte, während Wunder die Fischstäbchen im Meer freiließ und Roger und Cajus mit ihrem Wellensittich die Welt anhielten.

Frei nach Aphroe: „In meinem Repertoire ist die Story der Star."

Das Storytelling hat auch unsere Arbeitsweise als Texter über die Jahre extrem geprägt. Die Qualität einer Geschichte lässt sich erst erkennen, wenn sie fertig erzählt ist. Egal, ob Pointe am Schluss oder nicht, Höhepunkte, Wendungen, der Moment, wo klar werden kann, auf was das alles hinausläuft: Erst nach der letzten Zeile ist das Bild perfekt. Mit halbfertigen Geschichten die Kollegen begeistern: unmöglich! Außerdem musstest du auch selbst erst mal schauen, ob du die Geschichte so erzählt bekommst, wie du dir das vorstellst. Das heißt, erst mal wegbleiben, sich zurückziehen, schreiben, alleine. Gerade in einer WG wie dem Haushalt 2000 damals sehr auffällig. Da war allen anderen gleich klar: Der schreibt an etwas! Und trotzdem, wenn einer fragt: „Och nö, ich probier nur so rum. Nichts Besonderes, wahrscheinlich wird's eh nichts." Mentalitätsmonster, wir allesamt, herrlich! Und dann dieser ganz besondere Studiomoment: Alle fünf stehen um die Abhöre und du spielst vor, was du in den letzten Tagen geschrieben hast. Ich kann da jetzt natürlich nur für mich sprechen, aber ich denke, es ging dabei jedem gleich: Ich war da immer extrem aufgeregt und nervös. Bis zum letzten Album. Angespannt irgendwie irgendwo hinschauen und warten, wie die anderen reagieren. Hoffen, dass es ankommt. Jedes Mal ein kleines Vorstellungsgespräch. „Hallo, ich möchte mich als Song für Ihr Album bewerben." Eine Kontaktanzeige. „Part mit Idee sucht Gleichgesinnte, zum Aufgreifen, Weiterspinnen, Fertigmachen. Auch Hooks sind willkommen."

Bei Solosongs war es das Größte, wenn sich alle einig waren, dass der auf jeden Fall Material fürs Album war. Und bei Parts gab es nichts Besseres als ein, zwei oder am besten drei: „Cool, da schreib ich auch was zu." Ab da war es dann spannend, was aus dem Song wird. Wie die Kollegen ihn weiterschreiben, was sie daraus machen. Und natürlich die schöne Angst, dass sie dich alt aussehen lassen und du alles nochmal umschreiben musst. Ich glaube, ich bin dem Gefühl Stolz und einem Feierabend nie näher gekommen als in den Momenten nach einem erfolgreichen Vorspielen. Und ein Ausflug wird auch nur dann zur gemeinsamen Reise, wenn jeder mal am Grill steht.

Natürlich war es immer so und immer ganz anders. Bei *Liebe & Hass* hatte Wunder einen Zweizeiler mit dem Aufhänger während einer gemeinsamen Schreibsession im Studio über einen Beat von I.L.L. Will geschrieben. Und nach dem Wunder den Zweizeiler mit „Was ich lieb … Was ich hass …" gedroppt hatte, standen wir sofort wieder wie im JUZ im Kreis. Jeder hat versucht, den anderen zu übertrumpfen. Sobald ein Zweizeiler fertig war, wurde er lachend präsentiert. Gefolgt vom nächsten, von einem anderen. Cajus. Besser, Mist! Noch einen und noch einen … Darum sind die Parts wohl auch so lang.

Mitten in der Nacht war der Song fertig und wir sind alle zusammen mit I.L.L. Will glücklich zu Roger, haben gekifft und Westberlin Maskulin gehört.

Oder natürlich bei *Mustermann*, dem Track mit dem wir das Storytelling auf die Spitze getrieben haben. Hier war es, ähnlich wie vorher schon bei *Was' der Handel?* und bei *Nicht genug*, wirklich so, dass wir Rapper eine klassische Geschichte gemeinsam erzählt haben. Aber hier zum ersten Mal im Vierer-Team. Bei *Was' der Handel?* fehlt Cajus, bei *Nicht genug* ich. Aber das war natürlich nicht der einzige Unterschied. Bei *Mustermann* konnte jeder seinen Part erst richtig schreiben, wenn der vor ihm sein Jahrzehnt fertig erzählt hatte. Das waren lange Tage und Nächte im Studio. Wir waren so begeistert von der Idee, dass keiner von uns, so wie wir es sonst gemacht hätten, nach Hause wollte, um in Ruhe zu schreiben. Es war klar: Wir hören erst auf, wenn das Ding fertig ist. Außerdem war ja auch ein ganz ungewöhnlicher Druck da. Durch unser Baukastenprinzip mussten wir liefern, um den Nächsten nicht auszubremsen. Nicht den Vibe durch ewiges Wartenlassen zu killen. Oder positiv ausgedrückt: Wir mussten, jeder Einzelne und zusammen, uns gegenseitig inspirieren. Mehr und irgendwie enger gesteckt als sonst. Den Weg vorgeben. In der Jugend den Traum träumen, der im Alter unerfüllt bleiben muss, als Kleinkind mit dem Polizeiauto spielen, in dem du als End-zwanziger selber auf der Rückbank zu sitzen kommst, die Reise mit deiner Familie machen, an die du am Ende denkst. Kurz: Wir mussten ein Leben zusammen erzählen. Und das kann schon mal dauern.

Zum Glück waren wir damals in einem großen Studio mit drei separaten Räumen und sind ein Stück weit über unseren Schatten gesprungen. Will heißen, wir haben, obwohl die Strophe noch nicht perfekt und fertig war, den anderen Einblick gewährt und zum Beispiel verlauten lassen, dass es wohl nach Lanzarote als Tauchlehrer gehen könnte. So sind wir, jeder für sich und doch zusammen, dagesessen, die Reimbücher auf dem Schoß. Oder wir sind vor uns hinrappend und die Luft mit merkwürdigen Bewegungen zerschneidend im Kreis gelaufen.

Was viele nicht wissen ist, dass es, bevor es überhaupt dazu kommen konnte, noch ein Problem zu lösen gab. Und das Problem hieß, Ohvo — der Rapper, der schon auf *Leise Töne* von *Großes Kino* gefeatured war. Das klingt härter, als es war, und eigentlich

sind wir dem guten Ohvo ewig dankbar, denn die Idee zu *Mustermann* entstand zusam-men mit ihm. Wir, begeistert von seiner Musik und nicht zuletzt auch von seinem Part auf unserem Album, und er, gerade in München — über seine Gefühlslage zu uns und unserer Musik kann ich nur spekulieren, vermutlich positiv —, hatten Bock, nochmal was zusammen zu machen. So entstand die erste Version von Mustermann. Und wir Töpfe hörten gleich, dass die Idee leider stärker war als der Song. Zum Glück sah Ohvo das ähnlich. Seine Parts und seine Art, eine Geschichte zu erzählen, passten in diesem Kontext nicht zu den unseren. Seine Strophen wirkten wie Fremdkörper. Wir waren halt einfach in der Überzahl. So gab er uns telefonisch ein paar Tage später von sich aus, ungefragt, die Freigabe: „Naa, macht's des mal besser alleine." Auch hier kann ich nur spekulieren. Hat er es selber gehört? Fand er die Idee nicht so berauschend wie wir? Respektierte er am Ende eh nur Wunder, mit dem er ja schon auf *Leise Töne* gerappt hatte? Ich hoffe, auf eine der beiden ersten Varianten und mache mir keine Gedanken mehr darüber.

Storytelling. Unser Markenzeichen, unser Beitrag, unsere Schublade. Sinnlos, darauf hinzuweisen, dass wir auch anderes gemacht haben. Obwohl, ich hätte einen Fürsprecher, einen vom Fach: Fatoni. Ich erinnere mich noch gut, wie wir auf der 58Beats Tour 2005 zusammen leicht angetrunken im Tourbus saßen und er mir begeistert erzählte, dass ihm erst letztens aufgefallen sei, dass ich ja eine richtige Punchline auf *Großes Kino* hatte. Jetzt, Jahre später, beim nochmaligen Hören: die mit dem Weitwinkelobjektiv und dem Teich, eine richtige Punchline. Von mir, vom Topf! Wahnsinn! Er war ganz aus dem Häuschen. Ich auch, irgendwie.

Schu

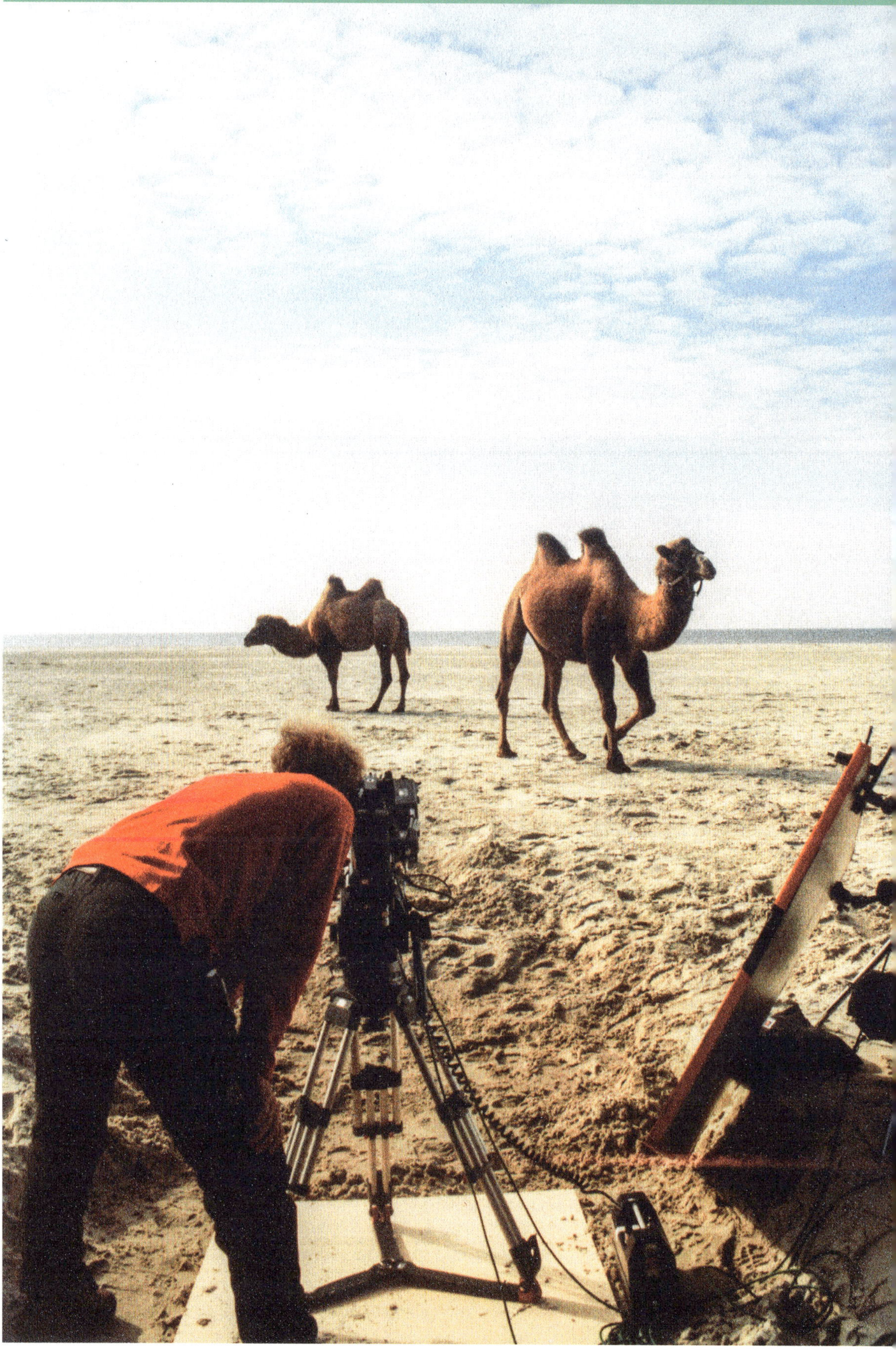

→ Videodreh *Was' der Handel?* am Strand von
St. Peter-Ording

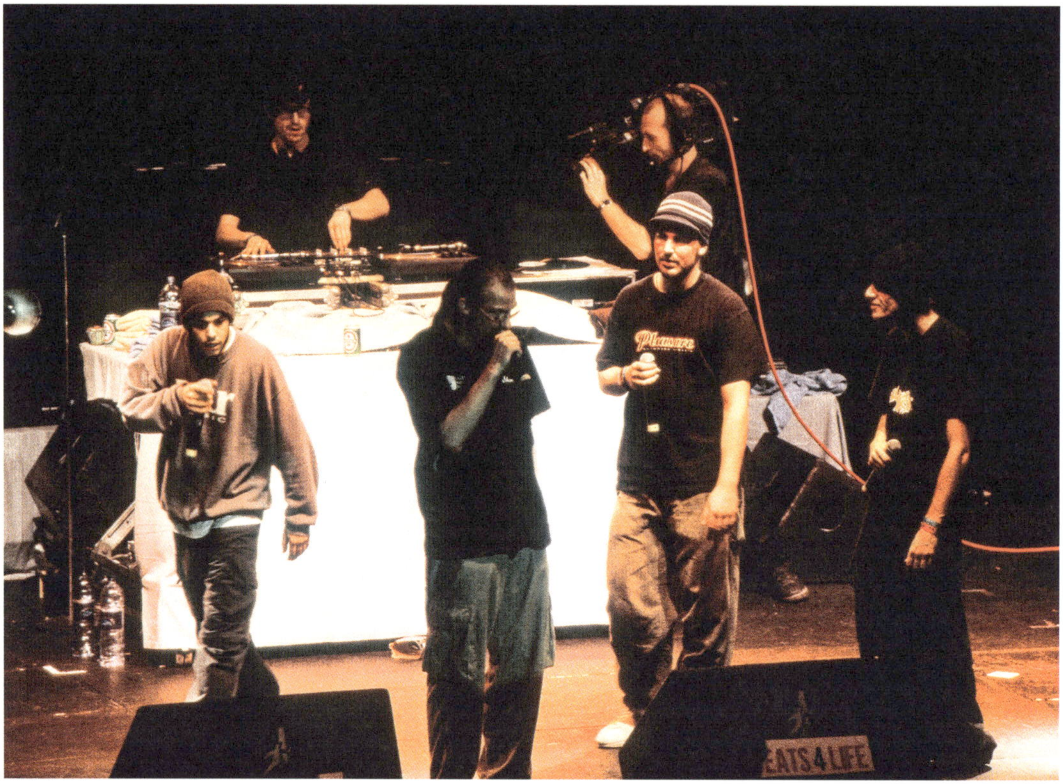
Pleasure
EATS4LIFE

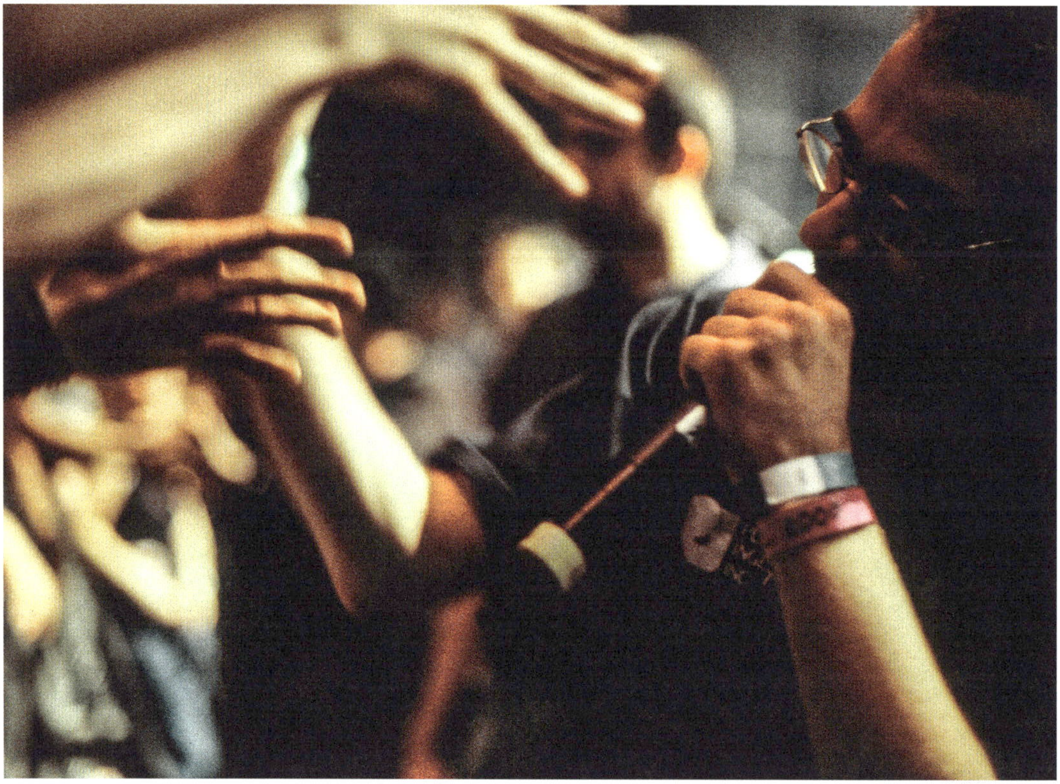

GRATEFUL DEAD DES DEUTSCHEN HIP HOPS

Four Music war in seinen Gründungsjahren ein von deutschsprachigen Künstlern geprägtes Label. Der damalige Geschäftsführer Fitz Braum verstand, dass die langfristige Karriere eines Künstlers nur funktionieren kann, wenn der Künstler auch live präsent ist. Mit einem Radio-Hit hast du dir noch kein Publikum erspielt. Aber damals gab es kaum eine Konzertagentur, die deutsche Bands auf Tour schickte. Wenn ein Label einen deutschen Act unter Vertrag nahm, insbesondere aus dem Bereich Hip Hop, dann war es nur schwer oder überhaupt nicht möglich, einen Live-Partner zu finden. Klar, die Fantas hatten damals einen. Das war ich. Aus dieser Motivation heraus gründete Fitz die Konzertagentur Four Artists. Ein Jahr später überredeten die Fantas mich, die Geschäftsführung zu übernehmen, und ich fing an mit Künstlern wie Gentleman oder Blumentopf zu arbeiten. Ein sehr gewöhnungsbedürftiger Name. Damals sagte jeder: „Blumentopf, was? Bist du Florist geworden, oder was? Was willst du von mir?" Aber recht zügig entwickelte sich der Name „Blumentopf" zu einer eigenständigen Marke.

Eine Band wie Blumentopf ist ein Traum für jeden Booker. Sie waren in den Anfangsjahren einer unserer relevantesten Umsatzträger — und haben uns somit unsere Miete garantiert. Der TOPF erspielte sich wahnsinnig schnell seine eigene Live-Community. Das war wirklich eine ganz eigene Crowd, nicht nur diese klassischen Hip Hopper, Blumentopf-Publikum eben. Damals wie heute: Blumentopf war und ist eine ausgesprochen gute Festival-Band. Den TOPF kannst du nicht nur für ein Hip-Hop-Festival buchen, sondern ebenso gut für ein Uni-Festival oder ein Rock-Festival — oder auch für ein Reggae-Festival. Die Band hat schon immer mehrere Seiten bedient. Deswegen begriff ich die Jungs auch nie so hundertprozentig als reinen Hip-Hop-Act. Ich hatte immer das Gefühl, dass die Blumentöpfe in jedem Trend ihr Ding gemacht haben und in ihrer Nische immer funktionierten. Die fünf tangierte beispielsweise der um 2000 aufkommende Gangsta-Rap aus Berlin nicht im Live-Geschäft, im Gegensatz zu anderen deutschen Hip-Hop-Acts.

Live sind die fünf einfach extreme Arbeitstiere. Ich habe die Liveshows nie zusammen gezählt, aber das müssen so zwischen 700 und 900 gewesen sein. Das klingt auf den ersten Blick nach wenig, ist aber verdammt viel. Intern nenne ich sie immer die „Grateful Dead des deutschen Hip Hops", weil die Shows nicht zwei, sondern teilweise dreieinhalb Stunden lang waren. Auf einer Tour stand sogar ein Sofa auf der Bühne. Auf meine Verwunderung entgegnete Cajus: „Ja, Alex, unsere Show ist so lang, wir müssen uns auch mal hinsetzen können." Am Ende der Show fragte ich mich, wo die Sofas für das Publikum waren. Nicht nur für die Jungs auf, sondern auch für die Leute vor der Bühne waren die TOPF-Shows ein langes Brett. Das sind die Töpfe. Das war immer ehrliche Arbeit, immer sehr nah am Fan und immer sehr herzlich und familiär.

Alex

→ Alex Richter ist seit 1999 Geschäftsführer der Booking-Agentur Four Artists. In seinen ersten Jahren in Stuttgart betreute er die Band als Booker.

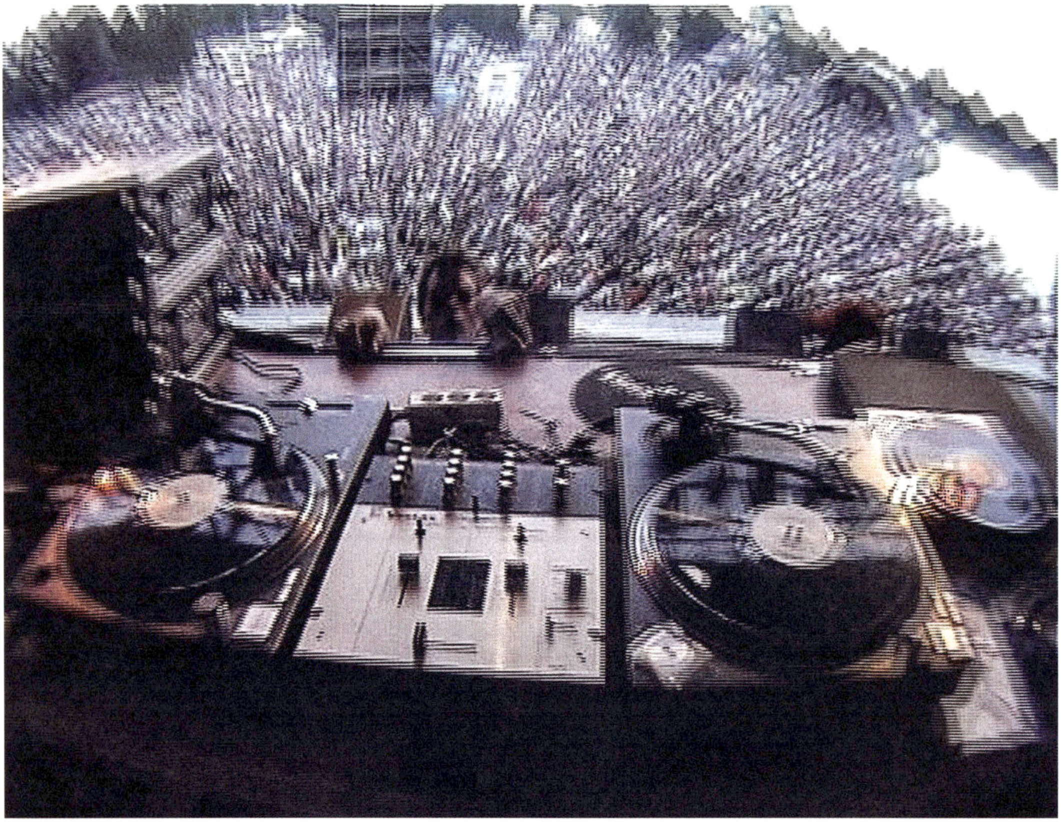

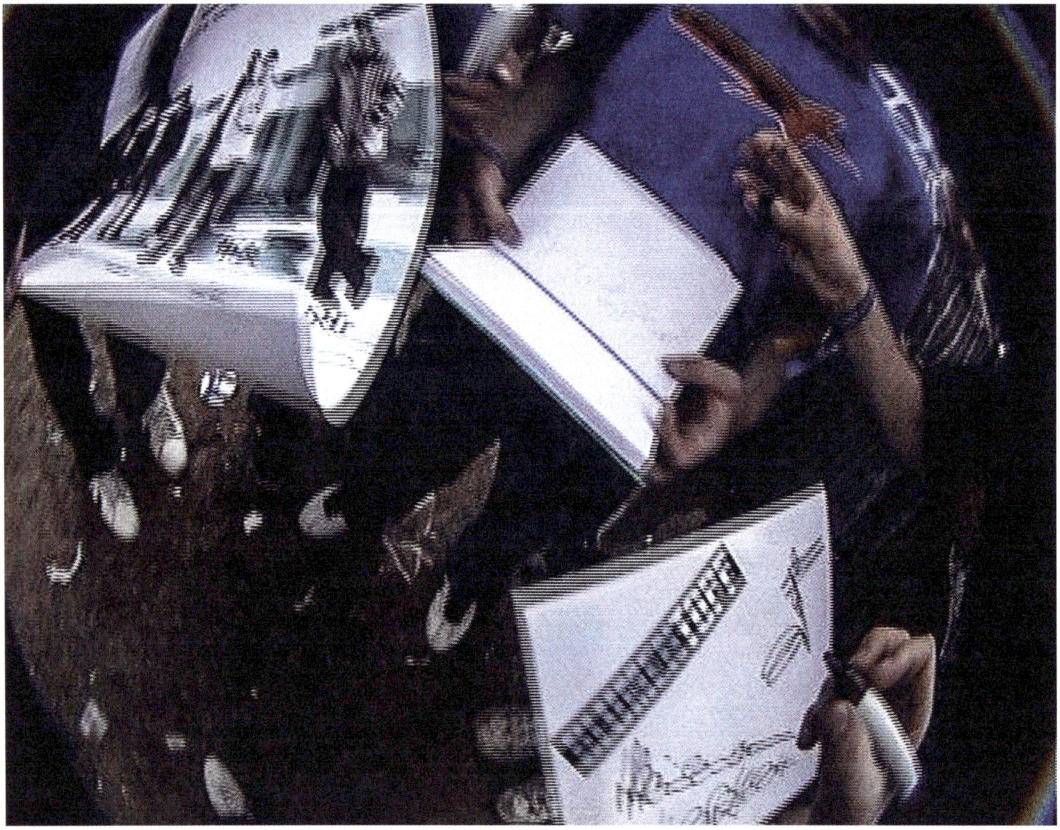

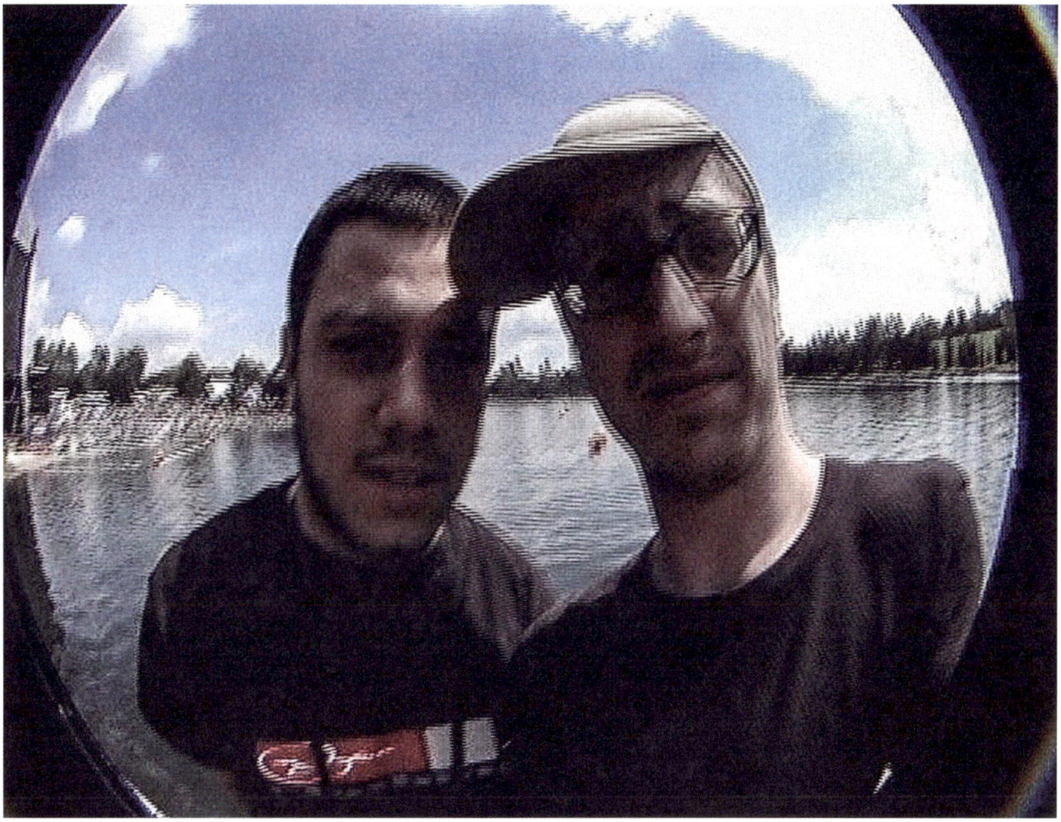

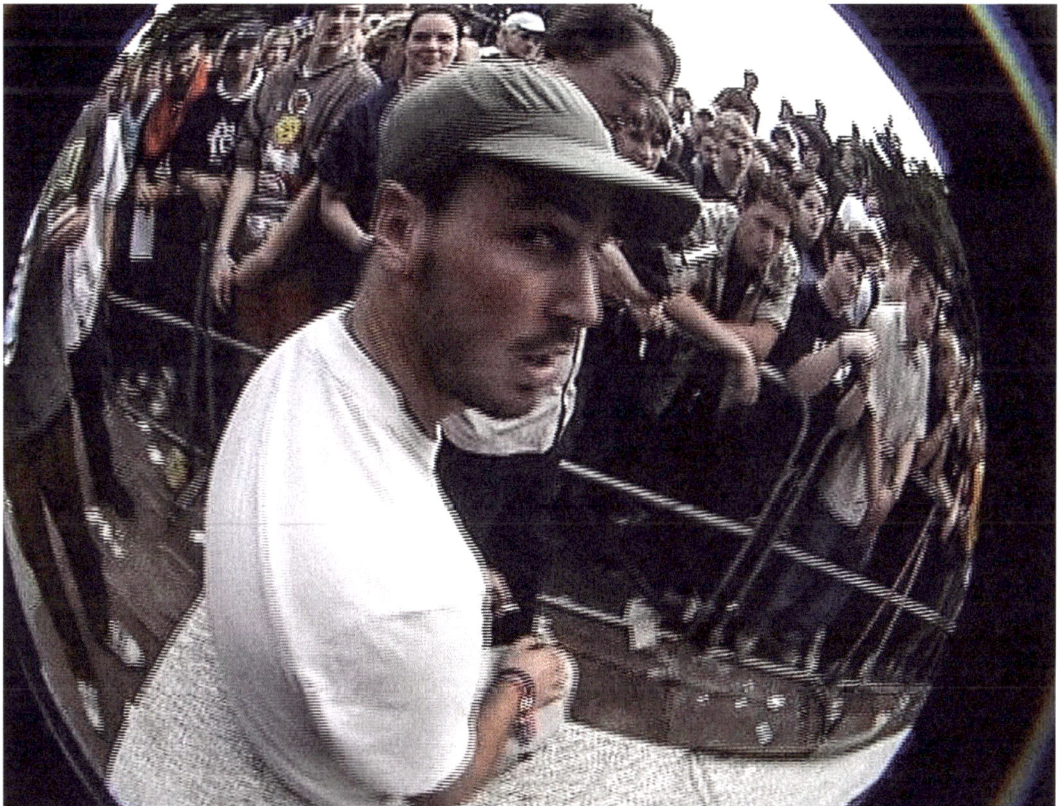

2001

→ SINGLE *LIEBE & HASS* (FOUR MUSIC)
→ LP *EINS A* (FOUR MUSIC)
→ *JUICE*-AWARDS „BESTE LIVE-PERFORMER NATIONAL"
→ *EINS A*-TOUR TEIL 1, SUPPORT: RAPTILE, E-LA
→ EP *R'N'B* (FOUR MUSIC)
→ BRONZENER SIEGER DER BRAVO-OTTO-WAHL 2001 „HIP-HOP NATIONAL"

2002

→ SONG *VIEL SPASS* FEAT. FLOWINIMMO & ESTHER,
  AUF *FOUR ELEMENTS II* (FOUR MUSIC)
→ *JUICE*-AWARDS „BESTE LIVE-PERFORMER NATIONAL"
→ SINGLE *FLIRTAHOLICS* (FOUR MUSIC)
→ *EINS A*-TOUR TEIL 2, SUPPORT: TOTAL CHAOS, DEPH JOE
→ SONG *LIEBE & HASS TEIL 2*, AUF *LP NICHT VOLLSTÄNDIG*
  (I.L.L. WILL, YO MAMA)
→ KALEIDOSKOP: LP *KALEIDOSKOP*, (FOUR MUSIC)
→ SONG *DIE UNENDLICHE GESCHICHTE*, AUF *RAP.DE/ALLSTARS #2*
  (RAP.DE/RECORDS)

Ein Rapper, der nicht kifft, ist für viele unvorstellbar, und wenn man sich auf einer Party als Fan von Storytelling-Raps outet, dann gilt man gleich als — na, wer errät's? — genau: schwul, was sich bei den Kids mittlerweile als Synonym für „schlecht" eingebürgert hat. Davon haben auch die fünf Münchner vom Blumentopf genug und lassen auf ihrem dritten Album „Eins A" dem Frust freien Lauf. Wie ein roter Faden zieht sich der Ärger über „das infantile Schwulengediss", Rapper mit Stock im Arsch oder die „Wie, du rauchst kein Gras? Wie kommst du denn dann auf die coolen Ideen?"-Fragen durch das Album. Dabei bleibt man aber immer diplomatisch und vor allem locker, denn — so Roger: „Beschweren ist nicht das Thema des Albums. Wir sprechen uns auch selber an. Aber wir versuchen schon, klischeefreie Rapmusik zu machen, in der sich die fünf Persönlichkeiten widerspiegeln." Und die Menschen, in denen diese Persönlichkeiten stecken, sind nun mal ganz normale, nette „Jungs aus'm Reihenhaus" — so der Titel eines Tracks auf dem Album, der die Töpfe und ihr Umfeld wohl am besten beschreibt. Im Gegensatz zum letzten Album „Großes Kino" leben sie jedoch nicht mehr in einer Vorstadt-WG zusammen, sondern mittlerweile jeder für sich in der City Münchens. Ein gewisses Maß an internem Druck ist dadurch weggefallen, das neue Album somit weniger verkopft und „rawer" (eingedeutschter Hip-Hop-Sprech — man muss es einfach lieben) ausgefallen. Die Vorliebe der fünf Rapper für das Freestylen kann man bei ihren Konzerten erleben, wo schon mal gut und gerne zwei Drittel der Texte improvisiert sind. Gute Ideen finden dann ihren Weg auf das Album. Bei aller Improvisation und anderen Einflüssen durch die momentane Gefühlswelt bleibt die volle Kontrolle über die Aufnahmen — DJ Sepalot: „Einer von uns ist immer dabei, bei den Aufnahmen, beim Abmischen bis hin zur Master-CD." Während der Zeit der Albumproduktion verlassen Blumentopf nie ihr kleines Alltagsuniversum. Die Kritik an den Umständen geht dabei selten über Hip-Hop-Ränder hinaus. Eine politische Band im klassischen Sinn wollen sie aber auch nicht sein. Blumentopf wollen zeigen, dass man Kritik und Spaß verbinden kann, ohne in eine Tocotronic-ähnliche Depression zu fallen. Ob das jedoch von der angesprochenen Klientel ernstgenommen wird und bei den Kritisierten überhaupt ankommt, steht auf einem ganz anderen Blatt. In ihrem Gästebuch z.B. kann man Einträge wie diesen lesen: „Die Schwanzlutscher aus Hamburg haben noch nicht kapiert, dass Schwulengediss zur deutschen HipHop-Kultur gehört." Es gibt noch viel zu tun.

Sebastian Fuchs: *Spex*, Oktober 2001

01

02

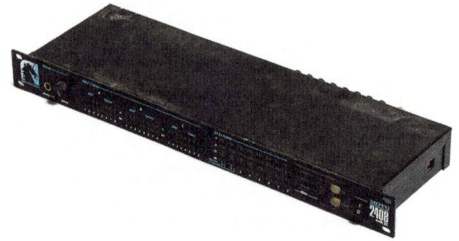

03

04

Von unserem WG-Leben bekamen wir langsam eine Überdosis. Zum Glück erkannten
wir das rechtzeitig und lösten den Haushalt
2000 pünktlich Ende 1999 auf. Jeder zog
in seine eigene Wohnung und wir mieteten
ein Studio in der Klenzestraße im Zentrum
von München.

Zum ersten Mal hatten wir eine separate
Aufnahmekabine, aber leider auch unser
erstes Studio im Keller — und das sollte die
nächsten Jahre erst mal so bleiben. Eine
wirklich funktionierende Lüftung gab es nicht,
ein Fenster auch nicht, und wenn wir alle
Geräte anschalteten, war es ganz schnell 30
Grad plus in unserer neuen Werkstatt.

Wir kauften uns ein neues Mic, ein Röhren-
mikrofon, das wir auch noch bei den
Aufnahmen zur *Nieder mit der GbR*-Platte
verwendeten.

Dann gab es noch einen neuen Sampler
mit gefühlt unbegrenztem Speicherplatz.
Der größte Einfluss auf uns war zu dieser
Zeit aber mit Sicherheit das Stadtleben.
Ich genoss es wahnsinnig, abends durch die
Clubs zu ziehen, um dann im direkten

Anschluss ins Studio zu gehen und an neuen
Instrumentals zu arbeiten.

Die Band verließ endgültig die Reihenhäuser und die Vororte Münchens.

Wunder produzierte die Songs *T.O.P.F,
Nur dass ihr wisst*, *Flirtaholics*, *Ihr kriegt uns
nicht still* und *Schönen Gruß*. Der Rest bis
auf *Liebe & Hass* kam von mir. *Liebe & Hass*
war eigentlich für I.L.L. Wills Producer-Album
entstanden, aber glücklicherweise konnten
wir ihm den Song noch erfolgreich abschwat-
zen. Danke nochmal dafür, Willy.

Sepalot

01	Rode (Röhrenmikrofon) und Netzteil
02	DAT-Bänder und Disketten für Akai Sampler
03	Motu 2408 MKII (Soundkarte)
04	Akai S5000 (Sampler)

DER HEIMLICHE KLASSIKER

Als Deutschrap seinen ersten großen Kater kurierte, nahmen Blumentopf ihr bestes Album auf. Nie war der Topf tighter, nie war der Stil der Band klarer definiert als auf _Eins A._

Es gibt diese Theorie. Danach entscheidet sich beim dritten Album, ob eine Band eine dauerhafte Zukunft hat. Als Blumentopf um die Jahrtausendwende herum mit den Arbeiten an ihrem Drittling begannen, hatten sie zwei klassische Entwicklungsstufen bereits hinter sich: _Kein Zufall_ war das stürmische, etwas ungeschliffene Debüt, _Großes Kino_ war der endgültige Durchbruch. Blumentopf hatten ihren Hit, _Safari_, und sie hatten ihre Nische in einer Branche im Aufbruch. Mit diesem Selbstbewusstsein machten sie sich an _Eins A_.

Um _Eins A_ zu verstehen, muss man auch den historischen Kontext kennen: Es war 2001, der deutsche Hip Hop hatte soeben einen monströsen Boom erlebt. Was jahrelang als exotisches Hobby weniger Eingeweihter unter dem Radar der Öffentlichkeit herangewachsen war, begeisterte plötzlich Massen. Nach den Erfolgen von Bands wie Freundeskreis und Absolute Beginner stürzten sich Medien und Marken auf den neuen Trend mit den deutschen Texten. Wer halbwegs sicher „Haus" auf „Maus" reimen konnte, wurde von den großen Plattenfirmen mit komfortablem

↑　Zeichnungen Roger, Albumcover *Eins A*

Vertragswerk beworfen. Das führte im Rekordtempo zur Übersättigung und schließlich zum Platzen einer Blase, die nie die Chance bekam, zu einer stabilen Branche zu werden. Deutscher Hip Hop, eben noch fresh wie nie, war plötzlich in einer kollektiven Katerstimmung versunken.

　　Eins A ist auch ein Produkt dieser Stimmung. Anders als etwa Jan Delays *Searching for the Jan Soul Rebels* aus demselben Jahr war die Platte nicht als explizites Statement zur Lage der Nation konzipiert. Dennoch spiegelt sich auch in ihr das Bedürfnis einer Szene nach Kontemplation und Neuordnung. Während sich andere schamlos an den vermeintlichen Massenmarkt anbiederten, um noch den letzten Pfennig aus dem Hype zu quetschen, wählten Blumentopf den umgekehrten Weg. Die Beats von Sepalot (und teilweise Holunder) waren von einer leicht melancholischen Eleganz, raffinierter als auf *Kein Zufall*, düsterer als auf *Großes Kino*. Die allgemeine Gefühlslage war eher Jazz als Funk, eher Soul als *Safari*. Und die Raps passten perfekt dazu. Sie zeugten von der Erfahrung tausender Tour-Kilometer und dem Einfallsreichtum einer immer noch jungen, inzwischen aber perfekt aufeinander abgestimmten Band. Blumentopf wussten in diesem Moment sehr genau, wer sie waren und was sie konnten. Und sie spielten das souverän über 19 Songs aus.

　　Da sind die klassischen „Huhu, wir sind's"-Hymnen wie *T.O.P.F.* oder das Titelstück. Da sind die Referenzen auf die eigene bürgerliche Herkunft auf *Die Jungs aus dem Reihenhaus*. Da sind die Geschichten wie *Flirtaholics*. Da sind die Konzeptsongs wie *R'n'B*, auf welchem Roger die gesamte damalige MC-Elite imitiert, oder *Liebe & Hass*, auf dem Blumentopf ihr Weltbild im traditionellen Pro-/Kontra-Format ausbuchstabieren (übrigens über einen Beat des Hamburger Produzenten I.L.L. Will). Und da ist der in seiner Unscheinbarkeit so typische heimliche Schlüsseltrack *Neben dem Ton*. Er beginnt mit den Worten „Sammelt ihr nur eure Geldscheine, ich sammle Erfahrungen." Es ist alles da, nur kein Firlefanz.

　　Eins A ist in vielerlei Hinsicht die Essenz dessen, was Blumentopf ausgezeichnet hat. Es war die ultimative Verdichtung der ursprünglichen Band-Idee, bevor diese — getrieben von dem sehr menschlichen Bedürfnis, sich weiterzuentwickeln — nach und nach ausfranste. Wenn man dick auftragen möchte, könnte man sagen: *Eins A* ist das *Low End Theory* von Blumentopf, ihr persönliches *Hell on Earth*, zumindest ihr persönliches *Lauschgift*. Dick auftragen aber war bekanntlich nie das Ding dieser Band. Deswegen kann man auch einfach noch mal Play drücken und die Musik für sich sprechen lassen. „Was ich lieb …"

→　Davide Bortot war von 2003 bis 2007 Chefredakteur von Europas größtem Hip-Hop-Magazin *Juice*. Heute schreibt er spaßeshalber unter anderem für *All Good*, *SZ*, *Das Wetter* und *Noisey* über Musik und Internetkultur.

DIE UNGLEICHEN GLEICHEN FÜNF

Mehr als 20 Jahre haben Blumentopf zusammen Musik gemacht. Wie das geht? Mit einem gemeinsamen Background. Blumentopf — das sind die Jungs aus dem Reihenhaus.

Ein Reihenhaus ist ein Einfamilienhaus, das mit weiteren gleichartig gestalteten Häusern eine geschlossene Reihung bildet. Reihenhäuser können leicht versetzt zueinander oder in exakter Reihe angelegt sein. Die so gebildete Reihe ist parallel zu einer Straße ausgerichtet oder begrenzt einen Platz. Wenn das letzte Gebäude der Häuserreihe kein Eckgebäude ist und dreiseitig frei steht, wird es als Reihenendhaus bezeichnet.

Keine Ahnung, in wessen Keller das war, als Cajus dann zum ersten Mal gefreestylt hat. Zu einer Fatboys-Platte. Vielleicht lautet die richtige Frage auch eher: der Keller von wessen Eltern, schließlich begann die Geschichte von Blumentopf quasi im Kinderzimmer mit Spezi von Mama und schulterzuckendem „O.K." von Papa. Aber vielleicht ist die Antwort auf diese Frage auch egal, denn in jedem der fünf Elternhäuser herrschten absolut ähnliche Verhältnisse. Und Unterschleißheim — dieser Vorort von München, auf dessen Straßen Anfang der 90er ein paar Jungs nach einem Main Concept Konzert ins Diskutieren kamen und überlegten: Freestylen, kann man das machen? — dieses Unterschleißheim, Heimatstadt von Cajus, Schu und Wunder, hätte auch jeder andere Vorort in jeder anderen deutschen Stadt sein können. Mit Siedlungen, Reihenhäusern und S-Bahnanschluss. Und wenn man Glück hatte: mit einem Jugendzentrum, in dem es einen Proberaum gibt.

Alle Mitglieder von Blumentopf stammen aus solchen Vororten und wuchsen in einem Epizentrum deutscher Bürgerlichkeit auf. „Wir kommen alle aus so Mittelstandsfamilien, nicht reich, nicht arm. Wir haben ähnliche Sachen erlebt. Vielleicht war der eine in Italien im Urlaub und der andere in Frankreich, aber die Kindheit war ähnlich.", sagt Roger. „Das war unser gemeinsamer Nenner", meint Sepalot. Keiner der fünf hatte einen Freundeskreis in der Großstadt, oder ist dort zur Schule gegangen. Stattdessen wusste jeder, wie ätzend es ist, wenn man die letzte S-Bahn verpasst. Das hat die Band geprägt, ihre Musik und ihren Style. Aus absoluter

↑   Sepalot auf der Straße vor seinem Elternhaus in Mintraching

↑   Cajus und Wunder auf dem Dachboden von Wunderlichs

Überzeugung haben die Töpfe jeglichen Versuch unterlassen, die gemeinsame Homebase zu vertuschen, um stattdessen auf irgendeiner Aggro-Gangsta-Ghetto-Welle mitzuschwimmen. Das haben Blumentopf nie getan. Zum Glück. Denn das war ihr Zaubertrick.

> Private Reihenhäuser in Reihenhaussiedlungen erfreuten sich besonders in den 1950er und 1960er Jahren großer Beliebtheit, da auf einem relativ kleinen Grundstück ein eigenes Heim errichtet werden konnte. Dieses wies neben den geringeren Herstellungskosten aufgrund einer bzw. beider seitlichen Brandwände auch eine bessere Heizenergiebilanz als ein vergleichbar errichtetes freistehendes Einfamilienhaus auf.

„Bernhard war mein allererster Freund.", erinnert sich Cajus. Sie wachsen in einer Reihenhaussiedlung auf, Haus an Haus. Sie gehen in denselben Kindergarten, dieselbe Grundschulklasse, machen irgendwann gemeinsam Abitur, und finden irgendwann dazwischen ihr gemeinsames Ding: Skaten.

Treffpunkt an der Rampe, nach der Schule, jeden Tag. „Wenn's schön war, sind wir Skateboard gefahren. Wenn's geregnet hat, haben wir Skatevideos geschaut. Und wenn es ganz lange geregnet hat, sind wir in der Garage oder unter Brücken gefahren", so beschreibt Cajus ihren damaligen Alltag. Die beiden gehen in die achte Klasse und ahnen nicht, dass Sepalot und Roger, zwei Typen mit denen sie später über 20 Jahre eine Band haben würden, gerade haargenau das Gleiche mit ihrem Tag anfangen. Schule, Skateplatz, Schlafen. Nur in einer anderen Vorstadt. „Wenn's geregnet hat, gab's ja auch noch Tiefgaragen", sagt Sepalot heute über die damalige Art, Probleme zu lösen. „Wir waren echte Skatenerds", fügt Roger hinzu.

Es ist ein kleiner Ort in der Nähe von Stuttgart, an dem sich vier der fünf zum ersten Mal treffen: der Skatepark in Adelberg. Der Reihenhaus-Background? Spürbar — in Form von Pausenbroten.

01

01 Wunders Elternhaus
02 Cajus unterwegs in der Reihenhaussiedlung
03 Schu mit seiner Schwester Julia auf einer Wiese vor
   der Reihenhaussiedlung
04 Roger (rechts) mit seinem Bruder Roland (zweiter von
   links) vor ihrem Elternhaus in Schwaikheim
05 Schus Geburtstagstisch, 1983

02

03

04

05

„Die Typen aus Stuttgart, kuck sie dir an, mit dem fertig gekochten Essen von der Mama!", lacht Sepalot über die Care-Pakete, die Roger und sein Bruder dabeihatten. Der entgegnet nur trocken: „Wir waren eben equipped." Adelberg ist einer von vermutlich drei Orten in Deutschland, an denen sich die damals kleine, aber feine Skateszene Ende der 80er trifft. Wunder und Cajus reisen aus Unterschleißheim an, Sepalot mit zwei Kumpels aus Freising und Roger zusammen mit seinem Bruder Roland und Verpflegung auf einer 80er aus der Nähe von Stuttgart. „Da haben wir oft unsere Ferien verbracht", erzählt Sepalot, „und da ist man sich eben auf dem Campingplatz begegnet." Freundschaften wurden auf diesem Campingplatz allerdings nicht geschlossen. „Wir haben uns eher gehatet", sagt Roger über die gesunde Arroganz eines 15-Jährigen und die distanzierten, aber anerkennenden Blicke auf Sepalot, der sich an der Rampe hervortut. Wunder, der Tricks macht, „die sonst fast kein anderer kann". Und Cajus, der „der Beste" ist. Der Style aus der Siedlung, er funktioniert.

> Der Begriff sagt nichts über die Größe des Gebäudes aus. Oftmals handelt es sich bei kleineren Reihenhäusern um eine Abfolge von annähernd baugleichen Typenhäusern, die an einer Straßen- oder Blockkante errichtet oder treppenartig versetzt angeordnet wurden. Diese Bautypen, die nur eine oder zwei übereinander liegende Wohnungen aufweisen, besitzen meist einen eigenen Garten hinter dem Haus.

Irgendwann in dieser Zeit beginnen Cajus und Wunder zu reimen. Sie schreiben Texte und freestylen in der Schule. „Opfer" ihrer Reime sind zum Großteil ihre Klassenkameraden, darunter Schu. „Schu gehörte eher zu einer anderen Fraktion. Der war ein Metaller. Wir fanden es lustig, dass die so komische Frisuren hatten und diese Stretchjeans noch dazu." Schu spielt Bass in einer Metal-Band, seiner ersten musikalischen Heimat vor dem Hip Hop. „Das war eben die Zeit, in der man sich krass über Musikstile definiert hat", sagt er heute. Die beiden anderen verarschen ihn, freestylen über ihn, die Stretchjeans und die Kutte, und irgendwann rappt Schu zurück. „Das Reimen hat mich richtig gefesselt und ich hab einfach weiter geschrieben", erzählt er heute.

> Unter einer Kinder- und Jugendfreizeiteinrichtung versteht man eine Einrichtung der offenen Kinder- und Jugendarbeit. Oft werden derartige Einrichtungen auch als Jugendhaus, Jugendzentrum (JZ, JUZ, JUZE), Jugendcafé, Jugendtreff, Jugendklub, Jugendfreizeitstätte, Jugendfreizeitheim (JFH), Kinderfreizeitheim oder ähnlich bezeichnet. Sie bieten Kindern und Jugendlichen niederschwellige Angebote und Programme.

Schus letzter Move als Metaller ist: Er nutzt seine Kontakte zur alternativen Szene und organisiert einen Proberaum im JUZ. Sepalot und Roger stoßen dazu, und in der Siedlung entsteht ein geschützter Bereich, in dem sich alles nur ums Rappen dreht. Vielleicht ist Wunder, ein gutes Beispiel für diese in der Vorstadt blühende Don't-care-Attitüde von Blumentopf. „Der war in der Sache so gut, dass er sich sagte: Scheiß drauf, zieh ich halt nen Wollpulli an, was soll's", sagt Roger. Dazu stehen Blumentopf heute noch. Trotz Hatern. „Uns wurde oft vorgeworfen, dass wir Mittelstand und nicht wirklich Ghetto sind", sagt Sepalot heute. „Aber wir hätten keine Chance gehabt, wenn wir auf einer anderen Welle geschwommen wären", fügt Roger hinzu.

Blumentopf leben davon, dass sie die Jungs aus dem Reihenhaus sind. Auf *Kein Zufall*, das in Kinderzimmern und einem JUZ-Keller entstanden ist, findet sich kein einziger amerikanischer Scratch. Es hätte einfach nicht gepasst. Stattdessen haben alle Geschichten, die die Band seitdem erzählt, eine ähnliche Perspektive: Es ist der kluge Blick von Jungs, die zwar in einer Art Pleasantville groß geworden, aber trotzdem nicht mit Scheuklappen durchs Leben gelaufen sind. Es ist eine authentische Blickrichtung, die die Jungs aus dem Reihenhaus in über 20 Jahren nie verloren haben.

→ Elli Veh und Winonah Junglas sind beide in freistehenden Häusern aufgewachsen. Die eine beäugte die Kinder aus der Siedlung immer neidisch: Die mussten nur schnell raus auf die Straße, um jemanden zum Spielen zu finden. Die andere fand die Kinder aus den Reihenhaussiedlungen immer etwas suspekt und hielt lieber Abstand. In beiden Fällen hat es sicherlich deswegen mit der Skateboard-Karriere nie geklappt.

Ich bin nur ein Rapper aus der Reisinger
Straße
und ich war auch mal auf ner Schule
auf der ich leider versagte
alle hatten den Finger in der Luft, ich
meinen in der Nase,
und wenn ich mich doch einmal ge meldet
hab was nur deine peinliche Frage
oft had ich gedacht wo bin ich eigentlich
gerade
und überlebs ich all die kommenden
langweiligen Jahre
Ich besetzte immer nur die aller hintersten
Plätze
hatte nur schlechte Noten, und nicht das
geringste Interesse
die Breite meiner Schwänzen war größer
als Manipulation
doch nicht mal das geringste irgendwals als
Motivation
um mal noch was, läßt sich sowieso nicht
gelohnt, denn auf der Tafel stand manchmal
nicht drauf wie nie... Strafe Sätze
meine Mama war echt genervt um ihren
komischen Sohn

da bin ich los zu meiner Bank um meine
Kohle zu holen, hab mir Buggypants gekauft
und Seidhosen in meinen Hosen zu wohn
ich brauch keinen Job mit dummen Chef
und popligen Lohn und wenn ich's mit
Rap nicht schaffe mach ich mit Drogen
Millionen

,,wir tun es hinter der Tür,
und beim Arzt gibt es sogar ein eigenes
Zimmer dafür

                    Bushaltestelle und am
                    S-Bahn Hof
                    Arbeitsamt

                              Dixos an der Bar
wir tun's in Super außer wo ist
                    einstigbindern

                         Imbissbude
              vor dem Tor
S-Bahn

HIP HOP
AUS LIEBE

Blumentopf hat bei mir mit ihrer EP *Abhängen* Interesse geweckt. Gerade die beiden ersten Alben *Kein Zufall* und *Großes Kino* waren für mich unheimlich prägend, weil sie inhaltlich widergespiegelten, was ich erlebte. Und dieser politische Aktivismus, den viele Protagonisten der deutschen Hip-Hop-Szene in den 90er-Jahren sehr ernst nahmen, war nicht mein Ding. Ich interessierte mich für Politik, aber nie in einer aktiv-radikalen Form. Daher hat Blumentopf mir immer mehr aus der Seele gesprochen.

Bevor ich um die Jahrtausendwende begann, journalistisch im Bereich Hip Hop bei dem Magazin *Backspin* tätig zu werden, war ich reiner Konsument der Musik. Mein Umgang mit Hip Hop und Rap änderte sich aber, als ich mich mitten in der Aggro-Ära professionell mit der Szene auseinandersetzen musste: Sido wurde groß, Bushido wurde groß. Alles wurde ein bisschen härter. Man war gelangweilt von dem, was in Stuttgart, Hamburg oder sonst wo passierte. Und vom journalistischen Standpunkt aus stellten sich die Fragen: Was sind die relevanten Themen? Worüber wollen die Leute sprechen? Was interessiert sie? Das bewegte sich weg von dem, was mich in meiner Hip-Hop-Sozialisation geprägt hatte. Denn alle Bands, die Ende der 90er-Jahre groß gewesen waren, haben mehr oder minder Pausen eingelegt. Und auch Blumentopf suchten sich eine kreative Pause, wo man mit dem vierten Album, *Gern geschehen*, 2003 merkte, dass sie das, was sie zuvor gemacht hatten, so nicht noch zum fünften Mal würden erzählen können. Sie schienen mir in einer Identitätskrise zu stecken — und brachten 2006 mit *Musikmaschine* ein Album heraus, das ich überhaupt nicht nachvollziehen konnte. Es war für mich das schlechteste Album der Band. Jedenfalls arbeitete ich *mit* und *in* der Szene und erlebte gerade in Interviewsituationen, wie sich die Protagonisten der Szene über ihre Form von Hip Hop definierten. Überhaupt wurde das gesamte Business zu dieser Zeit noch mal professioneller. Allein aus strategischen Gründen schien es wichtig zu sein, sich ein Feindbild zu erschaffen. Wenn dieses Feindbild nicht der Rapper aus dem anderen Camp war oder sein konnte, weil man aufpassen musste, mit wem man sich anlegt, dann war Blumentopf immer das beste Mittel, um sich an etwas zu reiben, gerade weil sie sich nie dagegen wehrten. Für jeden Straßenrapper, der sich von dem alten Hamburger- oder Stuttgarter-Ding beziehungsweise von der ganzen Generation von Hip-Hoppern der späten 90er emanzipieren wollte, war Blumentopf der gemeinsame Nenner, um zu haten. Es ging also immer mehr um Strategie und Image und nicht mehr so sehr um die Liebe zu der Kultur, die Hip Hop für mich groß machte. Blumentopf verkörperte immer die andere, alte Seite: Da gab es nicht so viel Strategie. Blumentopf hat Hip Hop aus Liebe gemacht. Sie produzierten einfach gute Platten und erzählten gute Geschichten, mit denen man sich identifizieren konnte oder nicht. Aber sie fingen nie an, sich mit anderen aus der Szene auseinanderzusetzen oder andere Rapper zu beleidigen oder Fronten aufzubauen — und sich darüber Reputation zu verschaffen. Gerade deswegen standen sie nicht im Fokus der Szene, waren nicht die Cover-Gesichter oder die Band, mit der sich medial auseinandergesetzt wurde. Trotzdem waren die Konzerte, nie in kleinen Venues stattfindend, immer ausverkauft, und das deutschlandweit. Über die Jahre haben sich Blumentopf wie auch Dendemann ein Publikum erspielt, das nicht ausnahmslos der Hip-Hop-Szene entsprang. Blumentopf wurde nicht als aggressiv oder politisch wahrgenommen. Der TOPF war nicht laut und inhaltlich eher durch die Hintertür. Daher konnten sich Konsumenten, die sich aufgrund der Aggro-Bewegung von Hip Hop abwendeten, bei Blumentopf zu Hause fühlen. Die TOPF-Fans konnten mit der Musik Hip Hop sein, Hip Hop fühlen, mussten sich aber nicht mit dem identifizieren, was aktuell Hip Hop zu sein schien.

Niko

→   Niko Hüls, Journalist und Fotograf, ist Geschäftsführer von Backspin Media und Chefredakteur der *Backspin*.

↑ Bogaloo 2001, Pfarrkirchen

↑   Bogaloo 2001, Pfarrkirchen

STICHWORT „STUDENTENRAP"

Rap aus Berlin hat vor Ende der 90er-Jahre nicht stattgefunden und ist mit Savas oder Frauenarzt relativ langsam gewachsen. Der deutsche Hip Hop der Goldenen Jahre ging den Bach runter. Die Hype-Welle war abgeebbt und die Labels signten alles, was nicht bei drei auf den Bäumen war. Das Publikum war übersättigt. Alles Neue war nur die Wiederholung des bereits Vorhandenen. In dem Prozess des Zusammenbruchs tauchten plötzlich die Berliner auf. Eigentlich eine Untergrundbewegung, die aber innerhalb der nächsten drei Jahre so groß wurde, dass Sido mit *Mein Block* in den Charts landete. Es fand ein Paradigmenwechsel in der deutschen Hip-Hop-Kultur statt, und Blumentopf galt nunmehr als einer der Prototypen des alten Paradigmas. Das Neue wollte nichts anderes, als das Alte aggressiv zu vertreiben, ihm die Existenzberechtigung streitig zu machen: Prekariats-Aggro-Rap versus Mittelschichts-Hip-Hop, *Mein Block* versus *Reihenhaus*. Ich selbst habe Aggro-Berlin über ein Jahr ignoriert. Mein Hip Hop wurde von Aggro Berlin getötet. Ich brauchte lange um zu begreifen, dass ich ein zu eingeengtes Weltbild von Hip Hop beigebracht bekommen hatte.

Warum aber gerade Blumentopf als Synonym für eine veraltete Form von Rap stand, wurde mir zum Beispiel durch Gespräche mit Repräsentanten der Berliner Szene klar. Für meine Radiosendung *Da Flava* interviewte ich Kool Savas und er rastete in diesem Interview komplett aus. Er schrie rum. Folgende Szenerie: Wir saßen im Backstage, das Interview lief bereits und Konzertgäste, die irgendwie Zutritt zum Künstlerbereich erlangt hatten, fingen an, sich in das Gespräch einzumischen. Ich habe das zugelassen, weil das Ergebnis interessant war. Die Gruppe konfrontierte Savas mit der Frage, warum er immer alles und jeden dissen müsse. Savas entgegnete darauf, dass er nicht einfach alles gutheißen könne, was unter dem Label „Rap" veröffentlicht würde. Aber dann kam das Thema Blumentopf auf. Es folgte eine Aneinanderreihung von Attributen wie „whack" oder „kompletter Müll", die Savas dem TOPF zuschrieb. Er erzählte, wie er den Münchnern einmal eine Chance habe geben wollen, als er mit ein paar Freunden im Auto ein Blumentopf-Snippet — wahrscheinlich *Großes Kino* — hörte. Für ihn schien das alles nichts als ungreifbares Plastik zu sein, das nicht die eigene Lebensrealität widerspiegelte. Er nahm das Tape und schmiss es seinen Erzählungen nach mit voller Wucht aus dem Fenster. Darauf folgte von Seiten der Backstage-Gäste der Versuch einer Ehrenrettung des TOPFs: „Aber freestylen können sie!" Das war der Moment, an dem Savas komplett aus dem Gespräch ausstieg: „Freestylen, was ist denn das für eine Scheiße?!? Haus Maus Laus, ich gehe da lang, ich mache faxen. Das ist doch alles Dreck!" Genau in diesem Augenblick manifestierte sich spürbar Savas absolute Abneigung gegen das, wofür Blumentopf zu stehen schien: Studentenrap. Die Bezeichnung „Studentenrap" stand für alles, was aus Sicht von Leuten wie Savas nicht „Straße" beziehungsweise „Hardcore" war. Den Beginnern oder Max Herre galt der Stempel „Studentenrap" ebenfalls. Das war nichts, wofür nur der Blumentopf stand.

Schlussendlich ist die Diskussion um „Was ist Hip Hop und was nicht?" aber eine Frage, die jeder für sich selbst beantworten muss. Ich dachte lange, mein Hip Hop sei der echte Hip Hop. Dann erkannte ich aber, dass ich ideologische Scheuklappen aufhabe und sie unbedingt ablegen muss. Innerhalb des Diskurses spreche ich auch lieber von Rap. Hip Hop ist zu komplex. Rap ist eine Kulturtechnik, die sich jeder aneignen kann, um dem eigenen Lebensgefühl Ausdruck zu verleihen, und ob derjenige dann Hip Hop ist, kann ich für mich, aber nicht für die ganze Szene entscheiden.

Falk

→ Falk Schacht ist Musikjournalist und Moderator. Ab 1997 arbeitete Schacht als Redakteur und Moderator bei der Radiosendung *Da Flava* in Hannover. Auf VIVA 2 moderierte er 2001 die Sendung *Supreme* und wechselte 2002 zu VIVA, um dort für die Hip-Hop-Sendung *Mixery Raw Deluxe* tätig zu sein.

AUTHENTISCH LANGWEILIG

Für mich waren Blumentopf immer eine der realsten deutschsprachigen Hip-Hop-Crews, weil sie sich nie verstellt haben. Sie waren authentisch langweilig. Die Jungs waren halt, wie sie sind, und sind, wie sie waren, und nebenbei anscheinend auch eine der erfolgreichsten und besten Live-Bands in Sachen Rap. Nichtsdestotrotz hat mir das, was der Topf gemacht hat, nie gefallen. Mehrmals wurde mir versichert, dass es vier Rapper seien, die da rappen — was ich bis heute nicht glauben kann, weil ich maximal zwei Rapper heraushöre. Ich würde immer noch behaupten dass es sich in Wirklichkeit nur um einen MC handelt. Thematisch hat mich das, worüber sie gerappt haben, absolut nicht interessiert und irgendwie taten sie mir auch ein bisschen leid. Ich kann mich noch daran erinnern, wie wir uns in den frühen 2000er-Jahren auf dem splash!-Festival einen Verkaufsstand geteilt haben. Blumentopf war damals schon eine erfolgreiche Band und wir waren neu im Game — und haben uns verhalten wie die Axt im Walde. Ich glaube, die Jungs vom Topf fanden uns ganz interessant, und auf einer Hip-Hop-Ebene hätten sie wahrscheinlich auch gerne Kontakt aufgenommen, aber sie trauten sich nicht, uns anzusprechen, und wahrscheinlich hätten wir sie in unserer Überheblichkeit verarscht. Eigentlich haben wir unsere Unsicherheit nur durch übertriebene Angeberei und Reviermarkiererei überdeckt. Auch hier waren Holunder, Schu, Roger, Cajus und Sepalot wahrscheinlich die authentischeren und realeren Jungs — und auf lange Sicht hat sich diese Realness auch bezahlt gemacht. Insofern: Eternal Props an die Authentizität.

Marcus Staiger

PS: Dass Blumentopf nie die Credits dafür bekommen haben, die wahren Urheber von Sidos Erfolgshit *Mein Block* gewesen zu sein, ärgert mich. Sie veröffentlichten den Track auf einer *Juice*-CD inklusive der legendären Hook im Abspann ihres Songs über ihr Viertel. Sido nahm letztlich nur diese Vorlage und dichtete sie um. Also show some respect!

→　Marcus Staiger ist Gründer des Rap-Independent Labels Royal Bunker und gilt als einer der Wegbereiter des Berliner Rap. Das Label, welches seit 2008 nicht mehr existiert, war verantwortlich für Rap-Acts wie MOR, Die Sekte, K.I.Z., Kool Savas, Eko Fresh oder Prinz Porno. Heute arbeitet Staiger als freier Journalist unter anderem für die *Berliner Zeitung*, *Juice*, *Junge Welt*, *Spex*, *Vice* und *Zeit Online*.

↑ Zeichnung Roger für *R'N'B*

↑ Zeichnungen Roger *Liebe & Hass*

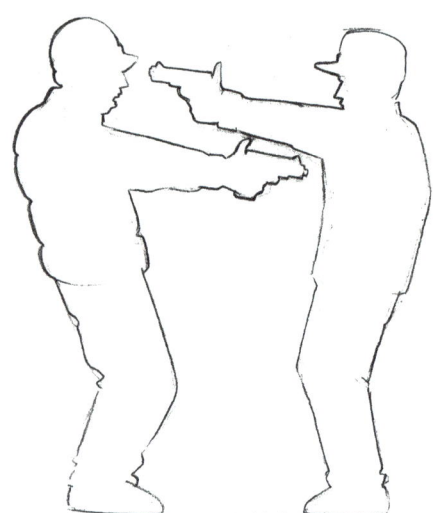

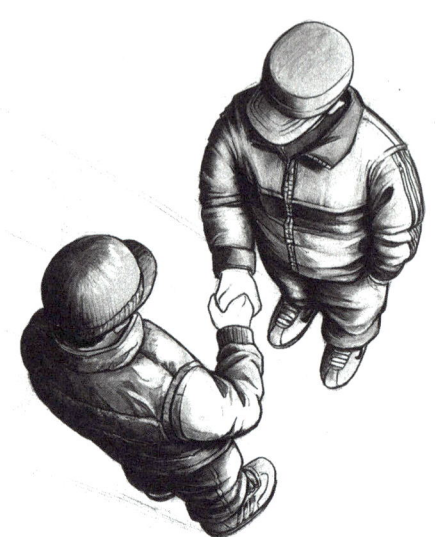

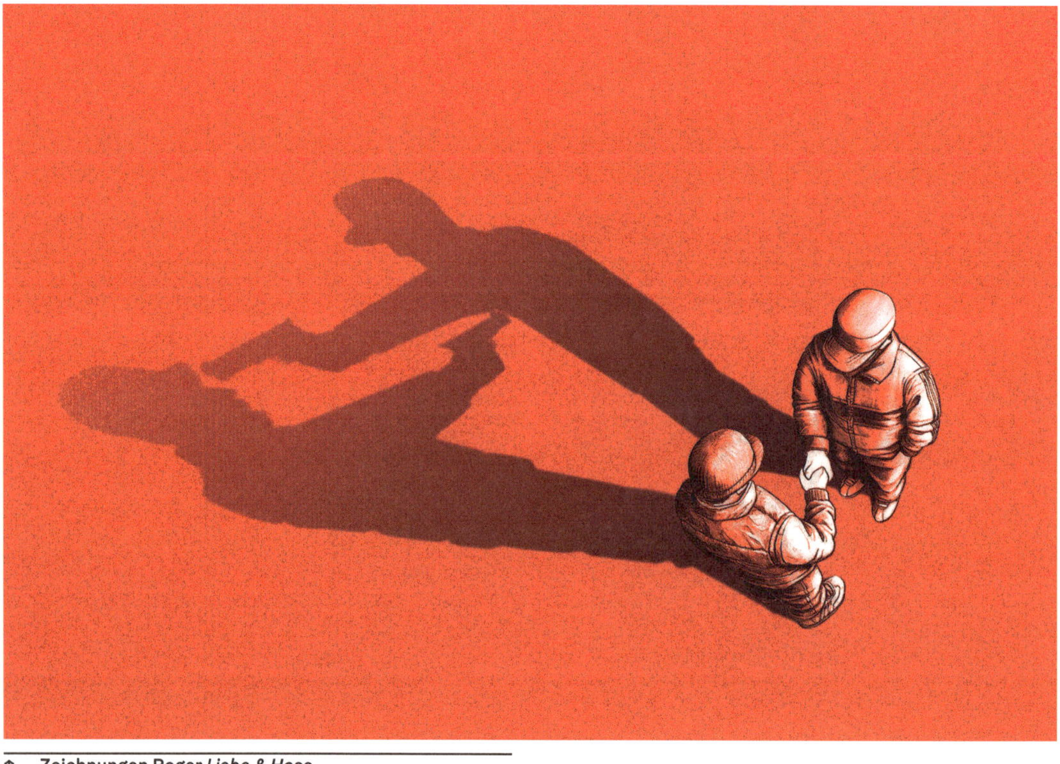

↑　Videodreh: *Liebe & Hass*

was ich lieb   was ich hass

manchmal besoffen durch die Stadt zu torkeln

      es passiert mir nach 3 Apfelschorlen

Wenn ich für meine Parts den fettesten Applaus krieg

   ey, du rappst echt viel besser als du aussiehst

Du hast die tiefsten Zeilen, ehrlich ich schwör

   dass ich das nur von 13-Jährigen hör

       falscher Pathos

      MC's die das Publikum dissen

nach'm Konzert Smalltalk mit netter Frauen

  Hol mir den DJ aus'm Backstage raum

Ihr seid viel netter als die anderen Stars

  Schreibst du mir noch'n Autogramm auf'n Arsch?

dass ich mit krassen Styles die HipHop Szene schock

dass sogar die BRAVO schreibt, wir gehn jetzt Pop

wenn diese Platte sich verkauft wie Edelhuren

irgendwann landet sie am Flohmarkt neben Pur.

wenn ich den Fans die eigne Platte unterschreib

Danke, jetzt fehlt ich nur noch vom Holunder eins.

Schon als Kleinkind Steppke rappte ich und übte posen

meine Mutter schleppte mich zum Psychologen

ich übte schon als Steppke vorm Spiegel posen

schon als Steppke rappte ich dichte posen

[ich übte schon als Steppke vorm Spiegel posen
  meine Mutter schleppte mich zum Psychologen

                    mit Eddy guinzzo
√ [Wenn ich dem ~~Fans~~ die erste Platte unterschreib
    "toll jetzt fehlt mir nur noch vom Holunder eins"

[wenn diese Platte sich verkauft wie Edelhure
  irgendwann landet sie am Flohmarkt neben Pur

[wir kicken den Scheiß der die HipHop Szene schlecht
  dass deshalb ~~~~ in die Bravostadt, wir gehn jetzt Pop

[du hast die deepsten Zeilen ehrlich ich schwör
  dass ich das nur von 13-Jährigen hör

√ [für meine Baggy Pants kein Geld bezahlen
    dass alle anderen auch die selben tragen
                    auch

[dass mir der Kellner schon mal n Kaffee spendiert
  das er ~~ihn mit Hallo Schatzi <~~ serviert

[aus The steppen und Whack MC's mit Punchlines dissen
  Standard Phrasen, Floskeln & Anglizismen

[noch'n Konzert Smalltalk mit netten Frauen
  Hol mir doch mal den DJ aus'm Backstage Raum

[dass plötzlich alle meine Raps zu schätzen wissen
  ~~~~ wollen ~~~~ auf der Gästeliste

Jiggles Backspins & Cuts
schlechte DJ's mit Scratches von DAT

WAS UNTER DIE HAUT GEHT

Blumentopf-Fankultur und Körperkunst

Seit der Mensch Wände bemalt, bemalt er auch sich selbst — eine zugegebenermaßen gewagte These, und aller Wahrscheinlichkeit nach absoluter Nonsens; denn tatsächlich lassen sich die Anfänge dieser Kunst einer — wohl dauerhaften — Körperbemalung aufgrund des natürlicherweise rapiden Verfalls ihrer Exponate schwer datieren, und die einzigen noch erhaltenen Zeugnisse sind wenige mumifizierte Tätowierte wie Ötzi, die dennoch den Schluss zulassen, bei der subkutanen Verzierung des Menschen handele es sich um eine durchaus sehr alte Kulturtechnik.

Weniger schwer zu bestimmen erscheinen wiederum Gründe und Nutzen selbiger: Beim Ötztaler, so ist sich die Forschung mittlerweile weitestgehend einig, hatte der unter die Haut getriebene Kohlenstaub — unter anderem — wohl therapeutischen Zweck, befinden sich die Tätowierungen doch an Körperstellen, die als Akkupunkturpunkte gelten.

Andere Kulturen brachten andere Formen dieser Technik hervor, die etwa reine, zwecklose Körperkunst darstellen, als Medium zur Überlieferung von Wissen dienen, als Zeichen von Herrschafts- und Ordnungsbeziehungen fungieren oder aber den menschlichen Körper in eine religiös-rituale Praxis einbinden konnten. So kommunizierten im antiken Griechenland Spione über ihre Tätowierungen, im alten Rom stigmatisierte man durch sie Verbrecher und Sklaven, den asiatischen Ainu dienten sie als Markierung sozialer Grenzen, bei den neuseeländischen Maori zeichneten sie Qualität und Bedeutsamkeit eines Kriegers aus, für britische Stämme waren sie Bestandteil des religiösen Zeremoniells und bei einigen germanischen Stämmen zeigten sie die Familienangehörigkeit des Trägers an. Von den stigmatisierenden Bedeutungsanteilen hat sich die jüngere Renaissance dieser Körperkunst zwar weitestgehend gelöst, dennoch kommen auch in den Tätowierungen unserer Zeit die ästhetischen Konstitutionen, die natürlich immer auch Amalgam der unterschiedlichen Traditionen sind, zum Ausdruck.

Unter den zahllosen Tätowierungstypen des 20. und 21. Jahrhunderts, denen an dieser Stelle ein Abriss wohl wenig gerecht würde, ist das Band-Tattoo eines der bemerkenswertesten, erfährt darin doch eine sehr besondere Beziehung Ausdruck: die Liebe des Rezipienten zum Schaffenden.

Wie die meisten größeren Bands hatte auch der Topf Verehrer, die sich für die Gruppe ein Tattoo stechen ließen. Von diesen Fans soll im Folgenden erzählt werden.

Da sind zum Beispiel die Brüder Dennis [08] und Marc [09] aus dem Emsland, für die Musik eine starke Verbindung darstellt — ihre größte gemeinsame Leidenschaft: Blumentopf. Die beiden bezeichnen sich selbst als klassische Fanboys, fuhren zu jedem Konzert, kauften jede Veröffentlichung und jedes Band-Shirt. Für jede Lebenssituation fällt ihnen eine passende Blumentopf-Zeile ein. „Das bleibt für immer", sagen sie über ihre Verbindung zu den Texten und zur Musik von Blumentopf. Dennis arbeitete für mehrere Jahre als Booker bei Four Artists. Eine der von ihm betreuten Bands war Blumentopf. Dabei war die durch das Geschäftliche natürlicherweise eintretende Entmystifizierung

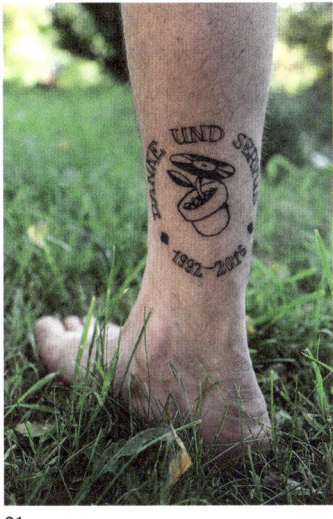

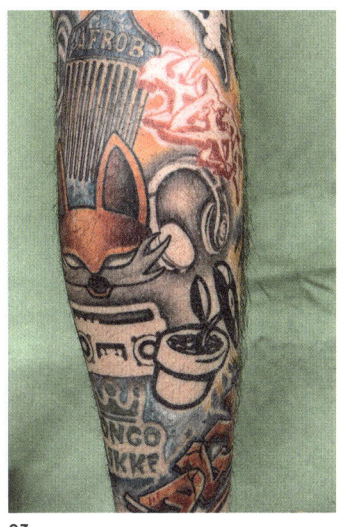

01   02   03

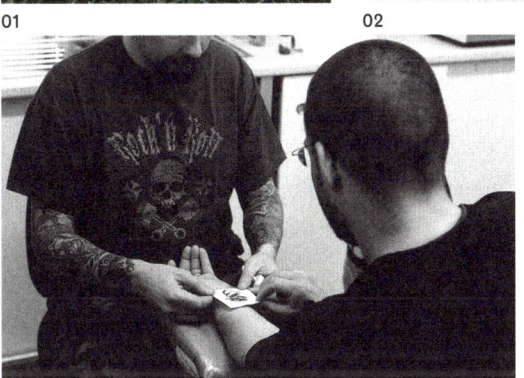

04   05

der Künstler seinem Fanboy-Dasein keineswegs abträglich — seine Anerkennung wuchs sogar, als er merkte, dass hinter der von ihm verehrten Gruppe auch sehr sympathische Menschen standen. Marc organisierte bereits früh ein Festival, für das er auch den Topf buchen konnte. Um seine Liebe zu seiner Lieblingsband Blumentopf festzuhalten, ließ er sich das Logo der Gruppe auf den Unterarm tätowieren.

Für Niko [06] ist Blumentopf *die* Band schlechthin, denn mit ihr begann sein „Hip-Hop-Leben", wie er es nennt. Als dem Selbstverständnis nach größter Topf-Fan ist er der Gruppe, wenn sie nicht gerade in seiner Nähe spielte, jahrelang auf Konzerte und Festivals hinterhergereist, denn sie machte sein „Leben noch lebenswerter". Aus diesem Grund ließ er sich auf sein Bein auch Rogers Cover-Gestaltungen von *Liebe & Hass*, *Fensterplatz* und *Eins A* tätowieren — und hätte es dabei lange nicht

belassen, wäre ihm nicht der Platz ausgegangen. Seine Entscheidung für die Tattoos bereut Niko nicht: „Jeder Stich und Schmerz der Nadel waren es wert." Lukas [03] verewigte seine musikalischen Vorlieben, indem er seine Wade mit den Logos seiner Lieblingsbands schmücken ließ — da durfte der Topf natürlich nicht fehlen. Für ihn ist das Tattoo mehr als nur Tattoo und auch mehr als nur Liebesbeweis — wichtiger noch, so führt er aus, sei teilweise die Identifikation: „Blumentopf — One Love."

Laura [10] hört seit ihrer Jugend Hip Hop. Nachdem ihre Schwester ihr das erste Blumentopf-Album vorgespielt hatte, lief es bei ihr „rauf und runter". Die Idee für ihr Tattoo hatte sie, als sie sich mit 20 Jahren in Hamburgs Schanzenviertel selbstständig machte und einen Blumenladen übernahm. Im Namen ihres Ladens sollten sich ihre Liebe zur Musik und ihre Liebe zu ihrem Beruf vereinen, deshalb war ihr von Anfang an klar, wie ihr Laden heißen würde: Blumentopf. Diesem großen Schritt in ihrem Leben wollte sie mit einem Tattoo ein Denkmal setzen. „Leider gibt es den Laden heute nicht mehr — aber die Liebe zur Musik ist geblieben!"

Zum ersten Mal in Kontakt kam Kamil [07] mit Blumentopf 1996, zu einer Zeit also, in der deutscher Hip Hop gerade im Begriff war, massenmedial und überhaupt in Erscheinung zu treten. Natürlich hörte er viel Regionales: (Absolute) Beginner, Fettes Brot, Fünf Sterne Deluxe, Nico Suave — die Liste ließe sich endlos fortsetzen. An Blumentopf zogen und ziehen Kamil, wie er erklärt, die Texte, die Beats und die Einheit am Mic in ihren Bann. Irgendwann 2009 fing er aus einer Schnaps- idee heraus damit an, sich Autogramme von Künstlern, mit deren Musik er groß geworden war, die ihn mit ihrem Schaffen durch wichtige Abschnitte seines Lebens begleitet hatten, auf die Wade tätowieren zu lassen. Dafür konnte er vor einigen Jahren nach einem Konzert im Knust Hamburg auch die Jungs von TOPF gewinnen. Der Name „Wade of Fame", wie Kamil sein Körperkunstwerk heute nennt, obwohl es bereits „Waden" heißen müsste, wurde an jenem Abend dank Roger geboren.

Durch das Lied *Reden ist Schweigen*, das auf einer Deutschrap-Compilation ver- öffentlicht worden war, kam Daniel [02] 1997 erstmals mit Blumentopf in Berührung. Seitdem begleitet ihn die Band und „liefert Zitate für alle passenden und unpassenden Lebenslagen", wie er sagt. So kamen Passagen aus Schus *Was' der Handel?*-Part bei Mädchen wohl gut an — Shakespeare, meint er, hätte ihm ohnehin niemand abge- kauft. Da er ein Blumentopf-Tattoo wollte, jedoch nicht einfach nur das Logo der Gruppe, ließ er sich in Anlehnung an die Quiz-Tracks von Cajus, Schu und Wunder Bilderrätsel tätowieren: So stehen die Abbildungen der Blume und des Topfes auf dem kleinem Finger und dem Ringfinger seiner rechten Hand — man ahnt es bereits — für Blumentopf. Mittelfinger und Zeigefinger derselben Hand zeigen ein Cocktailglas und einen Regen- schirm — etwas schwieriger, doch die Lösung des Rätsels ist *Von Disco zu Disco*. Auf dem Handrücken über dem Daumen verweist eine Palme auf Wüste, auf *Safari*. Fast alle

Tattoos von Daniel haben einen musikalischen Bezug: Drumsticks, weil er mal Schlagzeug spielte, ein Mixtape, weil er im Laufe der Jahre unzählige davon machte, Zeilen von Liedern, die ihm wichtig waren. Er wollte Tattoos von Bands, die ihn durch sein Leben begleiteten und leiteten — dazu gehörte ein Johnny Cash, mit dem er groß geworden war, ebenso wie Kinderzimmer Productions, die wie er aus Ulm stammten. Blumentopf waren von Anfang an dafür vorgesehen, nur brauchte Daniel längere Zeit, bis er das richtige Motiv und die richtige Stelle gefunden hatte — dafür ist es nun eine sehr exponierte Stelle geworden.

Auch für Christian [04] stellte Blumentopf einen treuen Wegbegleiter dar. Nach trau- matischen Kindheitserfahrungen und anderen Schicksalsschlägen war es für ihn wichtig, auf etwas oder jemanden zählen zu können, das oder der ihm das *richtige* Gefühl geben konnte: Für ihn waren das seine Frau, ein Freund — und Blumentopf. In jungen Jahren entwarf er für sich ein Blumentopf-T-Shirt. Als dieses verloren gegangen war, musste er sich eine Alternative dafür suchen: ein Tattoo des Blumentopf-Logos auf dem Unterarm.

Für Janna [05] stellte die Musik von Blumentopf immer eine Verbindung zu ihrem Bruder dar. Nach dessen Tod ließ sie sich das Cover-Bild von *Liebe & Hass* auf den Rücken tätowieren, darüber die Worte *Think Twais* — Twais, das war der Spitzname ihres Bruders. So trägt sie ihren Bruder und was sie mit ihm verband, Blumentopf, auf ihrer Haut verewigt mit sich.

Daniel [01] hört seit langem Blumentopf und wünscht sich beinah ebenso lang ein Tattoo der Band. Anfangs wollte er sich lediglich ihr Logo unter die Haut stechen lassen, als er dann aber von ihrer nahenden Auflösung erfuhr, entschied er sich doch, ein richtiges Tribut- Tattoo daraus zu machen, das, wie er sagt, für „all die tollen Platten, all die tollen Konzerte, all die tollen Freestyles — einfach all die tollen Erinnerungen" stehen sollte.

→ Paco Yinn arbeitet als Anagramm an seiner wissen- schaftlichen Laufbahn. Er überlegt, sich seine Vita als Flickenteppich auf den Rücken stechen zu lassen.

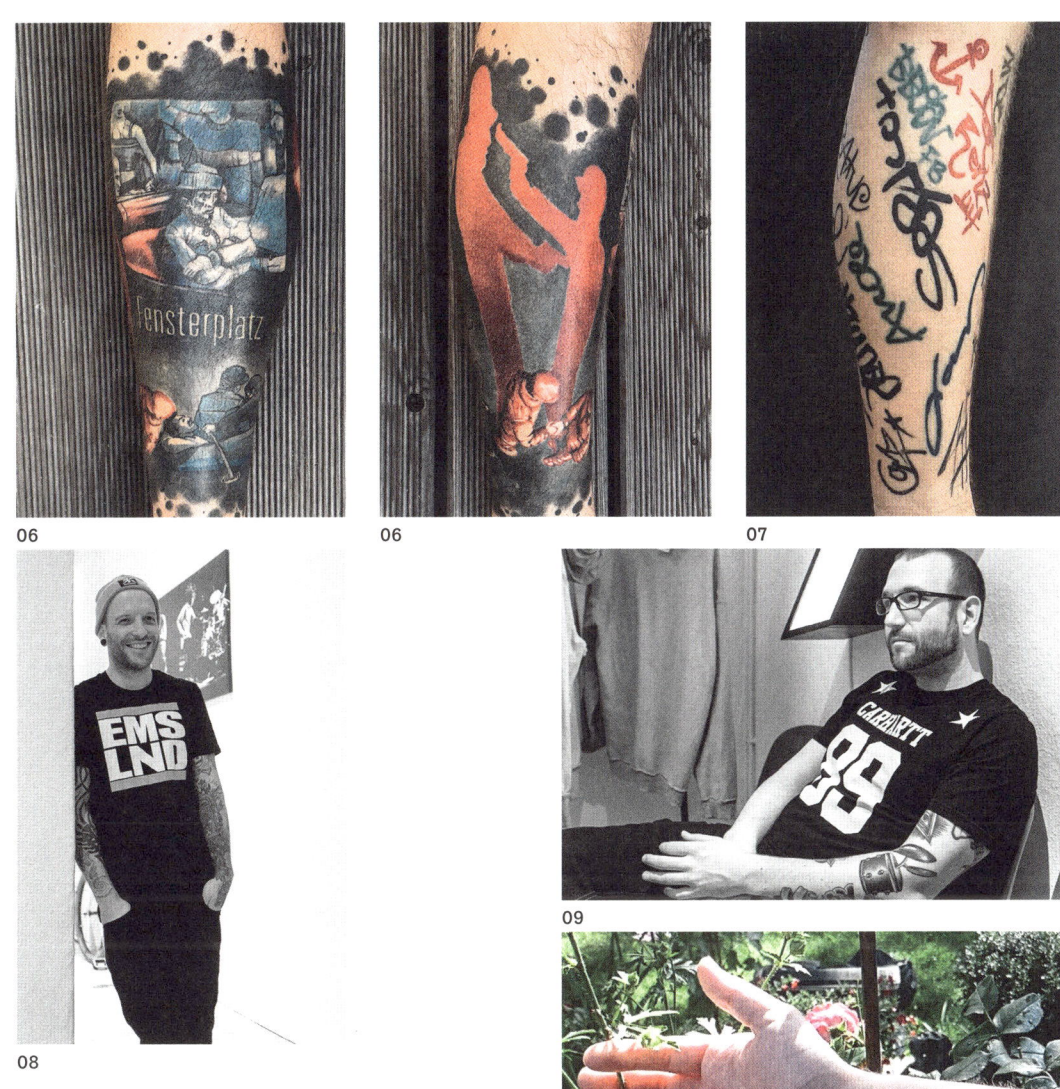

06

06

07

08

09

10

„Das hier geht raus an alle, die uns're Konzerte besuchen, die uns auf unserm Weg begleiten seit den ersten Versuchen, für alle, die auf Hip-Hop steh'n und nicht auf Blasmusik, alle die abgeh'n, wenn ich sag: Bewegt mal Euern Arsch zum Beat" *(Danke)*

2003

→ SINGLE *DANKE BUSH* (FOUR MUSIC)
→ SONG *NIEMAND*, AUF *HERZESSENZ* (ROEY MARQUIS, PROOF)
→ SINGLE *SAFTIG*, AUF *STYLE LIGA #8* (EIMSBUSH ENTERTAINMENT)
→ SEPALOT: LP *ESKAPADEN* (ESTHER & SEPALOT, ESKAPADEN RECORDS)
→ SINGLE *BETTER LIFE GMBH* FEAT. SMUDO (FOUR MUSIC)
→ LP *GERN GESCHEHEN* (FOUR MUSIC)
→ *GERN GESCHEHEN*-TOUR TEIL 1, SUPPORT: NICO SUAVE, PHANTOM BLACK

2004

→ *GERN GESCHEHEN*-TOUR TEIL 2, SUPPORT: VIERZUEINS
→ SINGLE *MACHT PLATZ* (FOUR MUSIC)
→ SUPPORT VON BLACK EYED PEAS AUF *ELEPHUNK*-TOUR
→ FEATURE *EGAL WO*, AUF *GUTE MUSIK* (CLUESO, FOUR MUSIC)
→ FEATURE *ALT*, AUF *ALT* (TEXTA, TONTRÄGER)
→ DVD *GERN GESCHEHEN* (GROOVE ATTACK)

2005

→ FEATURE *ICH WÄR SO GERN WIE DU*, AUF *MIT LIEBE GEMACHT*
  (NICO SUAVE, NO LIMITS)
→ FEATURE *ADAM & IVO*, AUF *EQUILIBRIUM* (MAIN CONCEPT, BUBACK)
→ SONG *WEISST DU WER?* MIT TONI L & BLACK TIGER,
  AUF *10 JAHRE 360°* (360° RECORDS)
→ SEPALOT: LP *FRAUD!* (ESKAPADEN RECORDS)
→ SONG *VOICES*, AUF *EXCHANGING TRACKS* (NIPPON CONNECTION,
  DAS MODULAR)
→ NAHOSTREISE AUF EINLADUNG DES GOETHE-INSTITUTS

2006

→ FEATURE *AHLANE WA SAHLANE*, AUF *NASHER GNASSIL*
  (ASHEKMAN, TOJ KIL SHI PRODUCTIONS)
→ SCHU: EP *HAUNTED HOUSE* (CALL ME WONDERS, WONDERS SOUND)
→ WUNDER: DIPLOM ALLGEMEINE PHYSIK, TITEL DER ARBEIT:
  SILICON-ON-INSULATOR BASIERTER BIOSENSOR:
  MÖGLICHKEITEN DER QUANTITATIVEN DETEKTION
→ FEATURE *KANN MAN NICH LERN*, AUF VINYL *WEIT WEG*
  (CLUESO, FOUR MUSIC)

01

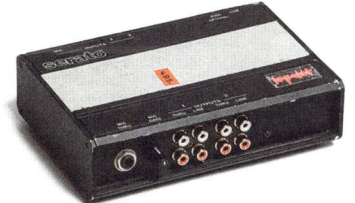

02

Die Studiosituation in der Klenzestraße wurde zunehmend unangenehm: Es hatte sich herumgesprochen, wo der Blumentopf seine Zelte aufgeschlagen hatte, und es gab ein paar Mal zu oft unerwünschten Besuch.

Trotz der nahezu unbegrenzten Möglichkeiten eines Akai S5000 Samplers zog es mich immer wieder zurück zu meinen alten Kisten und ich kaufte mir die große Schwester meiner SP 12, eine SP 1200, und endlich ein Rhodes.

Während es auf den alten Alben zwar hin und wieder wieder Instrumentals von meinen MC-Kollegen und insbesondere von Wunder gegeben hatte, war *Gern geschehen* das Album, auf dem sich zum ersten Mal alle verstärkt auch musikalisch einbrachten, und zusätzlich gab es noch drei Instrumentals von den Twintowers und Clueso. Wir waren in einer Phase angekommen, in der jeder von uns irgendwie auf der Suche nach einem neuen musikalischen Kick war. Roger, Wunder, Schu und Cajus fanden ihn im Beats-Produzieren und ich in dem Album *Eskapaden* mit der Sängerin Esther Adam.

Sepalot

03

01	E-MU SP 1200 (12Bit Sampler)
02	Serato (Soundkarte für DJ-Software)
03	Rhodes Mark V (E-Piano)

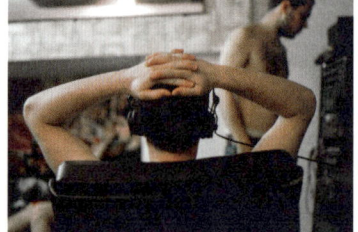

Fotos: Gabriel Büchelmeier

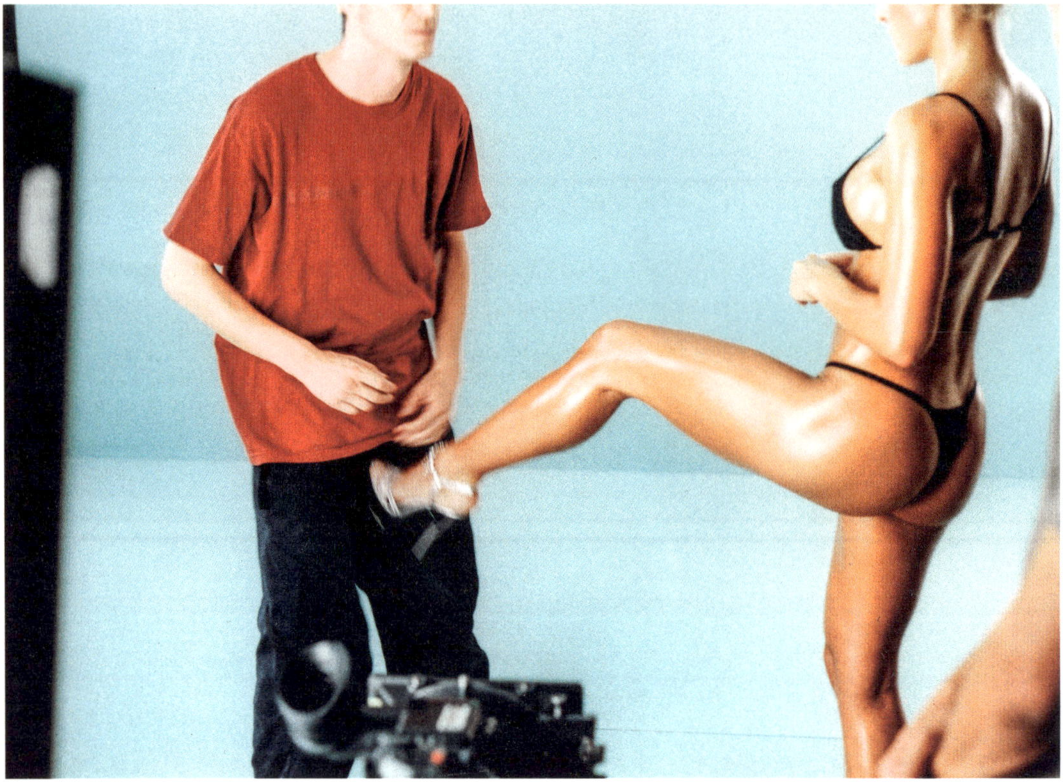

BETTER LIFE GmbH
Blumentopf

↑   Videodreh zu *Better Life GmbH* mit Smudo

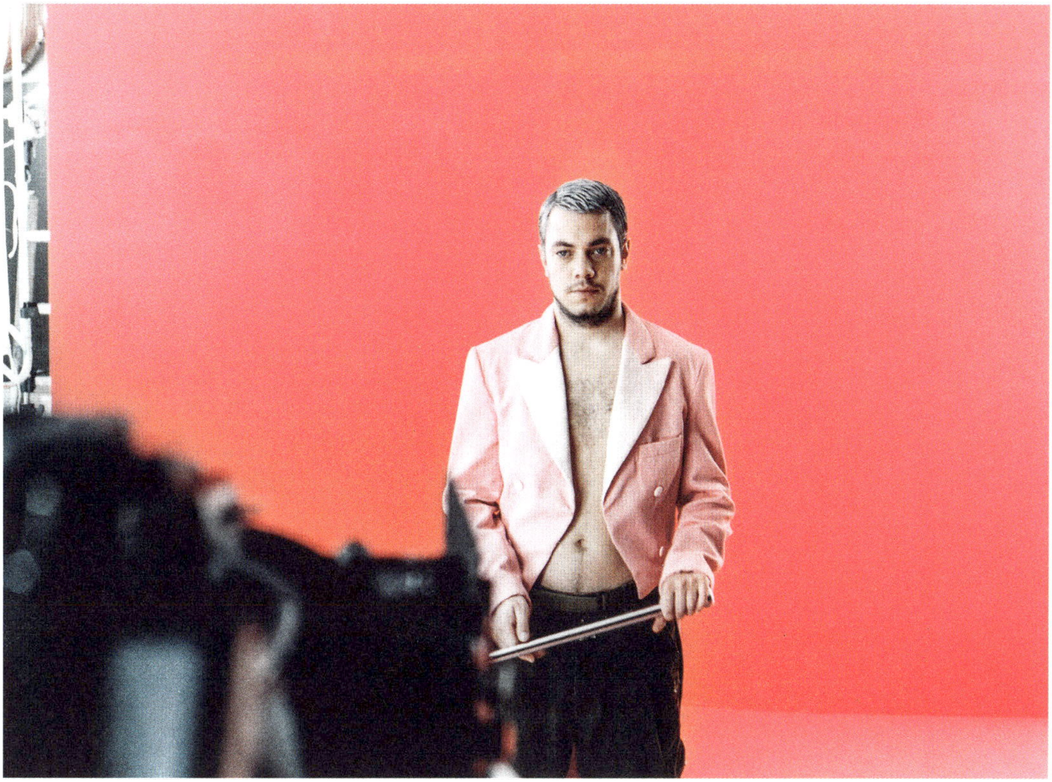

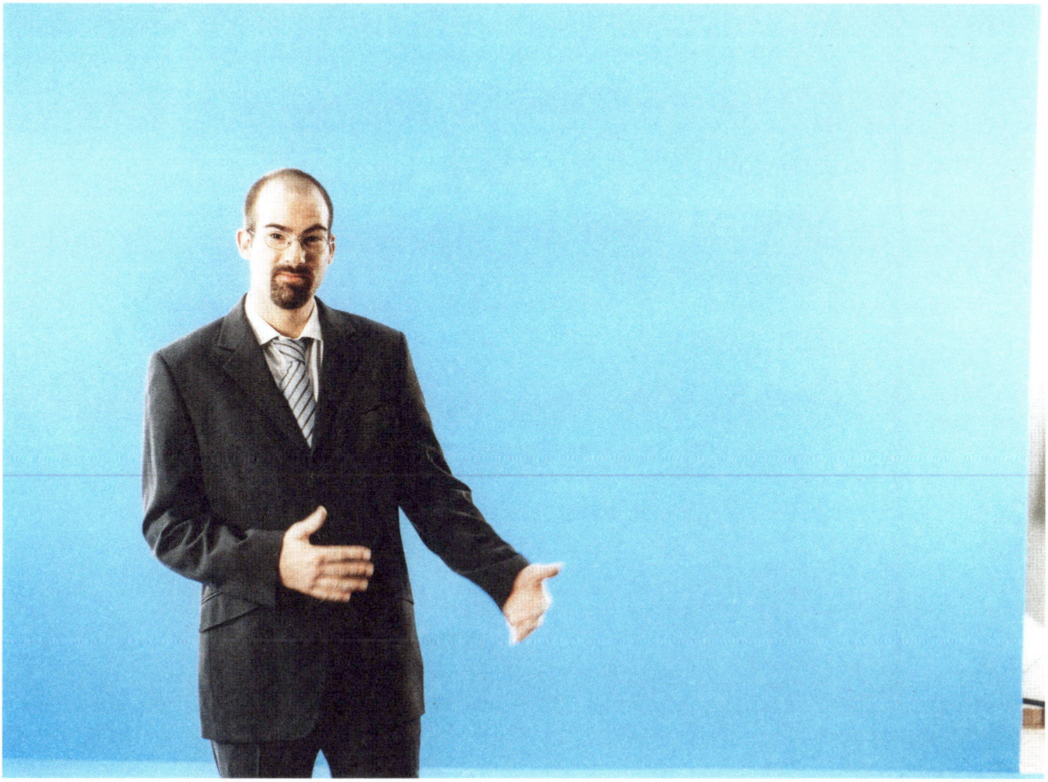

SIE VERSTEHN DIE FRAU NICHT UND DIESE SIE AUCH NICHT
SIE SAGEN STÄNDIG NUR DAS FALSCHE ODER GLEICH ÜBER-
HAUPT NICHTS

DANN SIND SIE HERZLICH EINGELADEN ZU DEM WORKSHOP
WIE WERD' ICH IN NUR 8 TAGEN ZU ÜBER FLIEGER GUT

SCHRITT 1 HOLN SIE SICH NEN HUND AUS DEM TIERHEIM
WICHTIG BE. DER AUSWAHL DES HUNDES IST DASS ER gleich

DEN IHR KUMPLAG MUSS SÜSS SEIN JE SÜSSER JE BESSER
DENN JE SÜSSER DER KLÄFFER DESTO FRÜHER DER TREFFER

UND WENN DIE ERSTE ~~NUMMER~~ BEISST UND FINDT EUR DER
KLEINER HEISST

DANN ~~SIND SIE~~ BLOSS NICHT WEINI. ODER SOWAS SEID SIE
EINFALLSREICH

NATÜ SIE NEN AUSGEFALLENEN NAMEN WIE MARTIN LUTHER KIN
WEIL SIE DAS INTERESSANTER MACHT UNZ. SOGAR KULNT

SCHINDEN SIE EINDRUCZ, WENN SIE KABELHILFE SIND
STEHN SIE ~~BESSER~~ (lieber) IN EINR SOWAS WIE

APROPOS FICTE BE. FRAU IT ACTION KINO NUR WAS FÜR
KLEINHIRNS

~~BITTE~~ SCHWÄRMEN SIE AM BESTEN FÜR FRANZÖSISCHE
SCHWARZ WEISS FILME

SAGN SIE OHNE IHREN TOLL LEHRER WÄRE SIE VERLOREN
UND NACH IHREM WECHSEL ZUR BUDDHISTISCHE BEGANN IHR
LEBEN VON VORN

~~DENN SOLANG ZIEHT ERNEUT BEI DER SCHWACHEN GEGEN~~
~~GESCHLECHT~~

~~UND NACH DEM VEGETARISCHEN ESSEN IST ALLES PERFEKT~~
~~UND ERZÄHLEN SIE~~ SIE BEIM GESPRÄCH NICHT WÄREN
KEIN MANN FÜR EINE NACHT

DENN SOLANG HÄTT GUTEN SIE WISS HAT NIVEAU
UND NIVEAU HÄTT BEI MANN BESSER ALS N
KLAPS AUF DEN PO

ERZÄHLEN SIE DANN NOCH IM GESPRÄCH SIE WÄREN
KEIN MANN FÜR EINE NACHT

UND WIR GARANTIEREN IHNEN DIE HALT DIE
KLEIDER IST SAUER UND ENTPUPPEN SIE SICH SPÄTER ALS
~~FALLS SICH RAUSSTELLEN SOLLTE SIE SIND IST VIEL~~

IST ~~DOOF~~ NICHT VERZWEIFELN
~~KEIN PROBLEM~~ UND GEFANGEN SIND BITTER
BÖSE

BLUMENTOPF
GERN GESCHEHEN TOUR

15. 10. 2003	**Neumarkt i.d. Oberpfalz** Jura Halle
16. 10. 2003	**Berlin** SO 36
17. 10. 2003	**Halle** 10 Jahre Sputnik @ Palette
18. 10. 2003	**Magdeburg** 10 Jahre Sputnik @ Buttergasse
19. 10. 2003	**Hannover** Capitol
21. 10. 2003	**Rostock** Interclub
22. 10. 2003	**Hamburg** Große Freiheit
23. 10. 2003	**Bochum** Matrix
24. 10. 2003	**Darmstadt** Centralstation
25. 10. 2003	**Lahr (BaWü)** Universal D.O.G.
29. 10. 2003	**Krefeld** KUFA
30. 10. 2003	**Kassel** Spot
31. 10. 2003	**Saarbrücken** Garage
01. 11. 2003	**CH-Basel** Kaserne
02. 11. 2003	**CH-Zürich** X-tra
05. 11. 2003	**A-Wien** WUK
06. 11. 2003	**Stuttgart** Zapata
07. 11. 2003	**Lindau (Bodensee)** Club Vaudeville
08. 11. 2003	**Passau** X-Point Halle
09. 11. 2003	**A-Salzburg** Rockhouse
16. 11. 2003	**München** Muffathalle

FOUR artists

01	Backstage-Catering
02	Duschzimmer
03	Direkt nach der Show
04	Medizin

01

02

03

04

NIGHTLINER
ROOKIE

Normalerweise führe ich Regie bei Musikvideos oder schreibe Romane. An diesem Abend im Oktober 2003 gehe ich für fünf Konzerte mit Blumentopf auf Tour. Ich komme mit, um die Live-Performance zu dem Song *Macht Platz* mitzudrehen. Irgendwo zwischen den Töpfen, Nico Suave, der Technikcrew, dem Mann vom Merchandising und der Tourbegleitung soll noch ein kleines Plätzchen für mich frei sein, heißt es. Aber nicht im Fiat Kombi, sondern in einem amtlichen Nightliner. Als er endlich vorfährt, blicke ich beeindruckt zu ihm auf. Für die Band Routine, für mich das rollende Versprechen von Abenteuer, Exzessen und Freigetränken.

Ich betrete den Bus wie ein Tourist Schloss Neuschwanstein. Beeindruckt passiere ich die Couchgarnituren im Erdgeschoss und gehe über die Treppe nach oben zu den Schlafgemächern. Die schmalen Pritschen erinnern mich stark an Kojen in einem U-Boot. Putzige Gardinen versprechen minimale Privatsphäre. Ob man da drinnen bequem liegt, werde ich erst mal nicht erfahren. Die Deluxe-Kabinen oben sind leider alle ausgebucht. Die Tourbegleitung fängt mich ab und weist mir meinen Schlafplatz zu: Ernüchterung macht sich breit. Ich bekomme die Busfahrerkabine zugewiesen. Schu wünscht mir noch grinsend „viel Spaß".

Die Kabine ist direkt über der Hinterachse des Busses. Ich öffne eine Luke und blicke in ein finsteres Loch. Der Raum ist etwa fünfzig Zentimeter hoch, einen Meter breit und eins sechzig lang. Ich liege kurz Probe. Diagonal passe ich eben so in die Koje. Vor der Abfahrt murmelt der Fahrer noch irgendwas von „Problemen mit der Lüftung". Der Nightliner-Profi befiehlt: „Finger weg von der Lüftung. Wennst' da was verstellst, ist die Lüftung im ganzen Bus im Arsch." Ich wickle mich in Kapuzenpulli und Schlafsack und lege mich schräg in das Loch. Die eiskalte Dauerlüftung bläst mir direkt in die Fresse. Wir fahren. Ich mache kein Auge zu — zu viel Lärm, zu kalt,

zu aufregend! Ich fühle mich wie ein Entführungsopfer im Kofferraum. Ich versuche, die Geräusche verschiedenen Fahrbahnbelägen zuzuordnen. Fahrbahnmarkierungen machen die lustigsten Geräusche. Irgendwann wache ich auf. Der Bus steht, die Sonne scheint. Krefeld, irgendwo im Gewerbegebiet.

Mir wird klar, dass der Job einer Band auf Tour hauptsächlich aus Warten besteht. Warten im Bus, warten im Backstage-Bereich, warten auf das Catering, warten auf den Soundcheck, warten auf den Auftritt. Ich warte mit, frierend und übermüdet. Ich betrachte alles mit großen Augen, komme mir vor wie ein Lehrling. Mal sehen, was man auf Tour so alles lernt. Um die Zeit bis zum Auftritt zu verkürzen, wird Playstation gezockt oder Domino gespielt. Ich spiele Schach gegen Sepalot. Dann der erste Auftritt. Ausverkauft! Bis zu meinem Einsatz bei *Macht Platz* habe ich Zeit, mir die Show anzusehen. Das erste Mal von der Bühne aus. Um meine Anwesenheit hier oben zu rechtfertigen, habe ich einen Fotoapparat dabei. Applaus brandet auf. Ich bekomme Gänsehaut und grinse dämlich. Ich weiß, dass das Publikum nicht mir zujubelt, aber es fühlt sich trotzdem so an. Benebelt vom Adrenalin drücke ich wie wild auf den Auslöser. Es entstehen die schlechtesten

Fotos, die ich je gemacht habe: unscharf, unterbelichtet, hektisch. Hauptsache, ich mache eine gute Figur auf der Bühne mit der Kamera in der Hand, denke ich mir. Ich gehöre ja jetzt dazu. Schließlich kommt *Macht Platz*. Ich tausche den Fotoapparat gegen die Video-kamera. Die Band performt den Song inmitten des Publikums. Ich ganz nah dran. Um uns herum: ausrastende Fans. Ich soll einfach drauf-halten, so weit die Theorie. In der Praxis beschlägt ständig die Optik und ich habe Mühe, die Kamera in dem Chaos nicht zu verlieren. Erster Dreh komplett verkackt.

Nach der Show sitzen wir alle nassge-schwitzt im Backstage-Bereich. Alle feiern den erfolgreichen Tourauftakt. Immerhin das mit den Freigetränken ist exakt so, wie ich es mir vorgestellt habe. Und an diesem Abend lerne ich die erste Lektion für Nightliner-Rook-ies: Alkohol hilft. Angenehm angesoffen schaukelt mich der Wagen nach wenigen Minuten in den Schlaf.

Unser nächster Stopp: Kassel. Es folgen gleich zwei neue Lektionen. Der Bus fährt zu einem Hotel neben einem Gebrauchtwagen-händler. Dort wird eingecheckt, und zwar in das sogenannte „Duschzimmer". Hier hängen wir alle ab, starren auf den Fernseher und nutzen die Dusche. Der erste MC ist mittlerweile erkältet. Auch das gehört standardmäßig dazu, erklärt man mir. Bei einer fünfköpfigen Band ist eigentlich ständig einer krank. Cajus, Sepalot und ich gehen runter zum Hotelpool. Cajus übt Gitarre, Sepalot schmeißt die Sauna an. Ich schwimme in Unterhose. Dass ich im Oktober eine Badehose brauchen würde, damit war nicht zu rechnen. Dann wieder Backstage, Warten, Soundcheck, Domino, Catering, Auftritt. Dieses Mal tape ich mir die Kamera fest ans Handgelenk und drehe tatsächlich brauchbares Material. Nach der Show folgt ein Highlight der Tour: Schu hat Geburtstag. Es gibt keine Geschenke, aber eine Torte. Roger und Schu feiern vor der Spiel-konsole im Nightliner.

Am dritten Tag in Saarbrücken fühle ich mich bereits wie ein alter Hase. Ich weiß, wie viel ich trinken muss, um gut zu schlafen, weiß, wer von den Jungs am lautesten furzen kann und freue mich auf die Show. Und schon wieder lerne ich etwas dazu: Die besten After-show-Partys passieren unerwartet!

Von außen betrachtet sieht der Club unschein-bar aus. Als wir den Laden betreten, betrachten uns die anwesenden Stammgäste mit Arg-wohn. Lange Haare, Rockerkutten und aus den Boxen irgendwas von Bon Jovi. Ein Platten-spieler geht nur Mono, der andere ist nicht pitchbar. Trotzdem fackeln DJ Sepalot und DJ Spark die Hütte ab. Als Erstes beginnen die Bardamen mitzuwippen, das Eis ist gebrochen. Der Abend wird legendär. Der DJ der Support-band kotzt ohne Vorwarnung zwischen zwei Flipper, wischt sich den Mund ab und trinkt die nächste Runde wieder mit. Die Party wird heftig und beschert mir überraschend ein Upgrade im Nightliner. Ich darf meinen Schlaf-platz mit Schu tauschen. Die Tourbegleiterin hält es für sicherer, das angetrunkene Band-mitglied unten zu isolieren. Sie erklärt mir: „Ist einfach besser, er kotzt unten." Ich nicke und ziehe den Vorhang zu.

Die zwei letzten Tourstopps sind Basel und Zürich. Ich habe mich vollständig den Gegebenheiten angepasst. Ich kenne jetzt alle im Bus mit Namen und warte mittlerweile genauso professionell wie der Rest der Besat-zung auf meinen Einsatz. Mittlerweile sind schon zwei MCs erkältet, halten aber ohne Pro-bleme die vier Stunden Show durch. Auch die Party danach wird routiniert abgespult. Für mich gibt es nichts mehr zu lernen.

Alle wirken nach der fünften Show in Zürich zerstört und sind froh, dass es nach dem Auftritt direkt zurück nach München geht. Ausschlafen, ausnüchtern, auskurieren. Für mich ist die Tour am nächsten Morgen vorbei. Für die Jungs gibt es zwei Offdays und dann geht es wieder los.

Ich verlasse den Bus und freue mich auf mein weiches Bett. Ich lege mich hin, strecke mich aus und genieße die Ruhe in meinem Zimmer. Und doch kann ich nicht einschlafen. Mir fehlen der beruhigende Sound der Fahr-bahn unter meinem Ohr und das sanfte Schau-keln des Nightliners.

→　Matthias Edlinger, seines Zeichens Künstler, Autor und Regisseur, ist fast seit knapp 20 Jahren mit dem TOPF verbandelt und realisierte für die Band mehrere Musikvideos wie *Liebe & Hass* oder *Better Life GmbH*. 2003 fährt der Edlinger — von der Band auch liebevoll Böblinger oder Beaublochard — mit auf Tour.

05

06

07

08

05	Schu feiert Geburtstag
06	Roger und Cajus backstage
07	v.l.n.r. Phantom Black, DJ Sparc, Nico Suave
08	Sepalot und Edlinger

MANFRED MUSTERMANN UND EINIGE ANMERKUNGEN ZU EINER WEISSEN BIOGRAFIE

„Mir war von Anfang an klar: Möchtest Du hier überleben, musst Du besser als der Rest sein — es kann nur einen geben."

Diese Worte, die wie das sozialdarwinistische Manifest eines generischen Gangster-Rappers klingen, sind in Wahrheit der ironische Gedankenstrom eines Spermiums kurz vor der Befruchtung einer Eizelle.

Es sind die ersten Zeilen des Tracks *Manfred Mustermann* und ihre implizite Ironie weist bereits auf den lebensweltlichen Unterschied zwischen den Fragestellungen aus den migrantischen Bezirken und den bürgerlichen weißen Vororten hin. Es war das Jahr 2003 und während Bushido Deutschland seine Version einer Biografie präsentierte, die mit der Gewalt einer Electrofaust vom Bordstein bis zur Skyline führen sollte, veröffentlichten Blumentopf ein handzahmes Hip-Hop-Album namens *Gern geschehen*. Sie wollten einen Track über das Zeitvergehen schreiben, so Holunder und Schu in einem Interview, herausgekommen aber ist die Geschichte eines Teenagers, dessen Probleme zwischen Akne und Flaschendrehen kreisen, der zu einem Mann reift, der den Absprung aus dem Clubleben zu verpassen droht, der ein Ehemann wird, der seine Frau betrügt und der als kranker Greis, auf dem Sterbebett liegend, bereut, kein Tauchlehrer auf den Kanaren geworden zu sein.

Es ist eine Geschichte über verpasste Chancen und die gescheiterte Suche nach Selbstverwirklichung, und wie bei vielen anderen Hörern löste der Track bei mir regelmäßig eine Gänsehaut aus. Denn ich identifizierte mich mit den hier beschriebenen Problemen, von der Teenager-Diskussion mit den überängstlichen Eltern (**„Mein Sohn, du bist heute Abend wieder da, Punkt zehn!"**) bis zu der selbstgewählten prekären Lebenslage als junger Erwachsener (**„aber Ausbildung? Nein danke, es ist das Leben, das mich interessiert"**). Prekär, weil der Arbeitsplatz mit Karriereaussicht im Grunde nur ein paar Anrufe entfernt ist: **„gut, arbeite ich halt bei ihm und tauch später auf Lanzerote"**.

Als Bushido also 2003 rappte „Jetzt kommt mein Bezirk und der Rest kann gehen ..." war ich mir ziemlich sicher, dass ich auch gehen müsste, denn in meinem Selbstverständnis war ich Weiß. Ich war Weiß wie

CLASSIC
INTERNATIONAL
HOTELS

Neulich kam nach all den Jahren wieder ne Postkarte v. Monika
aus Lanzarote, und sie schreibt sie wohnt jetzt da
Es ist doch komisch ha, man sitzt in sein Mercedes
rast an allem vorbei und merkt es nicht bis es zu spät is.
Jetzt ist mein Leben doch ~~vorbei~~ schon aus mit 46
ist doch kein Wunder. dass man dauernd deprimiert ist
meine Frau meint, ich soll zum Therapeuten doch ich brauch kein',
nicht so ein', mein ~~Psychodoktor bleib~~ /Seelenklempner bleibt 'n guter Rotwein.

Al~~ter~~ Bordeaux, das versteh ich unter ~~Freiheit~~.
David, vergiss nicht, um 10 musst Du daheim sein
Mit Inge Paulls auch nicht mehr so wie in den besten ~~Tagen~~ Tagen
denn seit den Wechseljahren ist sie kaum noch für Sex
zu haben

David bleibt meine einzige Motivation
~~in diese~~
~~den oder ins in~~ Büro ~~mach~~ geh ich doch bloß für mein Sohn
Wir
~~nur ein~~
~~tu~~ Tun doch alles für ihn, ham uns den Arsch aufgerissen
und er hat den Tauchkurs schon nach 14 Tagen geschmissen
~~Ich wünscht~~, Manchmal glaub ich, wir lassen ihm zuviel Freiheit.
David vergiss nicht, um 10 musst Du daheim sein

Hospitality Club
Member

Manfred Mustermann. Dieses Weiß, genau wie seine Opposition Migrant, bezieht sich auf Ethnie/Kultur und soziale Klasse gleichermaßen. Ich spreche hier nicht von einer Hautfarbe, sondern von einem Habitus oder einem Lebensstil, den wir im Alltag auch „bürgerlich" oder „normal" nennen. Aber wir meinen damit diese unmarkierte Mitte *unserer* Gesellschaft, von der aus wir den Aggro-Berlin-Migranten erst als den *Anderen* konstruieren können. Und dieser unmarkierte Ort heißt Peter, Sandra oder Manfred Mustermann, und der ist Weiß.

Ich finde, es gehört wohl zu den langweiligeren Hip-Hop-Diskussionen, „den Jungs aus dem Reihenhaus" eben diese Weiße Sozialisation ankreiden zu wollen. Genauso unproduktiv erscheint mir die Frage, ob ein Bushido der Lebenswelt entstammt, die er beständig zu repräsentieren vorgibt. Wer dem Hip-Hop-eigenen Selbstrepräsentationswahn aufsitzt, verirrt sich im Mythos und landet in der Sackgasse, Hip-Hop-Künstler in real und fake unterteilen zu müssen. Das ernüchternde intellektuelle Level solcher Authentizitätsdebatten lässt sich landauf und landab in Feuilleton-Artikeln und Popkultur-Seminaren beobachten. Erlaubt mir stattdessen, den Kulturanthropologen heraushängen zu lassen und Blumentopf nicht von der Produzenten- sondern von der Rezipientenseite zu denken. Oder frei nach Diedrich Diederichsen: Die als Konsumenten verbrämten oder Szene-überhöhten Musikhörer sind diejenigen, die erst den Zusammenhang herstellen, den wir Pop-Musik nennen.

Ich sprach vorhin von der Kategorie „Weiß" als etwas Ethnischem und Sozialem. Aber darüber hinaus ist sie vor allem etwas Performatives. Schon Pierre Bourdieu wies auf den konstituierenden Zusammenhang von Geschmack und sozialer Schicht hin, und weitergehend erklärte der Popmusikforscher Simon Frith in seinem Text *Musik und Identität*, dass ein Musikstück nicht den Menschen *widerspiegele*, sondern ihn in einem sozialen Sinne erst *produziere*: „Die Ästhetik beschreibt die Qualität einer Erfahrung (nicht die Qualität eines Objekts); sie bringt uns dazu, *uns* (nicht nur die Welt) auf jeweils unterschiedliche Weise zu erfahren."

Ich wuchs in den 90ern in einer Kleinstadt am Niederrhein auf. Meine Familie und ich waren Ausländer. Heute würde man wohl sagen: Menschen mit Migrationshintergrund. Aber anders als die tamilischen Asylbewerber im benachbarten Wohnsilo oder die Türken im Arbeiterviertel ging ich auf ein Gymnasium. Ich gehöre zu diesen assimilierten Erfolgsbiografien, von denen man im *ZEITMagazin* lesen kann. Und jedes Mal, wenn ich als Heranwachsender *Manfred Mustermann* hörte und mich von den banal-tragischen bürgerlichen Problemen affizieren ließ, performte ich mein bürgerliches, weißes Selbst. Erst später im Beruf lernte ich, dass diese Performance allzu oft scheitern kann, mir das Weißsein also versagt wird. Und so bleibt mir nichts anderes übrig, als den organischen Intellektuellen zu mimen und mit der Keule vermeintlicher Authentizität über Migranten zu sprechen. Aber die Wahrheit ist, dass ich das dystopische *Electrofaust*-Video auch nur mit einem lustvollen Schaudern genießen kann. Und so schaue ich heute mit Erstaunen auf die Zeit zurück, in der ich **„David, vom Papa die Nase, Mama die Haare, die strahlend blauen Augen von Opa, was für ein Knabe!"** reimte, während ich von einer rheinischen Kleinstadt in die nächste radelte und mich selbst darin wiedersah. In diesem Sinne: Danke an den Topf für eure weißen, bürgerlichen, reflektierten, „normalen" Texte und die wundersame Einladung zum Weißsein.

→   Julian Warner, Jahrgang 1985, ist wissenschaftlicher Mitarbeiter am Institut für Kulturanthropologie der Georg-August-Universität Göttingen. In seinen Arbeiten setzt er sich performativ und wissenschaftlich mit dem Komplex Blackness auseinander.

01

02

01   Die Reisingerstrasse
02   Grafittis im Glockenbachviertel

03

04

05

03	Muffathalle (Heimspiel-Location der Band)
04	Die Bühne in der Glockenbachwerkstatt (erster Auftritt in München, 1993)
05	Schus Nachbar ist ein 60er

ON-OFF-BEZIEHUNG

Mein Verhältnis zu Blumentopf ist ein bisschen wie das eines Kindes zu seinen Eltern. Am Anfang bewundert man sie treudoof, irgendwann kommt man in die Pubertät, findet sie hart peinlich und beleidigt sie aufs Derbste. Wenn man dann erwachsen ist, entwickelt man ein mildes, freundschaftliches Verhältnis zu ihnen. Und noch schlimmer: Man kann ihr peinliches Verhalten von damals auch noch komplett nachvollziehen. Manchmal erkennt man sogar, dass die eigenen Eltern einen nur verarscht haben, weil sie den übergeschnappten Teenager in ihrem Hause nicht mehr ernst nehmen konnten. Nur kann ich mein ambivalentes Verhältnis zu Blumentopf nicht durch die pubertär-durchrasselnden Hormone eines 15-Jährigen begründen, denn ich war genau 15 als *Kein Zufall* erschien. Und damals fand ich die Töpfe hammermäßig. Erst mit Anfang 20 hatte ich mich komplett von ihnen abgewendet. Ich erwischte mich, wie ich klammheimlich Diss-Lines gegen sie feierte.

„Sieh wie ich auf deine Crew scheiß, du frontest MOR während du Blumentopf dann gutheißt" — Kool Savas (2000).

Erst mit Ende 20 hatte ich mich wieder mit ihrer Musik versöhnt und konnte *Nieder mit der GbR* reinen Gewissens gutheißen (übrigens ohne dabei MOR zu fronten). Aber wieso nur diese On-Off-Beziehung? Ich möchte sie mit dem Leben, dem Universum und dem ganzen Rest begründen.

In den Kinderschuhen

Schnitt! Ich bin 15 und fühle mich wahnsinnig krass, als ich mir Kenner-Mucke wie *Kein Zufall* in einem Kenner-Laden wie dem Soundshop in Stuggi kaufe. Klar, ich kenne die Fantas und Fettes Brot. Aber Bands wie Blumentopf und die Massiven Töne sind viel weiter. Sie haben den Deutschrap-Muff der *Vier Gewinnt*- und Advanced Chemistry-

Zeit abgestreift. Sie spucken Doppelreime, die Beats sind smooth, 88 bis 94bpm Kopfnicker-Ware und die Herangehensweise an Themen ist undogmatisch. Aber vor allem sind die Texte der perfekte Soundtrack zu meinem Leben. Mein Leben? Das heißt Skaten, Kiffen, Bier auf Wiesenfesten, erste Küsse, Rap hören — und ab und zu auch mal Schule. Geld und frische Socken kommen von Mum. Ist die Versetzung geklärt, ist alles tutti. #Casper & PrinzPiLife. Kurz: Ich bin ein weißer Mittelschichtsteenie in einer süddeutschen Speckgürtelstadt. Und Blumentopf sind die etwas ältere Hip-Hop-Variante von meiner Clique und mir. Sie verhöhnen die am Hals tätowierten Prolls, mit denen wir uns auf Partys boxen (*Daß ich nicht lache*), goutieren angetrunkene, vermeintlich links-politische Sachbeschädigung (*Fuck the System*) und liefern die Hintergrundmusik für erste spannende Clubbesuche im großen Hip-Hop-Mekka Stuttgart (*Von Disco zu Disco*). Die Liebe hält über *Großes Kino* bis *Eins A* und verblasst dann langsam.

Willkommen im Leben

Schnitt! 2003. Mein Studium in München beginnt. Einige smarte Schwaben geben mir noch ihre wichtige Meinung zu meiner vermeintlich zu vergeistigten Studienfachwahl auf den Weg: „Ha, du musch doch au irgewie Geld verdiene!" Mein Vater hat seit 3 Jahren keinen Job mehr und pflegt meine Großmutter. Deshalb bekomme ich BaföG. Den Rest des finanziellen Zugangs zum teuren Münchner Leben verdiene ich als Barkeeper. In meinem ersten Studentenzimmer fällt andauernd die Gasheizung aus. Das klirrend kalte Wasser im Gemeinschaftsbad steht braun in der Wanne und ich sehe meinen Atem. Im Nebenraum wohnt eine strange alte Kettenraucherin, die Angst vor den anderen Bewohnern zu haben scheint. Zwar beschreiben auch die Töpfe in *Mein Block* München nicht in den rosigsten Farben, aber Holundermann findet ab und zu Süßigkeiten vor der Tür. Das ist von der Alten nicht zu erwarten. Sidos Block liegt mir gefühlstechnisch in diesem Winter näher.

„Mein Block, mein Block, mein Block. Und nicht Blumentopf sein Block" — Sido (2003)

06

06 Der Isarblick von der Corneliusbrücke
07 Bushaltestalle am Gärtnerplatz
08 Der Südfriedhof

07

08

Ich weiß, was ihr jetzt denkt, und ihr habt recht: Mimimimimi, heul doch! Der kleine Mittelschichts-Wicht hat ein paar Wehwehchen (Veve-chen) und hört deshalb lieber bösen Gangsta-Rap als die Geschichten von seinesgleichen! Damn right, bitch! Mit Kool Savas hat es 2000 angefangen. Jetzt rappe ich jede Zeile von Bushidos *Vom Bordstein bis zur Skyline* mit. Klar, MORs tabulose Battleparts, Sidos Drogeneskapaden und Bushidos Gangsta-Flicks sind spannender, archaischer und ungewohnter als Blumentopf. Aber das allein ist es nicht. Es geht auch um ein Lebensgefühl. Es ist die Ära Schröder. Die Arbeitslosigkeit ist hoch und ganz Deutschland scheint zu wissen, dass es mit der Globalisierung nur noch schlimmer werden kann. Outsourcing, wohin man sieht, und überhaupt, werden wir wirtschaftlich erst mal von den Chinesen überrannt, können wir alle einpacken. Schlaumeier werden nicht müde zu betonen, dass es keine Sicherheiten mehr gibt und dass ein Studium auch direkt in die Prekär-Existenz führt. Eine Geisteswissenschaft sowieso. Dauernd muss ich mir anhören, dass ich einmal Taxifahrer werde. Natürlich ist das alles Quatsch und ich bin nie in meiner Existenz bedroht, aber es fühlt sich so an. Ich bin pleite und wütend. Die aggressive, teils auch hedonistische Nur-die-Stärksten-überleben-Haltung der Berliner verfängt deshalb sofort. Stress ohne Grund gegen die wirtschaftlichen Hardships des echten Lebens. Aggro Berlin als Aggressionsverarbeitung. Es funktioniert — bei mir. Blumentopf wirken dagegen wie harmlose Spießer, die nun mit Live-Instrumenten auf *Musikmaschine* herumexperimentieren. Ich habe komplett den Anschluss verloren. Die Topf-Fans tun ihr Übriges: Als meine Kumpel von Creme Fresh die Vorband für die Jungs sind, rufen Idioten immer wieder lauthals „Blumentopf!" in den Gig rein. Danach versuchen mir einige dieser Flachzangen zu erzählen, dass jegliche Art von Gangsta-, Dipset- oder Battle-Rap gleich Boom-Bap-haram ist! Pure Hängengebliebenheit.

„Geh zu Blumentopf, du Obsthändler, zeig deine neuen Tracks gleich mal deinen Großeltern." — Bushido (2004)

Ich bin dann mal weg.

All Good

Schnitt! Es ist Dezember 2012 und ich stehe im Postbahnhof in Ost-Berlin. Wieder sehe ich einem Blumentopf-Voract zu. Edgar Wasser hat mich zur Tour eingeladen. Ich gebe mir anschließend die Live-Show der Töpfe. Sie sind immer noch verdammt souverän. Freestylen besser als alle (außer dem Retrogott) beziehungsweise, dass sie überhaupt freestylen, ist 2012 schon eine Abwechslung. Ich bemerke ihren doch ausgiebigen Hitkatalog und bin bedrückt durch das auf seine Weise sehr melancholische *Manfred Mustermann*. Verrückt, der Song war für mich lange Sinnbild ihrer spießigen Harmlosigkeit. Jetzt finde ich ihn todtraurig. Das Album zur Tour, *Nieder mit der GbR*, wird auch in diesem Jahr nicht mein Lieblingsalbum. Aber ich kann es feiern. Ich denke darüber nach, wie ich Roger im Suff mal sämtliche Diss-Lines gegen die Töpfe vorgerappt hab, keine Ahnung warum. Vielleicht um ihn zu nerven.

„Neben mir sehen Young Buck und Lloyd Banks wie Blumentopf aus." — Pillath (2005)

Ich verstehe mittlerweile auch, warum er darüber nicht so richtig lachen konnte. 15 Jahre lang waren Blumentopf das wichtigste Hassobjekt für einen Teil der Subkultur. Das muss nerven. Sie waren nicht hart, sie waren nicht asozial, sie wirkten vernünftig und nett. Alles NO GOs. Sie waren alles, was wir selbst waren, aber vielleicht nicht immer sein wollten. Was hätten wir nur ohne sie gemacht?

Juse Ju

→ Aufgewachsen in Tokio, verschlug es Juse Ju als Jugendlichen erst in eine schwäbische Kleinstadt und anschließend in die Heimat der Töpfe: München. Heute arbeitet er als Radiomoderator und Journalist in Berlin. Als Rapper ist er seit den frühen 2000ern aktiv. Außerdem hostet er das Battle-Rap-Format Don't let the Label label you.

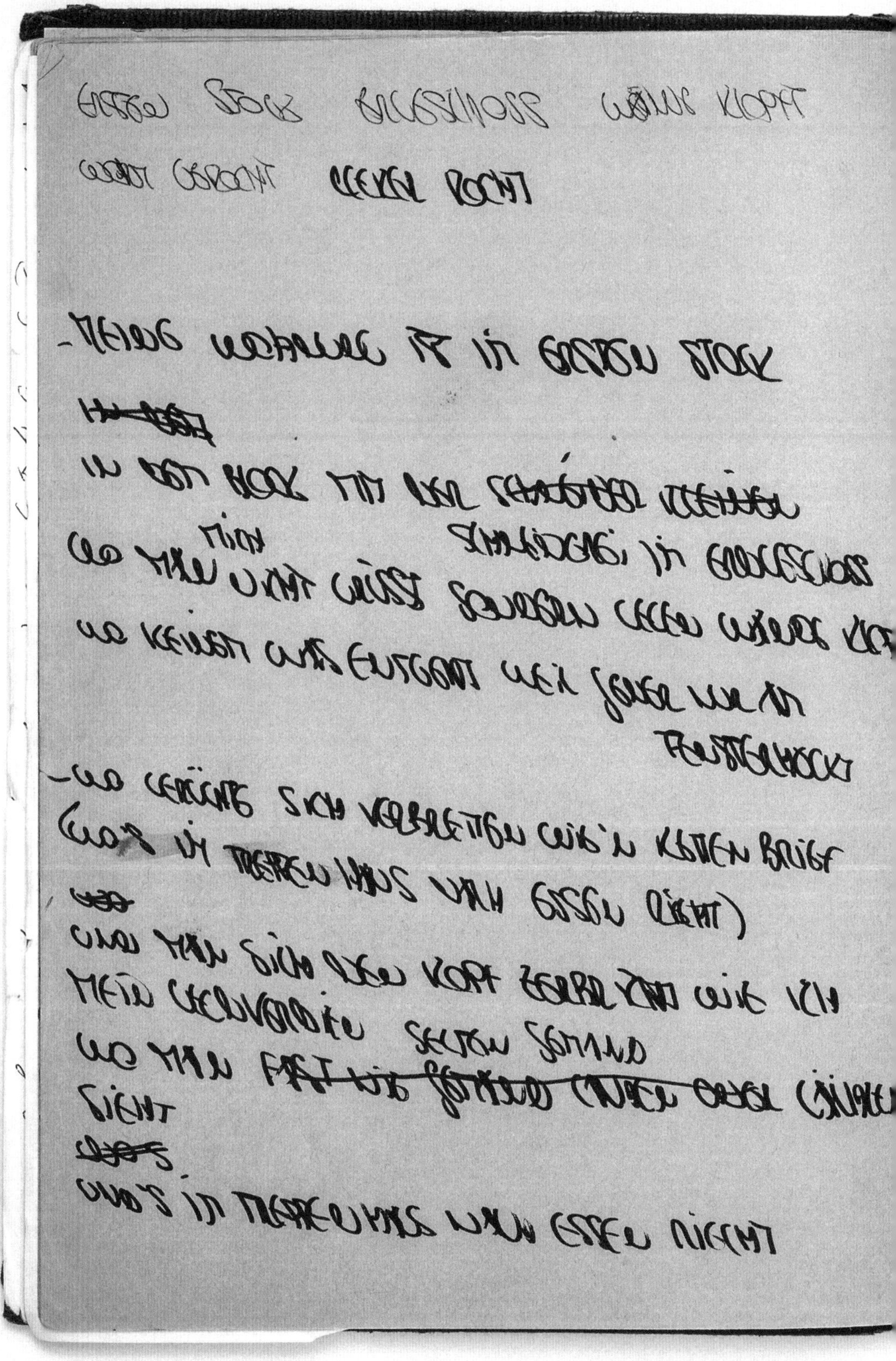

↑ Textbuch Roger *Mein Block*

[handschriftlicher Text, größtenteils unleserlich]

„TRAAAUM"

Wir haben uns über unser gemeinsames Label Four Music kennengelernt. Blumentopf waren für mich die ersten Stars, auf die ich als Kollege getroffen bin. Ich hatte natürlich im Vorhinein ein Bild von den fünf, wusste über die Stimmen, wer der vier MCs wer ist. Ich bin mit der Hip-Hop-Szene groß geworden und habe Bands wie Blumentopf oder Freundeskreis gehört. *Großes Kino* haben meine Freunde und ich richtig abgefeiert. Als ich die Töpfe zum ersten Mal traf, war das wie ein Live-Hörspiel, als würde ich TKKG treffen.

Blumentopf waren die Allerallerersten, völlig berührungsunängstlich, die meinten: „Den Cluesen nehmen wir mit." Eine Bühne oder überhaupt das Gefühl zu bekommen, dass sich jemand aus der Szene für dich interessiert, setzte viel gute Energie frei, die ich für mich nutzen konnte, auch um mein Bühnen-Ego aufzubauen. Wenn man so

ein bisschen anders ist im Hip Hop, macht man unweigerlich einschlägige Erfahrungen. Ich habe mal als Support von Kool Savas spielen dürfen, das war Horror, und das nicht wegen Savas, sondern wegen des Publikums. Die komplette Crowd hat „Fuck You" gerufen. Dagegen war es eine richtige Erholung, vor Blumentopf auf die Bühne zu dürfen. Ich spielte meine ersten großen Konzerte als Support von Blumentopf. Zuvor sind wir auf Hip-Hop-Jams oder Festivals aufgetreten. Da konnte man, wie bei Savas, Pech mit dem Publikum haben. Denn die harten Jungs kamen nicht damit klar, dass man als Hip-Hop-Act mit einer Gitarre auf der Bühne stand. Ich war nicht Fisch und nicht Fleisch. Ich war kein klassischer Hip-Hopper, aber auch noch kein Singer-Songwriter, sondern irgendwo dazwischen anzusiedeln. Die Hip-Hop-Hardcorefraktion hat genau das an mir kritisiert. Für die ganzen Hater war ich nicht tight enough. Ich habe immer sehr gern gesungen, aber ich war in der Hip-Hop-Szene zu Hause und wollte auch Rapper sein. Das alles machte mich zunehmend unsicher. Ich dachte, den Coolness-Gürtel enger schnallen zu müssen. In der Zeit haben mich die Fantas und Blumentopf stark supportet: „Mach nicht auf hart, das steht Dir nicht!" Die haben meine Stimme abgefeiert und das tat natürlich gut, gerade wenn das Leute tun, die man selber feierte. Dazu kamen noch die Liveshows und Studio-Sessions mit dem TOPF, um mich von dem Stereotypen eines Rappers emanzipieren zu können. Es waren einfach die richtigen Leute, die Band und das Publikum. Wenn man anfängt, braucht man ein Publikum, das sich auch mal auf etwas anderes einlassen kann. Der TOPF hatte ein geiles Publikum. Das Publikum spiegelte genau die Denkweise der Töpfe wider: leichte Ironie und der Hang zur Übertreibung. Aus dieser Attitude heraus ist auch einer unserer gemeinsamen Songs, *Kann man nich lern*, entstanden. „Ja, wir sind nice, smooth, immer im Groove. Alle schauen genau darauf, was wir tun, weil sie gerne so wären, aber Charme, Style, Temperament und den richtigen Riecher für jeden Moment, so was kann man nich lern." Dem TOPF-Publikum musste man die Ironie nicht erklären. Das fand ich geil. Und die Zeit mit dem TOPF war das Zünglein an der Waage, dass ich mich als Sänger sehen konnte.

Aber das Allergeilste an den Töpfen war deren gemeinsame Plattensammlung im Studio. Das war eine ganz besondere Vinylansammlung: Die hatten eine Top 50 der Unhörbarkeit. Es war eine Anhäufung der mitunter übelsten und kuriosesten Tonträger, die ich je gesehen beziehungsweise gehört habe. Tic Tac Toe war dabei oder Trooper Da Don. Wir haben eigentlich jedes Mal vor einer unserer Sessions einige der Goldstücke gehört und hatten riesigen Spaß dabei. Wenn wir nicht schlechte Musik hörten oder gute Musik machten, waren immer Spiele und Challenge angesagt, was eindeutig von den Münchnern ausging. Der TOPF war auch mehrmals zu Besuch im Zughafen. Der Zughafen war meine Kommune. Auf drei Etagen befand sich auf dem Gelände des alten Güterbahnhofs in Erfurt ein Netzwerk für Kreativschaffende, Musikstudios, ein Technik-

verleih und sogar ein kleines Hostel. Aber für die Töpfe war das wohl wichtigste Item unsere Tischtennisplatte. Und wann immer einer gewann, hörte man „Ein Traum!" — „Traaum!" Eigentlich gab es immer ein bestimmtes Wort, das sie ständig — gerade Cajus und Roger — benutzten und zu jedem Anlass versuchten gekonnt einzubauen. „Traaaum" hat sich so eingebrannt, dass, als sie schon längst abgereist waren, das Wort wie ein Ohrwurm ständig im Zughafen präsent war. „Traum, Traaaum" wurde zum Albtraum, das haben sie sozusagen immer dagelassen, irgend so einen Spleen, den sie alle gefahren haben.

Clueso

→ Clueso, Jahrgang 1980, benannte sich nach der Figur des genial-vertrottelten Inspektor Clouseau aus den *Rosaroter Panther*-Filmen. 2001 erscheint auf Four Music sein erstes Album *Text und Ton*. Blumentopf begleitete er als Support auf der *Musikmaschine*-Tour. Gemeinsam entstanden verschiedene Tracks in München und in Erfurt.

↑ Clueso bei der Aufnahme-Session im TOPF-Studio in München

WELTRETTEN VIER MINUS

Stilistische Bandbreite zeichnete uns in all unseren Rap-Projekten aus. Lexikon MZeeh und MC Klopedie von den „Mikrofonisten" waren whack MCs — lang, bevor es Studentenrapper gab. „Das Kleine Dreimaleins" lieferte Kommerz-rap vom Feinsten, Gottlieb Killah und Inspectah Becks rockten unser Vorprogramm und „Da Morgenstern" berichtete von den harten Bord-steinen des Münchner Speckgürtels. Selbst-verständlich hatten wir auch einen linkspolitisch-militanten Arm: „R.A.F." — die „Rap-Attacke-Freising". Und auch wenn die Gnade der rechtzeitigen Geburt uns davor bewahrt hat, dass das Frühwerk unserer Hauptband „Da Blumentopf"- via youtube überliefert wurde: Songtitel wie *Grabschändung in Ägypten*, *Toleranz* oder der nie veröffentlichte Welthit *Gangsta Ossi* sprechen eine deutliche Sprache. Wir nahmen unsere Rolle als Stimme einer Generation von Beginn an ernst und machten auch vor kontroversen Themen nicht halt.

Wir verpackten die gesellschaftskritischen Inhalte nur etwas anders. Denn in unserer Bandfindungsphase hatten wir vor allem gelernt, wie wir es *nicht* tun wollten: So wie der Rest. Die Hip-Hop-Ernsties, die mit verbissener Verzweiflung ihre Kultur vor der Kommerziali-sierung bewahren wollten. Wir gingen das alles entspannter an. Für uns war *Die Da* keine feindliche Übernahme. Und *Fremd im eigenen Land* und *Ahmet Gündüz* einfach nur gute Songs. Dass Bands in Adaption des „CNN of the Ghetto"- Motivs von Chuck D den Transport politischer und sozialkritischer Inhalte als Legitimation für Rap in Deutschland überhaupt betrachteten, mussten wir nicht ernst nehmen. Denn die Frage nach der Daseinsbe-rechtigung hat sich uns nicht mehr gestellt, 1992/93 war Hip Hop längst hier. Wir dachten nicht nach, was Hip Hop hierzulande sein könnte, wir machten ihn einfach. Und wenn die Botschaft wichtiger als der gute Song war, stellten sich uns die Nackenhaare auf. Denn wo die bösen Faschos, Bullenschweine oder Kapitalisten mal wieder in Abwesenheit durch ein kollektives „Fuck You!" bekämpft werden sollten, sahen wir statt politischen Aktivisten nur mittelmäßige MCs im verzweifelten Kampf um Publikumsresonanz. „Gebt mir ein ‚Nazis raus'!" auf einem Hip-Hop-Jam? Ganz schön mutig! Stagediven zu „Bundestag brenn!" war nicht unser Ding, und spätestens als uns Phase V im Vorprogramm von WU-Tang auffor-derten, im nächsten Chorus doch bitte gegen Kindesmisshandlung zu springen, wussten wir: So einfach war das weder mit den klaren Ansagen noch mit dem Weltverbessern.

„Die Welt wird nicht einfach besser, nur weil sie sich dreht, ja man bewegt nichts, wenn man sich selber nicht bewegt!"

Wir näherten uns den Themen vorsichtiger. In *Mach was* setzt Schu den Hebel dort an wo man am einfachsten etwas bewirken kann: in der eigenen, kleinen privaten Welt. Und Cajus und Roger flüchteten sich angesichts der beschränk-ten Reichweite des eigenen Tuns ins Absurde: Die Welt wird nicht einfach besser, nur weil sie sich dreht? Einfach die Erdrotation stoppen, Problem gelöst. Weltretten 4- statt großem Sendungsbewusstsein.

Die Flucht in die Ironie war sicher auch Eingeständnis des eigenen Scheiterns, sodass Kritik immer Selbstkritik mit einschloss. Wie sollte man auch glaubwürdig Kritik üben, wenn man sich selbstreflektiv als Teil des Problems sah? Say „Fuck the System?" „Wenigstens n' bisschen!", freestylten wir auf einem Reggae-Konzert vom Publikum aus die relativierende Antwort. Denn wer war eigentlich genau dieses „System"? Und waren wir womöglich längst eine Teil davon? Doch wer so sympathisch die eigene Revoluzzerpose als romantische *Teenage Rebellion* entlarvt wie Roger und Schu in *Fuck the System*, dem kaufe ich auch gerne das Begräbnis von Omas Pelzmantel als naiven idealistischen Akt ab:

„Zwei schlechte Linke mit 'ner guten Rechten gegen das System, wir ham's ihnen allen gezeigt — aber keiner hat's gesehn."

Treffer versenkt. Mit Humor ging alles leichter. Gesellschaftskritik auch ironiefrei zu äußern, war sehr viel schwieriger und funktio-nierte am besten auf authentisch-persönlicher Ebene, wie etwa vom Teilzeit-Teppichlager-arbeiter Schu in *Neben dem Ton*.

Und wie man auch die großen Themen ganz nebenbei im Rundumschlag abhandelt, haben Schu und Janna in *Da läuft was schief* vorgemacht:
„Wenn ihr mich batteln wollt, dann rat ich,

dass ihr das lieber lasst, denn meine Disse sitzen so wie Ausländer in Abschiebehaft! Und ganz genauso wie Verfahren gegen Rechtsradikale dauert meine Rap-Karriere nun schon etliche Jahre."

Gänsehautmomente, wenn eine (genau wie wir selbst) in Designer-Turnschuhen steckende Muffathalle mit Janna in den Chorus einstimmte:

"Mikrofon und MCs sind nicht zu trennen wie Religionen und Krieg. Da läuft was schief. Ja wir und das Mic sind nicht zu trennen wie Nike und Kinderarbeit. Irgendwas stimmt hier nicht."

Dass auch ein kollektives, von der Bühne aus animiertes "Nazis raus!" unter Gleichgesinnten eine relevante Botschaft aussenden kann, habe ich erst auf der vom Stern und der Amadeu Antonio-Stiftung initiierten Hip Hop gegen rechts Tour verstanden, bei der wir zusammen mit Torch, Clueso, D-Flame und Spax in Dessau und Eberswalde gespielt haben. Im Kontext einer von Rechten dominierten Jugendszene war es wichtig, sich lautstark zu verdeutlichen, dass man als weltoffener, aufgeschlossener Jugendlicher eben nicht alleine steht. Traurig, aber wahr.

Die eigenen Widersprüche zu artikulieren und auszuhalten haben wir zusammen mit unserem Publikum gelernt. Stilistisch hatten wir uns dabei von Kein Zufall bis zu Gern geschehen vom Ironisch-Absurden zum Direkt-Konkreten entwickelt. Doch wenn die expliziten Querverweise im tagesaktuellen Kontext wie bei Danke Bush wunderbar funktionierten, litten sie auf Alben unter ihrer kurzen Halbwertszeit.

"Und ich bin nicht allein, Herr Bush, ganz Deutschland ist dankbar, denn wären Sie nicht so aggressiv, hätten wir Stoiber als Kanzler, und wenn's 'ne Frage gibt, in der sogar Herr Schröder konsequent bleibt, ist das nur eins Ihrer vielen Verdienste um die Menschheit."

Und was in unserem Wahlwerbespot 2009 mit der Zeile "Du fragst dich, wann die Wahl mal Stefan Raab moderiert" noch als absurder Gag angelegt war, wurde eine Bundestagswahlperiode später 2013 bereits Realität, als Stefan Raab gemeinsam mit Anne Will tatsächlich das ARD-Duell zwischen Angela Merkel und Peer Steinbrück leitete.

Vielleicht hatte es auch damit zu tun, dass wir auf unseren letzten beiden Alben die Kritik wieder etwas abstrahierten. Statt durch die Welt ziehen zu wollen wie deutsche Soldaten, ließ

Schu nun seinen "Euro in Camouflage durch Afghanistan" robben. Und Roger zelebrierte fast schon poetisch den täglichen Wahnsinn einer Welt, in der vorgeblich alternativlose Politrezepte als einzig vernünftige Antwort auf den neuen Krisen-Dauerzustand verkauft wurden. Ein erwachsen gewordener schlechter Linker, der die Sprühdose aus dem alten Backpacker-Rucksack kramt, um das große rote A an die teilgentrifizierten Wände seines Viertels zu malen:

"Komm, wir feiern den Weltuntergang. Ruf deine Kumpels an. Die Mädels natürlich auch. Wir grillen heut ein Unschuldslamm. Stürm' mit hundert Mann die frohe Botschaft, mit der Bitte um Asyl plus 'ner Flasche Coca Cola. Komm, wir kippen Wodka in die Saftläden und fäll'n Entscheidungen ganz einfach durch Absägen."

Und statt uns am allgegenwärtigen Rettungswahn zu beteiligen, beschränkten wir uns auf Bestandsaufnahmen:

"Die Wirtschaft brummt, das Kapital erfüllt sich heut 'nen Wunsch, auf Phoenix läuft: ,Liebling, ich hab die Körperschaftssteuer geschrumpft!' Du wirst alt! Wieder nur Tote gestrandet in Lampedusa, mach dir besser Sorgen um deine Rente, verdammter Loser! ... Und es läuft Silbermond im Radio, Dieter Bohlen macht 'ne Castingshow, alte Männer tragen Sonnenbrille und fahren Cabrio, keine Angst, keine Sorge, alles wie gewohnt."

Weltretten Fehlanzeige. Die Message? Lieber Denkanstöße geben als Erklärungen. Sogar die Fragen muss man selber stellen. Wie gehen wir damit um, dass in unserer wunderbaren Welt die einen im Paradies mit Schildkröten schwimmen während die anderen permanent "auf's Maul" kriegen?

Das Schlussfolgern auf dem letzten Album dem Hörer zu überlassen, ist vielleicht nicht die schlechteste Variante für eine Band, die schon auf dem ersten Album klare Wunschvorstellungen vom Zusammenspiel zwischen Crowd und MCs formuliert hat. In diesem Sinne:

"Ich will bezahlbaren Eintritt und ein Publikum, das mitdenkt. Mehr Lieder mit Sinn, der tiefer geht, als mein Schritt hängt."

Wunder

ROADTRIP

Ich bin ein Hippiekind. Mein Vater lebt noch heute auf einer Pferderanch in Kalifornien, meine Mutter hatte ihn auf einem spirituellen Treffen in San Francisco kennengelernt. Ich wuchs in Kalifornien auf, bis meine Mutter mit mir nach Deutschland zurückkehrte. Aber jeden Sommer verbrachte ich dort, lief mit meinen Cowboystiefeln durch die Gegend, fuhr auf Laderampen von Pickup Trucks durch die Wildnis.

Im Sommer 2003 — ich war gerade an der Filmhochschule München angenommen worden — schenkte mir mein Vater mein erstes Auto: einen alten weißen Buick.

Kurz vor meiner Abreise nach Kalifornien nahm ich mit Flo mein erstes Blumentopf-Feature *Da läuft was schief* im Studio auf und lud ihn ein, mich auf der Pferderanch zu besuchen.

Als Flo dann wirklich kam, machten wir uns mit meinem alten Buick und meiner neuen MiniDV-Kamera auf einen Roadtrip, ohne bestimmtes Ziel, nur um zu sehen, wohin uns das führen würde.

Obwohl Flo viel lieber einen gechillten Urlaub mit mir verbringen wollte, hatte ich die fixe Idee, unseren Trip zu dokumentieren und ein Musikvideo daraus zu machen (eines unserer ersten von vielen, die noch kommen sollten).

So ließen wir uns treiben und stoppten, wann immer wir wollten, rappten und sangen *Da läuft was schief* und filmten uns mitten im *nowhere* mit der Kamera auf dem Stativ.

Und dann wieder on the road durchs Death Valley mit seinen leuchtenden Sanddünen und verlassenen Geisterstädten an der Grenze zu Nevada. Heißer Wind im Gesicht.

Coffee to go an Trucker-Tankstellen. Motels. Und immer wieder nichts. Lange Strecken nichts. *Woman driving, man sleeping* — Flo hat keinen Führerschein.

Unsere letzte Station war Los Angeles, die sonnenverwöhnte Stadt der geplatzten Träume. Ein Riesenmoloch. Wir hatten keinen Bock auf Smog und Höllenstau und fuhren auf dem Highway 1 wieder zurück, die Küste entlang in Richtung des Hippieorts Bolinas, zur Pferderanch meines Vaters.

Morgens um zehn waren wir kurz vorm Ziel. Am Ende von Highway 1 fuhren wir an der T-Gabelung vorbei, die schilderlos ist (seit 30 Jahren schrauben die Bewohner unbeirrt jedes neu angebrachte Ortsschild wieder ab, um sich vor Fremden abzuschotten). Als wir in Bolinas ankamen, schepperten schon The Greatful Dead aus Smiley's Saloon.

Wir holten uns im People's Store Wraps und setzten uns an den Strand auf die Poet's Wall mit dem Graffiti „Poetry only". Vor uns lag das weite Meer.

Janna

→   Janna Ji Wonders, geboren im kalifornischen Mill Valley und groß geworden in Bayern, ist Filmemacherin und Musikerin. Janna ist neben *Da läuft was schief* noch auf *Du & Ich*, *Sie tanzt die Nächte durch* und *Mein Dein* zu hören. Außerdem drehte Janna mehrere Musikvideos für den TOPF wie *Da läuft was schief*, *Die City schläft*, *Du & Ich*, *Taschen voller Sonnenschein*, *SoLaLa* und *Rosi*. Gemeinsam mit Schu gründete sie die Band YA-HA!

01

01 Warten wegen Visaproblematik am Grenzübergang
Israel-Jordanien
02 Domino spielen in einem Straßencafé in Alexandria
03 Konzertwerbung auf einem Linienbus in Nazareth

02

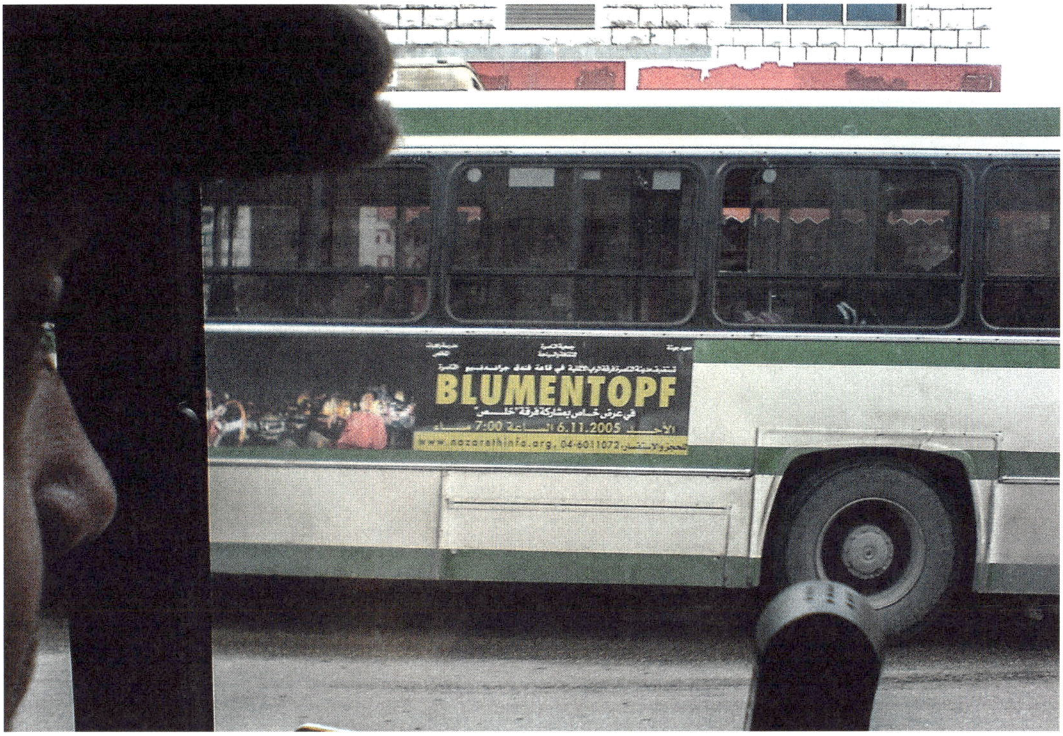

03

04 Grenzübergang Westjordanland
05 Schach spielen im Wüstencamp in Wadirum
06 Konzertankünding in Kairo
07 Wüstentour Wadirum

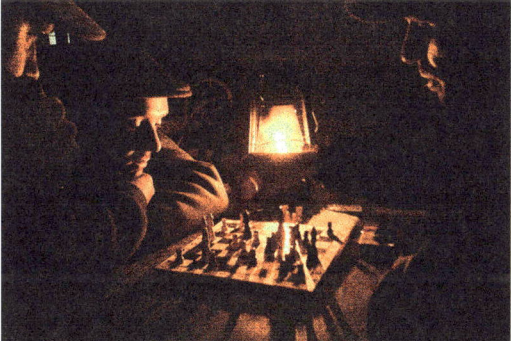

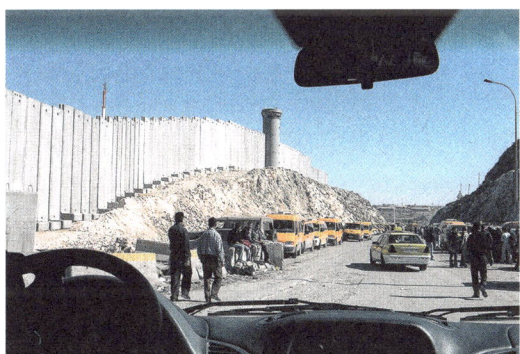

04

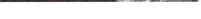

05

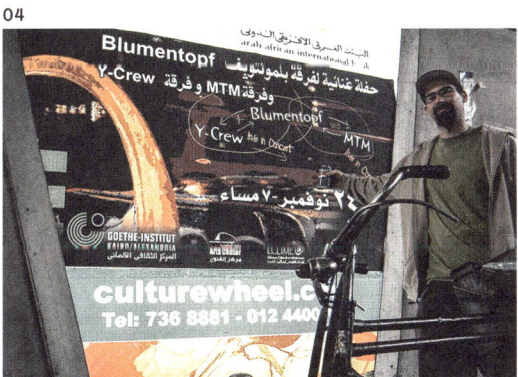

06

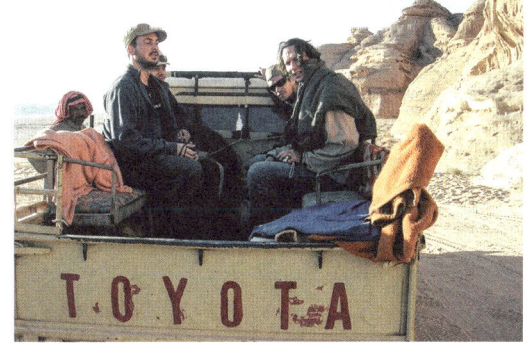

07

08

09

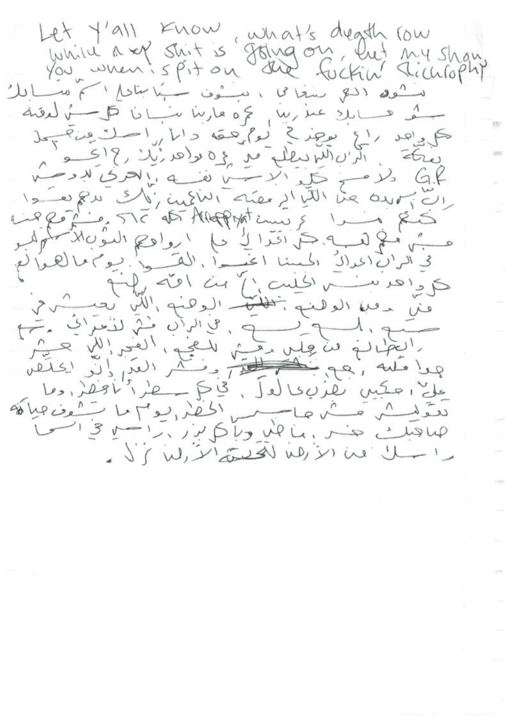

10

08	Crowd in Kairo
09	Aufnahme-Session mit Y-Crew, Alexandria
10	Y-Crew Textblatt
11	Konzert mit Ashekman in Beirut

Macht Platz

وسع

إيه النظام؟ وسع! إحنا جايين
تعالوا معانا أو اتأخروا وإبعدوا عن الطريق
وسع وسع ،إحنا ناس جامدين
يأما تيجي معانا يأما تبعد عن الطريق

علي الصوت لو عاجباك يا جميل
أغانينا جامدة للجدعان مش للفرافير
لو سمعتم كويس هيعجبكم كتير
احنا بنعمل أغاني حلوة ونبيعها بالجملة زي الفطير
خلوا بالكم، دلوقتي هنلبن المكان
مش هتشوف حاجة زي دي في حتة تاني، إوعى تنام
أحنا عارفين كل حاجة زي النشرة اليومية
بنفههها وهي طايرة وهي معدية
خلي بالك، ده مش مجرد بيتbeat
هنفرقع المكان،لما نغني، زي الديناميت

إيه النظام؟ وسع! إحنا جايين
تعالوا معانا أو اتأخروا وإبعدوا عن الطريق
وسع وسع ،إحنا ناس جامدين
يأما تيجي معانا يأما تبعد عن الطريق

البيت beat بتاعنا زي الأدرينالين
هتحتاج بعديها ميعاد مساش massageعند الطبيب
مامتاك مش عاجباها حال الولاد
وبابا بيزعأ وبيلعن كمان
علشان ما سمعناش الكلام واتأخرنا على الميعاد
وجدتي عمالة تقول يا خسارة، يا خسارة
الواد اتجنن ، والتعليم راح هدارة
كل الرابرس التانيين
أولهم يروحوا يلعبوا بعيد
احنا في البيت واحنا جامدين
احمي ودانك من كتر ما الأغنية جامدة
البس خوزة واستريح شوية
احنا هنطيرك من مكانك البس الحزام
ما فيش حد هيوقفتا، إوعى يامان

إيه النطام؟ وسع! إحنا جايين
تعالوا معانا أو اتأخروا وإبعدوا عن الطريق
وسع وسع ،إحنا ناس جامدين
يأما تيجي معانا يأما تبعد عن الطريق

حط التلج في الكبايات
علشان هنبدأ نولع في المكان
الكل بيرقص، الكل عرأان
استني، استني، قبل ما تسمعنا، سخن شوية

NAZARETH, BETHLEHEM, AMMAN, EXPLOSIONEN, SCHOCK

12

Es ist der 9. November 2005, die Jungs sind auf Einladung des Goethe-Instituts gerade in Jordanien — und stecken plötzlich mitten im Terror. Als die Band gerade beim Abendessen im Hotel sitzt, erreicht sie der Anruf: Bombenanschlag in einem benachbarten Hotel. Kurz darauf die Nachricht von zwei weiteren Selbstmordattentaten. In der Hotellobby geht das Licht aus, der Barpianist spielt schein-bar unbeteiligt weiter, die Jungs fahren hoch in ihre Zimmer. Erst mal sammeln und realisieren, was da gerade passiert ist. Dann die besorgten Freunde und Verwandten zu Hause beruhigen. Durchatmen. Krisensitzung. „Wir haben den Fernseher angemacht und CNN geschaut. Die Bilder, die in den Nach-richten gezeigt wurden, haben wir beim Blick aus dem Fenster gesehen. Fernsehen ist plötzlich zur Realität geworden." Auch mehr als zehn Jahre später erinnert sich Sepalot noch an unzählige Details dieser Reise und jener Nacht.

Von den Anschlägen betroffen sind die Fünf-Sterne-Hotels Radisson SAS, Grand Hyatt und Days Inn in Amman. Direkt ans Grand Hyatt grenzt das Zara Expo Center, wo die Töpfe wenige Tage später auftreten sollten. „Eigentlich wollten wir uns noch am Abend die Location ansehen", erzählt Sepalot. „Wegen Visaproblemen eines Crewmitglieds hatte sich an den Checkpoints in der israe-lisch-jordanischen Grenzregion aber alles um Stunden verzögert. Als wir endlich in Amman ankamen, waren wir völlig erschöpft, deshalb sind wir gleich essen gegangen." Eine ver-mutlich lebensrettende Entscheidung.

Etwa 60 Menschen sterben bei den An-schlägen am 9. November, mehr als 100 werden verletzt. Bereits am nächsten Morgen liegt ein Bekennerschreiben der Terror-organisation Al-Qaida vor, als Drahtzieher gilt der Jordanier Abu Musab al-Zarkawi. Also lieber Schluss mit musikalischer Völker-verständigung? Die Nahost-Reise hatte erst am 5. November angefangen, sollte nach Israel, den Palästinensergebieten und Jordanien noch bis zum 26. November weiter-gehen, in den Libanon, nach Syrien und Ägypten. „Wir dachten eigentlich, Jordanien sei auf dieser ganzen Reise das sicherste

13

12   Am Tag nach dem Anschlag
13   Keine Einreise nach Syrien möglich wegen „falscher"
     Stempel im Pass, Hotellobby Beirut

Land. Nach den Explosionen blieben wir erst mal auf dem Zimmer und haben Nachrichten geschaut, bis die Ansage von der Botschaft kam, dass man sich besser irgendwo privat eine Unterkunft suchen soll, also sind wir in der Nacht noch umgezogen." Vorbei an Sirenengeheul, Straßensperren und jeder Menge Militär überall macht sich die achtköpfige Crew auf ins Haus von Thomas Lier, dem damaligen Leiter des Goethe-Instituts.

Bereits kurz nach den Anschlägen melden sich Politiker aus der ganzen Welt zu Wort und verurteilen die Taten scharf. Tausende Jordanier gehen am Tag danach auf die Straße und demonstrieren gegen den Terror: Sie wollen sich nicht einschüchtern lassen. Die Band lässt sich auch nicht einschüchtern. Sie erleben jetzt das, was für viele Teilnehmer der Workshops Alltag ist: Ausnahmezustand. Bei den Reisen geht es zwar auch immer darum, deutsche Sprache und Kultur zu vermitteln, genauso wichtig ist es den Jungs aber, zusammen mit den Einheimischen eine gute Zeit zu haben. Vom Ausnahmezustand abzulenken.

Das für den 12. November in Amman geplante Konzert mit den „Freestyle-gestählten deutschen Rappern", wie es auf dem Flyer heißt, wird aus Sicherheitsgründen gestrichen. Der Workshop findet trotzdem statt — und zwar in Thomas Liers Wohnzimmer. „Die Session endet in dem wohl exklusivsten Blumentopf-Konzert ever: Vier Workshop-Teilnehmer, drei Mütter plus Thomas mit Frau und Kind", erzählen die Jungs später. Nach dieser positiven Erfahrung geht es weiter, ein mulmiges Gefühl fährt mit. Statt in großen Hotels übernachtet die Band jetzt lieber in kleineren Unterkünften. Ansonsten läuft wieder alles weitestgehend wie geplant.

Im Libanon produziert Blumentopf mit der lokalen Rapcrew Ashekman den *Beirut Mixdown*. Der Sound ungewohnt, die Texte beeinflusst von der Reise. „Ich bin nicht zu stoppen durch Flugangst und schlechtgelaunte Zollbeamte, ich fahr weiter wie ein Auto an der roten Ampel, denn der Sound, den wir representen, kennt weder Mauern aus Stein noch Checkpoints oder Ländergrenzen", heißt es darin und weiter: „Daheim denken 'ne Menge Menschen schlecht von hier, sie sehen auf CNN die Bomben explodieren, doch wissen nix wie die Kinder in der Unterstufe." In Ägypten entsteht der Song *Alexandria* mit der Y-Crew — die Jungs streuen ein paar arabische Wörter ein. Die ägyptischen Gastrapper verstehen sie zwar nicht, zusammenpassen tut es trotzdem gut. Völkerverständigung vom Feinsten, die Eindrücke der Reise — übrigens die einzige Goethe-Institut-Reise, bei der die gesamte Band dabei ist — graben sich tief ein. Sepalot vermutet Jahre später, dass sich die Band und die Musiker im Einzelnen mit der Nahost-Reise für die weitere Zusammenarbeit mit dem Goethe-Institut qualifiziert haben. Es folgen Trips nach Bolivien oder Marokko, Sudan oder Togo, Weißrussland oder Westafrika. So ereignisreich wie die Reise im November 2005 ist danach wohl keine mehr gewesen.

→   Ingrid Fuchs ist Journalistin und arbeitet im München- und Bayern-Ressort der *Süddeutschen Zeitung*.

2006
→ RAPORTAGEN ZUR FUSSBALL-WELTMEISTERSCHAFT IN DEUTSCHLAND (ARD)
→ AUS „HEINEMANN" WIRD „CAJUS"
→ SINGLE *HORST* (FOUR MUSIC)
→ LP *MUSIKMASCHINE* (FOUR MUSIC)
→ SEIT *MUSIKMASCHINE* MIT LIVEBAND (LES DIDIERS) AUF DER BÜHNE
→ *MUSIKMASCHINE*-TOUR TEIL 1, SUPPORT: VIERZUEINS

2007
→ *MUSIKMASCHINE*-TOUR TEIL 2, SUPPORT: CREME FRESH
→ SINGLE *DIE CITY SCHLÄFT* (FOUR MUSIC)
→ FEATURE *KOOL!*, AUF *SUAVE AND FRIENDS* (NICO SUAVE, BOCK AUF'N BEAT)
→ SONG *AMERIKA*, AUF *SKANDAL! 30 JAHRE SPIDER MURPHY GANG. MIR FEIERN A BAYERISCHE BAND* (VARIOUS ARTISTS, SONY BMG)

2008
→ SEPLAOT: LP *RED HANDED* (COMPOST RECORDS)
→ RAPORTAGEN ZUR FUSSBALL-EUROPAMEISTERSCHAFT IN ÖSTERREICH UND DER SCHWEIZ (ARD)
→ ROGER: LP *ALLES ROGER (FOUR MUSIC)*
→ ROGER: WESTAFRIKA-REISE AUF EINLADUNG DES GOETHE-INSTITUTS MIT ROGER REKLESS
→ DIE BLUMENTOPF SHOW (RADIOSENDUNG AUF ON3/PULS)
→ CAJUS: LP *PLANET CAJUN* (FLOWN' FLAVA)
→ SEPALOT: BOLIVIENREISE AUF EINLADUNG DES GOETHE-INSTITUTS
→ CAJUS: REISE DURCH SÜDLICHES AFRIKA AUF EINLADUNG DES GOETHE-INSTITUTS

2009
→ PLATTENVERTRAG BEI EMI
→ CAJUS UND SEPALOT: SUDANREISE AUF EINLADUNG DES GOETHE-INSTITUTS
→ ROGER: MAROKKOREISE AUF EINLADUNG DES GOETHE-INSTITUTS MIT ROGER REKLESS UND BAND
→ SONG *BLUMENTOPF WAHLWERBESPOT* ZUR BUNDESTAGSWAHL 2009 FÜR DIE BUNDESZENTRALE FÜR POLITISCHE BILDUNG
→ ROGER: BELARUS-REISE AUF EINLADUNG DES GOETHE-INSTITUTS MIT ROGER REKLESS
→ SEPALOT UND ROGER: BELGIEN / LUXEMBURG-REISE AUF EINLADUNG DES GOETHE-INSTITUTS
→ FREESTYLE TOUR, SUPPORT: CREME FRESH, TIM PLUS, DOPPEL D, ORANGE SON, FLEUR EARTH

2010
→ KONZERT MIT HR-SINFONIEORCHESTER (MUSIC DISCOVERY)
→ WIR ROCKEN TOUR, SUPPORT: TIM PLUS
→ REISE NACH SÜDAFRIKA GEMEINSAM MIT SKATE AID

Cajus

Roger

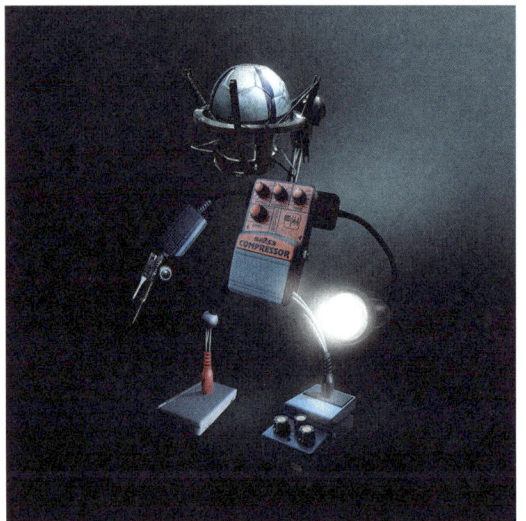

Schu

Sepalot

Wunder

Wir lösten das alte Studio auf und zogen ein paar Straßen weiter in den nächsten Keller. Cajus und ich aka „Pfusch und Co." zogen Trennwände und setzten Türen ein, um den Keller in ein Studio zu verwandeln.

Die kreative Uneinigkeit, die mit *Gern geschehen* angefangen hatte, erreichte mit *Musikmaschine* ihren Höhepunkt. Jeder wollte in eine andere Richtung. Im Nachhinein kann ich ganz klar sagen, dass wir das große Ganze aus den Augen verloren hatten. Blumentopf bestand zu dieser Zeit in erster Linie aus fünf Solokünstlern — und nach *Musikmaschine* veröffentlichten Cajus, Schu, Roger und ich auch direkt eigene Alben.

Um aber doch eine gemeinsame Basis zu schaffen und alte Gewohnheiten aufzubrechen, schnallte sich jeder von uns ein Instrument um und wir versuchten auf diese Weise einen gemeinsamen Ansatz zu finden.

Schu am Bass, Cajus und Roger an den Gitarren, Wunder am Keyboard und ich am Schlagzeug — so sahen unsere Studio-sessions aus. Wenn wir ein paar gut klingende Takte hatten, dienten diese als Basis für den nächsten Track. Auf *Musikmaschine* gab es zum ersten Mal Instrumentals von uns allen. Das Ergebnis war ein Album mit tollen Songs, aber ohne richtiges Profil.

Sepalot

01

01	Korg Delta (Analog-Synthesizer)
02	Gitarre
03	Snare Drum
04	Dubplate für Live-Shows
05	Roland SP404 (16Bit-Sampler und Workstation)

↑   Studio-Session mit Les Didiers

02

03

04

05

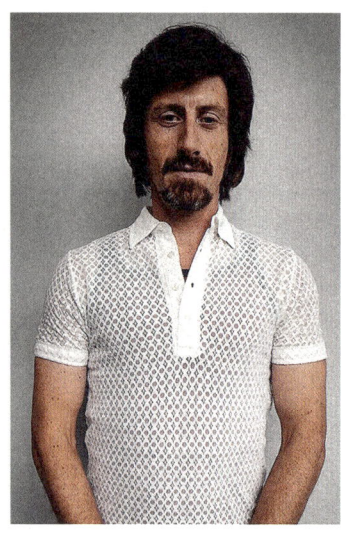  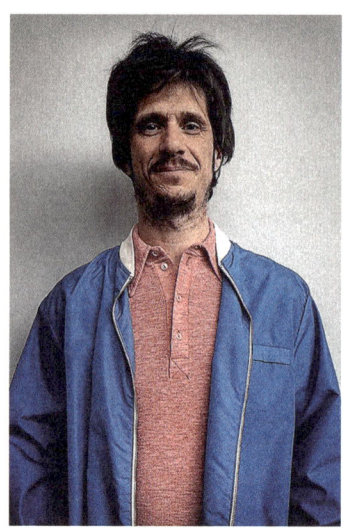

MESSI ÖZIL

Es gibt keine guten deutschen Fußballsongs.

Ein Satz, der leicht über die Lippen geht. Allein schon deshalb, weil man ihn zigmal gehört hat. Er gehört zum Fußballkultur-Bullshit-Bingo. Zu den Dingen, die Leute sagen, damit es so aussieht, als hätten sie Ahnung. Und das sowohl vom Fußball als auch von der Musik. Nun ist der Fußball wie die Musik eine höchst emotionale Angelegenheit. Gerade dann, wenn man als Fan an die Sache herangeht. Vor Expertenmeinungen sind beide dennoch nicht gefeit.

Zugegeben, ein *Gute Freunde kann niemand trennen* verliert selbst für den enthusiastischsten Fan deutscher Fußball- und Liedkultur deutlich gegen ein *Football's coming home*. Und auch neuere Versuche wie das furchtbare *Schwarz und Weiß* von Oliver Pocher oder das Lied zur EM 2016 von Herbert Grönemeyer und Felix Jaehn — alles gute Argumente für ebenjene, die sagen: Fußball spielen können die Deutschen vielleicht, darüber singen sicher nicht.

Singen vielleicht nicht, dafür aber rappen. Das, was Blumentopf als Raporter seit der WM 2006 an deutscher Fußballmusik an den Start gebracht haben, gehört für mich zum Besten, was musikalisch überhaupt zum Fußball gemacht wurde.

Das Spiel gegen Polen, es war der Wendepunkt. Die Euphorie war da, klar, aber Klinsi, Jogi, Schweini und Poldi — all diese nationalen Verniedlichungen wären vielleicht nie zum deutschen Kulturgut geworden, wäre das Spiel anders ausgegangen und Deutschland in der Vorrunde ausgeschieden.

Es war knapp, es war spannend und genau diese Spannung kommt auch heute noch rüber, wenn man sich die RAPortage dazu anhört: „'N Fußballkrimi so wie dieser, der war lang nicht da / Ja, das packt sogar unsere Angela." Diese Zeilen triggern noch immer genau die Emotionalität zwischen Bangen und Euphorie, in der ich damals war. „Und dann einmal Latte (Oh!), zweimal Latte (Oh!), Tor Odonkor, Abseits, Kacke!" Blumentopf hat damit etwas geschafft, das über das eigentlich Musikalische hinausgeht. Sie sind ihrer Aufgabe als Raporter gerechter geworden als

↑ Videodreh RAPortage WM 2014

mancher Reporter. Was sie ganz nebenbei auch noch geschafft haben: im Fahrwasser der nationalen Fußballbesoffenheit eben nicht zu Trittbrettfahrern des Hypes zu werden. Seit der WM 2006 hat es in Deutschland eine Verschiebung in der Fußballwahrnehmung gegeben, gerade in Bezug auf die deutsche Nationalmannschaft. War Fußball vorher noch immer etwas Prolliges, wurde er durch das Fußballfest im eigenen Land dermaßen mit gesamtgesellschaftlicher Bedeutung aufgeladen, dass sich nun wirklich niemand mehr schämen musste, Fußball zu zelebrieren.

In diesem Meer aus geschminkten Wangen und Autofensterfahnen hätten Blumentopf mit ihren RAPortagen schnell untergehen können. Sind sie aber nicht. Das liegt zum einen an der Qualität ihrer Arbeit und zum anderen daran, dass die Jungs tatsächlich Fußballfans sind. Und das nicht erst seit 2006.

Als ich vier Jahre später bei der WM 2010 für das Fußballmagazin *11 Freunde* gearbeitet habe, kam das Angebot, Blumentopf zur RAPortage zu interviewen. Ich war mir un-

sicher. Zum einen, weil ich selbst Fan des deutschen Hip Hops der Neunzigerjahre bin — und als solcher natürlich nicht an Blumentopf vorbeikam. Mehr noch aber, weil im Zuge der Fußballeuphorie eben jene auf den Plan traten, die den Fußball als Bühne missverstanden. Die Kehrseite der WM 2006. Da saß man auf einmal einer deutschen Spitzenpolitikerin gegenüber, die — so ihr Pressesprecher — dem Magazin unheimlich gerne ein Interview geben würde, aber nur unter der Bedingung, dass keine Fragen zum Fußball gestellt würden.

Ich habe dann doch eine Frage zum Fußball gestellt. Eine belanglose: „Wer ist Ihr Lieblingsspieler der deutschen Nationalmannschaft?" Die Antwort: „Jetzt haben Sie mich aber auf dem falschen Fuß erwischt. Dieser eine Spieler mit Migrationshintergrund, Türke auch. Jetzt sagen Sie doch mal."

„Özil?"

„Ja, genau. Messi Özil."

Messi Özil. Das war so die Qualität vieler Interviews vor den großen Turnieren nach

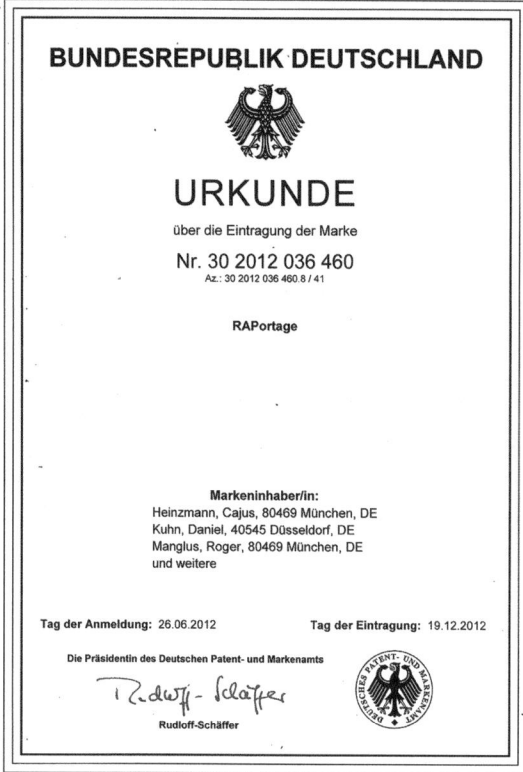

BUNDESREPUBLIK DEUTSCHLAND

URKUNDE

über die Eintragung der Marke

Nr. 30 2012 036 460

Az.: 30 2012 036 460.8 / 41

RAPortage

Markeninhaber/in:
Heinzmann, Cajus, 80469 München, DE
Kuhn, Daniel, 40545 Düsseldorf, DE
Manglus, Roger, 80469 München, DE
und weitere

Tag der Anmeldung: 26.06.2012   Tag der Eintragung: 19.12.2012

Die Präsidentin des Deutschen Patent- und Markenamts

Rudloff-Schäffer

2006. Beim TOPF wusste ich zumindest, dass die wissen, wer Mesut Özil ist. Ich bin dann doch hingegangen und als Schu dann davon redete, dass er vom Glauben abfalle, wenn ein Bandmeeting am Mittwoch um 20 Uhr angesetzt würde, da hatten sie mich überzeugt. „Ey, ihr wisst schon, dass heute Abend Champions League ist?!"

Dass Schu, der wohl größte Fußballfan beim TOPF, zudem noch ganze Sonntage damit zubrachte, Zweitligaspiele zu gucken, weitete mein Fußballherz zu einem saftigen Steak. Leidenschaft kommt immer noch von Leiden. Und diesen Satz wahrer Fußballfans hat der TOPF offenbar verinnerlicht.

Mit dem WM-Titel 2014 endete die RAPortage. Deutschland ist Weltmeister, die Geschichte ist auserzählt. Die Geschichte von Poldi, Jogi und Schweini, dieser nationalen Verniedlichungen, die sich 2006 anschickten, den deutschen Fußball aus der Versenkung zu holen. Sie sind in Rio bis ganz nach oben auf den Fußballolymp geklettert. Stets begleitet von den Raportern. „Es ist so weit, ey, wir rasten aus / Wir sind Weltmeister, was ein Traum / Das ganze Land ist im Fußballrausch / Denn unser Team kommt mit dem Pokal nach Haus."

Am Fußballrausch hat auch der TOPF seinen Anteil. Dafür und für die Tatsache, dass sie die deutschen Fußballfans seit 2006 musikalisch auf diesem Niveau begleitet haben, gehört ihnen ein Platz in der deutschen Fußballgeschichte. Und ganz nebenbei hat der TOPF bewiesen, dass es gute deutsche Fußballsongs gibt.

→ Dominik Drutschmann, 32, ist ein Kind des Ruhrgebiets. Nach dem Studium der Geschichte hat er die Zeitenspiegel-Reportageschule besucht. Er schreibt Reportagen und Kolumnen für verschiedene Tageszeitungen und Magazinen, produziert Videos und bringt Comics heraus. Dominik Drutschmann lebt in Berlin.

↑ Garderobe beim SWR in Baden-Baden, WM 2010

DAUERKARTE FÜR DIE SONNENSEITE ODER ALBTRAUM

Ich gehe in mich, um zu klären, was Fußball mir bedeutet. Ob es mein Traum war, Rapper zu werden, kann ich nicht sagen. Es waren immer nur einzelne Bilder in meinem Kopf, die ich erleben wollte, erreichen wollte, wenn man so will. Die ausverkaufte Muffathalle. Ein Beispiel. Solche Vorstellungen gab und gibt es in meinem Kopf auch in Bezug auf Fußball: Traumtore gegen Olli Kahn, der in den Winkel gezirkelte Freistoß in Mehmet-Scholl-Manier, das Solo durch die gesamte Abwehr mit Lupfer über den Keeper, der kluge Traumpass zum Siegtreffer in der Nachspielzeit im Finale. Hirngespinste, Träumereien eines Amateurs. Ewig ein Kind, solange der Ball rollt. Es ist ein unsagbares

Glück, dass ich in Sachen Rap eigentlich alle meine Bilder nicht nur vor meinem geistigen Auge gesehen habe. Ich habe sie erlebt.

Und trotzdem bekomme ich es hin, wenn wir nach einer erfolgreichen Show am nächsten Tag mit dem Tourbus übers Land fahren und ich durchs Fenster irgendwo in der Provinz ein Kreisligaspiel sehe, einen Freizeitkick, eine Trainingseinheit in der Dämmerung, bei Nieselregen und Flutlicht, das Gefühl zu haben, ich hätte mein Leben vergeudet.

Nicht, dass es jemals eine Option gewesen wäre. Bei Weitem nicht. Mich überkommt dann nur immer diese unglaubliche Sehnsucht, auf dem Platz zu stehen. Auf dem grünen Rasen.

Denn, ja, ich bin ein verdammter Fußball-fan! Dieser wundervolle Sport hat einen großen Stellenwert in meinem Leben. Viele sagen, einen zu großen. Mich manchmal eingeschlossen. So findet sich vor Silvester schon mal der Punkt „keine Zweitligaspiele kucken" auf einer Liste mit Verbesserungsvorschlägen an mich selbst. Einfach, um eine Grenze zu ziehen. Etwas Zeit zu gewinnen, an den Wochenenden.

Auch der Aberglaube ist mir nicht fremd.
Oder anders: Ich habe das fantypische Problem,
einen rationalen Zusammenhang zwischen
Ursache und Wirkung herzustellen. So ist es für
mich jetzt an der Zeit, mich zu entschuldigen.
Bei all den anderen Fußballfans da draußen.
Für das verlorene EM Finale gegen Spanien,
das ich uns versaut habe, indem ich am Tag
zuvor in Schuhen, die mir meine Freundin von
einer Reise aus Madrid mitgebracht hat,
ins Freibad gegangen bin. Unverantwortlich,
ich weiß. Und das Halbfinale gegen Italien.
Den Balotelli habt ihr auch mir zu verdanken.
Verloren! Weil ich die 10 Kilometer nicht
durchgejoggt bin, die ich als klare Bedingung
für ein Weiterkommen angesetzt hatte.
Ich wollte ja auch meinen Beitrag leisten!
Aber es ging nicht. Es war an dem Tag
einfach zu heiß.

Völliger Schwachsinn? Höchstwahr-
scheinlich! Das eine hat mit dem anderen nichts
zu tun! Trotzdem gilt weiterhin: Wenn es
gegen italienische Mannschaften geht, keine
Pizza! Nur zur Sicherheit.

Ich schweife ab. Es sollte ja um die RAPortagen gehen. Gut, los geht's, Anpfiff! Muss ja ein
Traum gewesen sein, denkt ihr euch jetzt
sicher. Hat er ja die zwei Sachen miteinander
verbinden können, die ihm so am Herzen liegen
und das Hirn vernebeln. Rap und Fußball.
Zugegeben, nicht gerade eine Wortkombination
für Kontaktanzeigen bei Elitepartner, aber
immerhin! Besser als nichts. Erst schön Fußball
schauen, danach einfach 'nen Rap über
das Spiel schreiben, und dann, die Eier groß
wie zwei voll aufgepumpte Torfabriken, den
Beitrag zwischen Tagesschau und Länderspiel
abfeiern. Hammerabende! Ein persönliches
Sommermärchen. Eine Dauerkarte für die
Sonnenseite.

Leider nein, ein Alptraum! Auf was ich
mich da eingelassen hatte, schwante mir schon
beim Testlauf, dem unsäglichen 1:4 gegen
Italien, dem letzten Freundschaftsspiel vor der
WM 2006.

Dabei war doch alles so perfekt! Mein Knie
war noch ganz, wir waren gerade frisch
gebackener Stadtmeister von Bad Aibling und
auch der Horst-Cup, eine der prestigeträch-
tigsten Trophäen im Amateurfußball, war in
unseren Händen. Das Panini-Album schon
Monate vor Turnierbeginn beinahe voll. Samt

nachgedrucktem Jens Lehmann! Es fehlten
nur noch zwei Stadien und das spanische
Mannschaftsbild. Eine riesige Box Doppelter!
Der feuchte Traum meiner Teenagerjahre,
könnte ich jetzt sagen. Aber das stimmt nicht,
das war Madonna in Schwarz-Weiß in der
Brandung. Cherish the la, la, lalalal ...

Ist jetzt auch egal! Alles kaputt. Der Super-
GAU war geschehen. Und ich hatte ihn mir
selber eingebrockt!

Denn ich musste beim Fußballschauen: ja,
was eigentlich? Das Spiel anders sehen?
Professioneller? Denken? Schreiben? Aufpassen? Reime machen? Alles gleichzeitig?
Nichts davon? O Gott, ich war überfordert!

Ich lebte in ständiger Angst, uns könnte
durch eines meiner hysterisch gebrüllten „Jetzt
schieß halt einfach! Mein Gott, warum schießt
du denn nicht?" oder durch meine gut gemeinten
taktischen Ratschläge, meine mit sich über-
schlagender Stimme vorgetragenen „Links,
links, spiel ihn raus!!! Warum spielt er ihn nicht
raus?" etwas Entscheidendes entgehen.
Eine aus der Emotion heraus umgeworfene
Bierflasche könnte die Aufzeichnungen eines
meiner Bandmitglieder unleserlich machen.
Fatal. Denn meine eigenen waren nichts wert.
Absolut unleserlich. Ohne hinzuschauen
hingekritzelt, nur schnell, schnell, alibimäßig
festgehalten. Ich hätte es mir auch schenken
können, aber ich wollte ja nicht wie der schlechte
Teamplayer rüberkommen, der ich in Wirklichkeit war. Denn, Hand aufs Herz: Während
des Spiels war mir die RAPortage scheißegal.
Es lief Fußball. WM! EM! Fußball!

All die kleinen Dinge, die unsere Beiträge in
meinen Augen auch so besonders gemacht
haben — nichts kam von mir. Wie denn auch?
Welcher vernünftige Vollidiot bemerkt bitte
beim Stand von 0:0 kurz vor Spielende in einem
K.O.-Spiel in den Fernsehbildern einen besonders lustig gekleideten Fan? Wie abgebrüht und
kalt muss man sein, um auch gleich einen
Reim darauf abzuliefern? Einen witzigen
Zweizeiler über Perücken tragende, bierbäuchige
Schweden machen zu können, während es
auf dem Platz um nichts weniger als alles geht!
Ich sicher nicht. Ich hab geschrien. Oder
nicht mehr hinschauen können. Ganz nach
Spielverlauf.

Witzige Randnotiz: Ja, wir haben während
des Spiels mitgeschrieben! Mit Spielminute und

↑　Videodreh Green-Screen RAPortage WM 2014

01　RAPortagen-Dreh, WM 2006
02　TOPF-Studio, EM 2008
03　RAPortagen-Dreh, WM 2010
04　Spielnotiz Roger, WM 2010
05　RAPortagen-Dreh, EM 2012
06　RAPortagen-Dreh, WM 2014

01

02

03

04

05

06

29. Riesenschuss, ganz allein
3L. Frankenbass kann nicht sein, Schrammer Schuß
3?. Clubsbryen
38. 1:1 Metzelder zu loch
41. ausgetanzt und ausgespielt
   Lehmann
45. Lehmann Seift in den Ball
48.
5?. inmitten der Ballerei Poldi
61. Olic 2:0 Ivica Olic
   Lehmann ganz [falsch]
63. Schweinsteiger kommt
67. Ballerei Totalausfall

72. Schweinsteiger Chopp
74. Frustfoul
78. Polizei Anschlußtreffer
   Volley dropkick
?0 Schwein Rot

   Niederlage

Im Strafraum bewacht die Reinzer
was am Los in klagen füht
   Zeit
zuviel Raum und zuviel Platz

   Trauerspiel   Schwarzer Tag
jetzt mal unter uns,   Fußballsport
wenn das wirklich unsere Jungs
   Fußball kunst
   2

Deutschland – Kroatien
gleiche Zeit
räume eng Fehlpässe
Mertesacker
10. tatliches Foul Frings
Kroaten drücken
17.09 Löw unzufrieden
1?.20 Assichert Welt
   Mertesacker
0:1 Kroatien SRNA
   leider verdient
   zuviel Platz, zuviel Zeit
2?.40 Löw sauer
25. Gomez drück den Ball
26. brutales Foul an Poldi
   Nerven flattern
28' harts Spiel

...wohl nicht sein, macht n Torbrocke ? Zeit
   und Gomez nur im Abseits

kann das etwa sein, daß da Voodoo mit im Spiel ist?
   Comntes mal selline
Stockfehler, leichte Ballverluste
Pfosten,   Heute gibt's ne kalte Dusche

jetzt nochmal alles nach vorne werfen es ist doch schon
   Wurscht.

Spielnotizen von Schu und Cajus

beteiligten Spielern, Torschuss, Flanke, Foul …
Ich bin mir nicht sicher, aber ich denke, dass es
auch 2006 schon irgendwo einen Liveticker
gab. Den haben wir aber erst zwei Turniere
später für uns entdeckt. Egal.

Mit der Zeit hab auch ich etwas Routine
in die Sache bekommen. Musste nicht mehr
von meinen Mannschaftskollegen mitgeschleift
werden wie ein in die Jahre gekommener
Mittelfeldstratege mit Defensivschwäche.

Dabei ist mir und uns allen sicher auch
zugutegekommen, dass ab der EM 2008 der
Regisseur Daniel Kuhn mit uns zusammen
die Spiele geschaut hat, und ein ganzes Team an
Fernsehleuten mit professionell überspielter
Ungeduld darauf gewartet hat, dass wir endlich
zu Potte kommen. Es musste ab da ja
noch ein Video gedreht werden, nach dem Spiel,
nach dem Schreiben, nach dem Aufnehmen,
nach dem „erst mal Runterkommen". Letzteres
war gerade nach den Spielen, die für unser
Team das Aus bedeutet haben, ein sehr zeitauf-
wendiger Punkt. Da stand die RAPortage
wirklich das eine oder andere Mal auf der Kippe.
Wir alle, Fußballfans, die wir sind, hingen
motivationslos auf der Couch und haben uns
nicht vorstellen können, das Gesehene in Reime
zu verpacken. Wir haben nicht mal mehr daran
denken mögen. Und dann musst du dir die
entscheidenden Szenen noch mal ansehen. Wer
hat noch mal die Flanke geschlagen? Wer hat
ihn laufen lassen? Lahm? Grausam, ganz grausam. Folter, Soccer-Boarding. Doch geschafft
haben wir es immer, irgendwie.

Und jetzt, wo ich hier für diesen Text
darüber nachdenke, sehe ich uns wieder vor
mir, in irgendeinem Besprechungszimmer
im Sendergebäude. Vor uns der riesige Flat-
screen und schälchenweise Süßigkeiten.
Was ist so verkehrt an Obst? Egal. Spielende.
Die vollgeschriebenen Zettel mit den Stich-
punkten verstreut auf den freien Couchplätzen.
Daniel Kuhn, die Beine über Kreuz, das Klemm-
brett auf den Knien, geht mit Wunder die
Liste der Bilder durch, die seiner Meinung nach
unbedingt in den Beitrag müssen. Wir debat-
tieren kurz zu sechst, werden uns schnell einig.
Eigentlich eine Unmöglichkeit bei uns,
aber die Zeit drängt. Dasselbe dann beim
Textschreiben. Daniel weiß schon, dass er uns
jetzt besser alleine lässt. Wir sind alle in uns
gekehrt. Cajus sitzt auf der Couch, schreibt.

Ich laufe nervös im Raum im Kreis, gehe die
Zeilen durch und versuche, so wie alle, etwas
Gutes abzuliefern. Den Gedanken zu Ende
zu denken, bevor ich ihn in die Runde werfe und
damit der Kritik aussetze. Roger macht das
Gleiche wie ich. Oder betrachtet er doch mehr
skeptisch Wunder, der seit 20 Minuten
nichts mehr gesagt hat — eine Ewigkeit im
RAPortagenschreibmodus — und, wie wir alle
wissen, immer noch an den zwei letzten
Zeilen hängt, die wir anderen schon längst
abgesegnet haben. Das darf doch nicht wahr
sein! Da, er hat einen Vorschlag. Besser,
zugegeben. So eine Scheiße. Aber den „unseren
Brasilianer" im letzten Takt, den lassen wir
ihm nicht durchgehen. Hah! Dann ran ans Mic.
Sepalot ist froh und erleichtert. Jetzt kann
er endlich wieder einsteigen. Beim Texten blieb
ihm nur die Rolle des Zuschauers. Gezwun-
genermaßen. Denn wenn wir, die Rapper, unter
Druck kreativ sein müssen, können wir ganz
schön verschlossen sein und reagieren äußerst
genervt auf Hilfeversuche. Dumm, aber ist so.
Cajus rappt die Bridge, wie immer. Warum,
weiß keiner. Der Part ist schneller aufgenommen
als bei unseren Albumsongs, sowieso klar.
Und wenn sich einer, meistens Wunder, mit
einer Betonung oder einer halben Zeile — mehr
rappt keiner von uns am Stück — nicht sicher
ist, oder unzufrieden, stehen wir anderen
kopfschüttelnd und süßigkeitenknabbernd
daneben. Genervt, aber auch mit einem Anflug
von schlechtem Gewissen, weil wir die Auf-
nahme so hingeschissen haben. Klar geht es
immer besser. Aber bitte nicht heute! Um 1 Uhr
nachts noch einen Videodreh vor der Brust.
Sepalot sieht das ähnlich. Vermutlich auch
Daniel und das Team. So, jetzt nur noch der
Introtext. Roger musste das letzte Mal ran.
Wunder meint, das wäre nicht so das Seine.
Cajus hat auch schon öfters als ich. Na gut,
Arschkarte, muss auch mal sein. Warum? Nun,
es ist schwer genug, einen wenige Stunden
zuvor im Takt gerappten Text um 3 Uhr morgens
vor der Kamera wiederzugeben. Ein „Hallo,
wir sind der Blumentopf. Viel Spaß mit unserer
RAPortage zu …" ohne Versmaß, einfach frei
auf den Rhythmus gesprochen, ohne Reim zum
daran festhalten, um dieselbe Uhrzeit lippen-
synchron in die Kameralinse zu reproduzieren,
ist ein Ding der Unmöglichkeit. Verschiebt
den Drehschluss um eine gute Stunde nach

hinten, mindestens. Da hatte das Team hinter der Kamera schnell ihren Liebling von uns fünf Nasen ausgemacht. Zum Glück immer einen anderen. Überhaupt ging es mit Drehbeginn irgendwie erst richtig los. Warten. Ewiges Warten. Einstellungen ändern, Kulissen aufbauen, Laufwege klären. Anschlüsse zu vorher gedrehtem Material durchdenken. Auf welcher Seite muss ich hinter der Leinwand raus- laufen? Bei welchem Wort soll ich nach links schauen? Wer springt mir bei der Hook den Rücken hoch? Ah, der Sepalot. Schicksal des DJs bei Vocal-Performances. Und immer wieder: „Hallo, wir sind ..." Ne, zu früh. „Hallo, hier ist ..." Nein: „... wir sind" Oh Gott, 4:30. „Hallo, wir sind ..." Wie, ich steh zu weit links? „Hallo, wir sind saumüde und wollen ins Bett!" So. Das Team lacht gequält. Daniel scheint etwas gekränkt. Er hat noch volle Energie, als Einziger. Wittert Unzufriedenheit, Revolte. Dann endlich: das letzte Bild, Drehschluss. Der Wahnsinn hat ein Ende. Bis Übermorgen dann. Wie, übermorgen schon? Ja, Vorbericht. O je, o je.

Doch am Offday die Belohnung: der Beitrag. Unsere RAPortage in der ARD. Mit super Bild- Text-Kombinationen, die nur in der Gesamtheit funktionieren. Cajus' riesiges Gesicht auf der Anzeigetafel im Stadion. Die Mannschaft zeigt darauf. Ein Günther-Netzer-Soundschnipsel in der RAPortage. Gerhard Delling bemerkt es und spricht Günther Netzer darauf an: „So, Herr Netzer, jetzt sind sie also auch ein Rapper." Sternstunden meiner Fußballkarriere! Irgendwie traurig, irgendwie wunderbar. Mit den vielen Turnieren, bei denen wir die Spiele unserer Nationalmannschaft begleitet haben, habe ich die RAPortagen auf eine masochis- tische Art lieben gelernt. Und wenn die letzte nicht mit dem Titel geendet hätte, würde ich als Erster zugeben, dass es wohl auch eine zu viel war. Die eigentlich im Wachkoma ge- drehten Clips, die viele sinnlose Freizeit in Köln, der Besuch im Senfmuseum, das Gefühl, als Schichtarbeiter beim WDR angestellt zu sein, das „Tonstudio", das sich in schöner Regelmäßigkeit als Abstellkammer im Sender- gebäude entpuppte. Ja, sogar die Tage und Wochen in Baden-Baden — eine Stadt, die ihren wahren Reiz wohl nur Menschen jenseits der 70 offenbart. Oder reichen Russen. Mir hat es trotzdem gefallen. Südafrika! Die Grillabende

bei Simon und Lyn in ihrem Guesthouse. Der extra für mich geliehene Fernseher und das Champions League Finale gegen — ach besser nicht dran denken. Die Minitischtennisplatte, die nächtelangen Matches gegen Cajus. Ich sehe uns wieder mit Bengalos durch die Straßen Kapstadts laufen. Bilder, die es komischer- weise nicht in die RAPortage geschafft haben. Warum nur? Unsere Gesichter auf Panini- Bildern neben all den Legenden. Beckenbauer, Rummenigge, Hoeneß, Schuster, ich, nicht der Bernd. Was für eine Aufzählung. Gruselig und schön, zu gleichen Teilen. Obwohl: Ersteres überwiegt. Leider. Egal. Es war eine krasse Zeit!

Und jetzt? Wenn ihr das lest, liegt mit der EM in Frankreich mein erstes großes Turnier ohne RAPortage seit zehn Jahren hinter mir. Was ich gemacht habe, weiß ich noch nicht. Klingt gut, der Satz. Gefällt mir.

Vielleicht hab ich mir ja mal angeschaut, wie mein geliebter Fußball beim Public Viewing zum Event verkommt. Hab gebannt auf 'ne Leinwand gestarrt, während hinter mir debat- tiert wurde, wer die beste Frisur hat. Vielleicht hab ich mich nicht wehren können und irgendein „Nur-zur-WM-Fußballfan", blond, großer Busen, hübsch, hat mir ein Fähn- chen auf die Wange geschminkt. Gefällt mir. Oder doch nicht? Ich schweife wieder ab. Es wird strange ohne die RAportagen. Irgend- wie anders.

Aber jetzt muss ich Schluss machen. Die Vorberichte fangen an. Bayern gegen Atlético. Ich bin jetzt schon mit den Nerven fertig.

Schu

↑   WM 2010, Südafrika

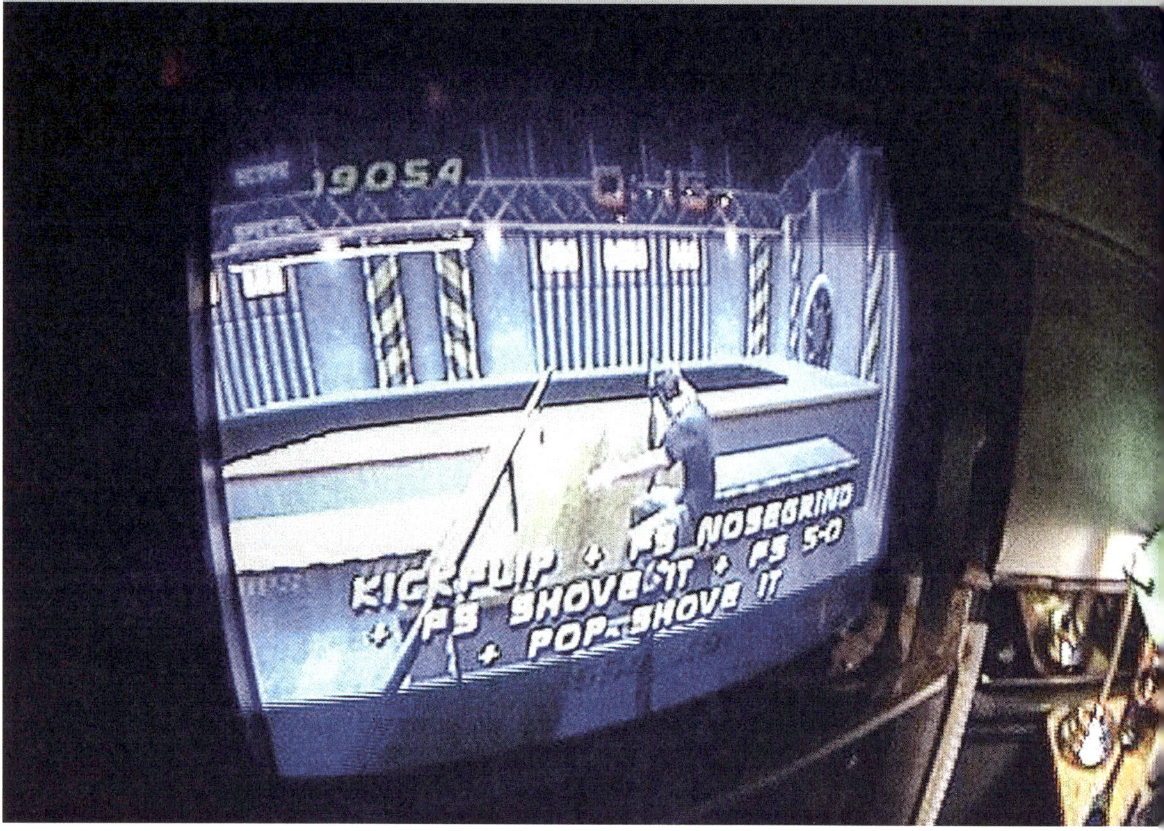

↑ Tony Hawk 2 auf der PS1 im Tourbus (2001)

ICH HAB DOCH GEDRÜCKT!

„Ich hab doch gedrückt." „Die klebt, die klebt!" „Dirk, was ist Springen?" „Dasselbe wie immer." „Dirk, ich hab noch keinen Teil gespielt." „Mein Gott, dasselbe wie immer!" „Danke." „Ich spiel das Spiel seit 20 Jahren, jetzt langt's! Ich bin draußen, ich ficke dieses Spiel!" „Als ich dich kennengelernt habe, warst du anders." „Wie denn?" „Na, da hattest du keine Konsole, jetzt hast du alle."

Seit dem C 64 und dem Amiga 500 bin ich ein Gamer. In der Zeit danach habe ich so ziemlich jede Konsole besessen und gespielt. So wie es Rap-Alben gibt, Klassiker, schwarze Scheiben, mit denen ich eine ganz bestimmte Zeit verbinde, gibt es für mich auch Videospiele, kleine Cartridges, Floppy Discs, Silberlinge, die irgendwie prägend waren. Mit Roger habe ich beim TOPF einen Gleichgesinnten gefunden. Und — Ehre wem Ehre gebührt — er ist der größere Nerd von uns beiden.

Für die Zeit mit dem TOPF steht vor allem ein Spiel, weil auch die anderen drei da voll reingekippt sind: Tony Hawk. Ist ja auch irgendwie logisch, alles Skater. Mit einem Beamer auf die Wand im Studio geworfen, hat uns der selbstgebaute Park, auf dem Highscores um die 10 Millionen nicht nur möglich, sondern schon fast Pflicht waren, über so manches Tief beim Musikmachen geholfen. Wohl als Ausgleich dafür, dass er oft genug auch jegliche Kreativität im Keim erstickte. Vor der ersten Zeile, dem ersten Drum-Schlag noch kurz einen neuen High-score. Doch dann: aus dem ersten Manual,

einen Tick zu spät aufs erste Rail, kein Special Grind, keine Chance mehr. Neustart, Neustart, Neustart — stundenlang.

Mein Geburtstag. Ich werde 34. Wir sind auf Tour. Die Crew schenkt mir 34 Grand Prixs Mario Kart, ein Grand Prix à zehn Rennen. Danke! Mit unserer Live-Band, den Diddis, kam nämlich ein weiteres Spiel dazu: Super Mario Kart auf dem DS. Das Tour-Spiel schlechthin. Acht Handhelds, neun Leute im Sprinter. Einer fährt auf der Autobahn, die anderen acht gegeneinander auf der Rainbow Road. Ein Wunder, dass wir unfall-frei durchgekommen sind.

„Das Schönste für mich war, wie damals die Sonne über Hyrule aufgegangen ist. Das muss man gesehen haben." Der etwas übergewichtige und circa zehn Jahre ältere Überraschungsgast unserer Zockerrunde, Gamertag „Holzzipfel", ruckt sich die Jogging-hose gerade, beißt verträumt in seine mit-gebrachte Salami-Semmel und schenkt sich einen Ramazzotti nach. Wir versuchen uns einzureden, dass er irgendwie nicht ganz hierher passt. Er schwelgt in 8-bit-Erinner-ungen und erzählt von seinen polygonalen

01

Freunden. Ob wir auch Ramazzotti wollen? Nein, lieber nicht.

Wir nehmen die Pads wieder in die Hände. Spielpause vorbei. Die fünf mitgebrachten X-Boxen, die angeschlossenen Fernseher, der „Holzzipfel" und wir anderen zwölf heizen die „Luft" in Ginnis Fünfzehn-Quadrat-meter-Zimmer, der Rauch tut sein Übriges. „Die klebt, die klebt!!" Unser Bassist Flo schießt Löcher in die Luft. Die ersten vier Plätze stehen fest, wie immer wir: Ginseng089, HoenessXL, Horstinator und Gänseblümchen. Unser Wanderpokal, der 80 cm große Plastik-Masterchief, bleibt in der K4.

Ich drücke mich in den roten Samt des Kinosessels. Das ist episch! Halo auf der Imax-Leinwand im Deutschen Museum. Zum ersten Mal keine Beschwerden über den Splitscreen. Mein 10-Meter-Lichtschwert wird Ginni zum Verhängnis. Er ist nicht rechtzeitig weg-gesprungen, obwohl er, selbstredend, ge-drückt hatte. Nach einer Stunde müssen wir aufhören. Die anderen wollen wieder Pro Evo spielen. Das verstehe, wer will. Wir stehen auf und gehen. Alle außer uns scheinen er-leichtert. Damals gab es den Begriff des Casual Gamers noch nicht, aber das waren ihre Urväter. Wir gehen mit dem Gefühl, etwas Irres gesehen zu haben, und mit der Gewissheit, nicht zu den Unglücklichen zu gehören, bei denen bestimmte Muster und Farbabfolgen zu epileptischen Anfällen führen können. Wenn doch, hätten wir es ge-rade bemerkt. Mit Sicherheit. Jetzt erst mal hoch ins Planetarium. Auf die gekrümmte Decke, wo sonst die Sterne der Milchstraße leuchten, werfen fünf Wiis das Beste aus Wii Sports. Drei Runden Boxen gegen Lu. Ganz schön anstrengend. Macht hungrig! Da fährt der Koch der Kantine noch einen Wagen Häppchen rein. Gegrillte Fleischspieße. Es ist 3 Uhr morgens. Ein Hoch auf die Casual Gamer!

Schu

02

03

04

01	Halo 2 Multiplayer im Imax
02	Wii Sports im Planetarium (Cajus)
03	Der offizielle Halo-Lan Wanderpokal
04	Die GbR gegen die Didis im ewigen Mariokart-Battle auf dem Nintendo DS

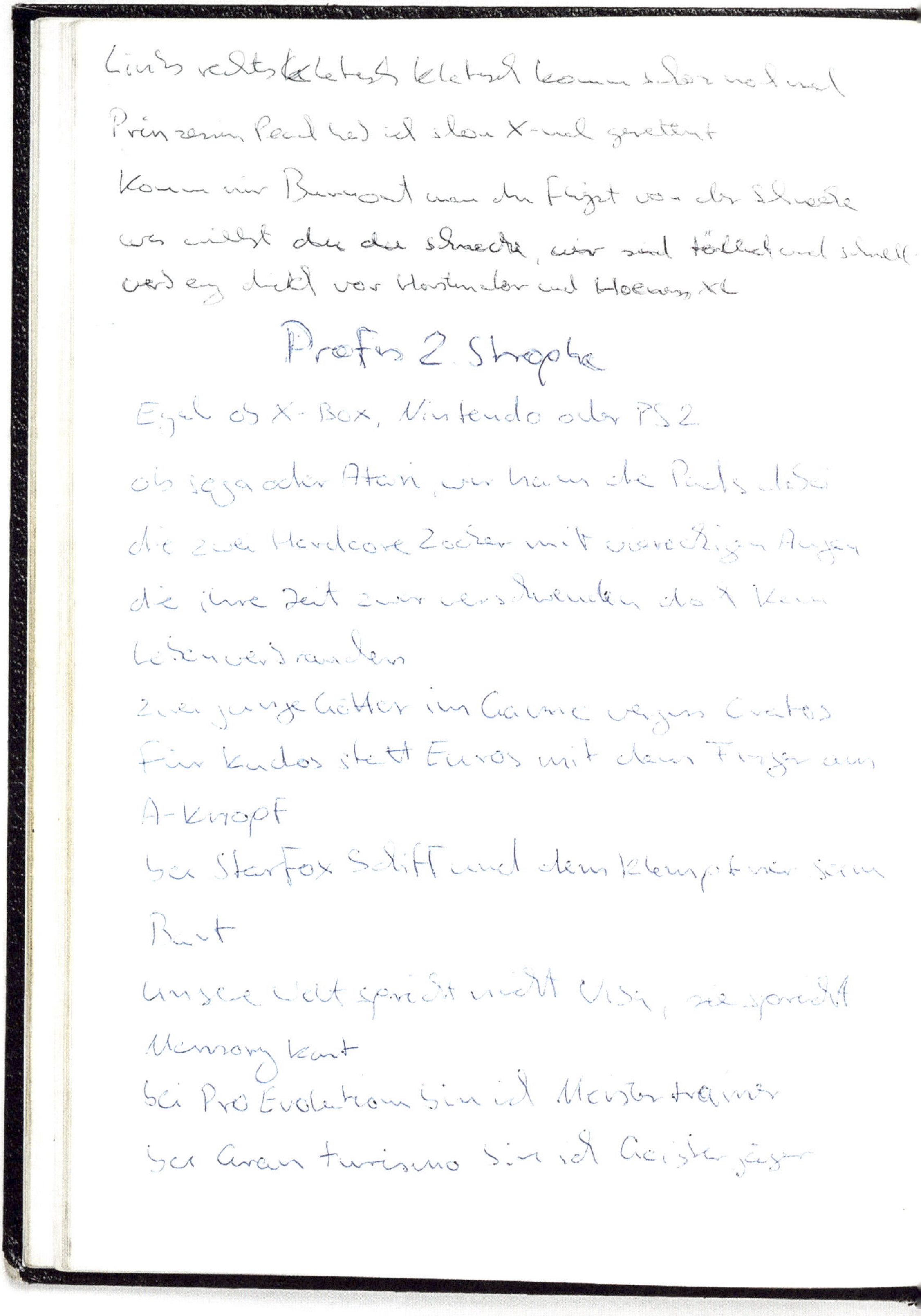

Links rechtsklettert klettert komm schon noch mal
Prinzessin Peach hab ich schon X-mal gerettet
Komm mir Burnout wenn du fliegst von der Schnecke
was willst du die Schnecke, wir sind tödlich und schnell
und ey dick vor Hostmaster und Hoeness XL

Profis 2. Strophe

Egal ob X-Box, Nintendo oder PS2
ob Sega oder Atari, wir haun die Pads dabei
die zwei Hardcore Zocker mit viereckigen Augen
die ihre Zeit zwar verschwenden doch kein
Leben verbrauchen
zwei junge Götter im Game wegen Cratos
für Kudos statt Euros mit dem Finger am
A-Knopf
bei Starfox Schiff und dem Klempner seinem
Bart
unsere Welt spricht nicht Visa, sie spricht
Memory Kart
bei Pro Evolution bin ich Meistertrainer
bei Gran Turismo bin ich Geisterjäger

↑ Textbuch Schu *Profis*

Ich werd ein kasparov wenn ich Advanced
Wars zock
und auf chess und so'n Mist Heun wir zur
Kein Boß
wer kennt die Welt der Videospiele sowie
Rate die Bibel
Ich hab Kults schon ketten zogen wie bei
Resident Evil
Ich werd ein Bandentrommler durch
Donkey Konga
Links rechts, klatsch, klatsch Mitte, nochmal
Prinzessin Peach haben wir schon x-mal gerettet
Komm mir nicht mit Burnout wenn du fliegst
von der Strecke
was willst du du Schnecke, wir sind tödlich und
schnell
direm verbeug dich für Monstertor und Hoeneß
XL

    Thomas schlendert durch die Stadt, staunt mal
    an was er nicht hat
    und er denkt sich summt immer wenn er
    Menschen

ROLLEN AUF ASPHALT

Jeder, der schon einmal an einem lauen Sommerabend eine Straße hinuntergerollt ist und dabei den Fahrtwind auf der schweißnassen Haut gespürt hat, liebt das Geräusch, das Polyurethan-Rollen auf Asphalt von sich geben. Ich selbst reagiere wie ein Pawlowscher Hund, wenn ich diesen Klang auch nur in weiter Ferne vernehme, und drehe automatisch den Hals in die Richtung, aus der das Geräusch zu stammen scheint. Es ist der Sound der Freiheit.

Auch Blumentopf entdeckten die Freuden des Skateboardings, damals in der zweiten Hälfte der achtziger Jahre, noch bevor sich die Band formiert hatte. In der Zeit der Bones Brigade, einer von der kalifornischen Skater-Marke Powell-Peralta zusammengestellten Allstar-Truppe von Profi-Skatern. Ihre Filme konnte man sich auf VHS-Kassetten gegen ein Pfand im lokalen Skate-Shop ausleihen. Dann zog sich ein Kumpel eine Kopie, ein anderer machte eine Kopie der Kopie, und man selbst bekam irgendwann eine Version, bei der man aufgrund der Kopierstreifen kaum noch erkennen konnte, ob da gerade Steve Caballero oder Tommy Guerrero auf dem Board stand.

Solche Namen und noch haufenweise andere Referenzen verwob Holunder viele Jahre später auf kunstvolle Weise zu seiner Skateboarding-Ode *Die Bretter, die die Welt bedeuten* vom Album *Musikmaschine*. Zu diesem Zeitpunkt war er selbst bereits 30 und somit der Kernaltersgruppe der Skater entwachsen. Hier zeigt sich einmal mehr, dass Blumentopf stets eine Band für die Gleichaltrigen waren — den jüngeren, noch aktiven Skatern sagten Holunders Referenzen nichts. Er sprach von einer Zeit, in der es noch die Wettkampfdisziplin „Freestyle" gab und in der man in der Reihenhaussiedlung den Boneless vom Stromkasten übte. Das zentrale Gefühl transportierte das geloopte Rollgeräusch, das die Basis des Tracks bildete: die universelle Sprache aller Generationen von Skatern.

In einer wichtigen Zeile des Songs rappt Holunder, er habe immer so etwas wie der „Neil Blender des Raps" sein wollen. Neil Blender war ein Kultskater seiner Generation — ein Nonkonformist, der nicht an dem Höher-Schneller-Weiter des Profi-Betriebs interessiert war, ein Lebenskünstler auf dem Brett, ein seltsamer, hagerer Außenseiter, der lieber neue, eigene Tricks erfand, anstatt anderen nachzueifern. Holunder sagt damit eigentlich: „Ich will nicht der krasseste Rapper mit den verrücktesten Flows, Mehrfachreimen und Metaphern sein. Aber mein Stil ist einzigartig und ich werde mich nicht anpassen."

Wer nicht verstehen kann, warum sich Jugendliche jeden Tag aufs Neue den Qualen und Schmerzen abenteuerlicher Stürze aussetzen, warum sie einer scheinbar sinnlosen Tätigkeit jede freie Sekunde ihrer Zeit widmen, warum sie über Tage immer und immer wieder denselben Trick üben, nur um ihn einmal am Ende zu „stehen", für gefühlte drei Sekunden Applaus von ein paar Gleichgesinnten, warum sie diese Momente jedem Turniersieg und ihren einsamen Individualismus dem wohligen Rudelgefühl des Mannschaftssports vorziehen, warum sie trotz Knochenbrüchen und Gelenkschäden selbst jenseits der 30 nicht damit aufhören — der wird auch *Die Bretter, die die Welt bedeuten* nie verstehen. Für alle anderen bleibt es einer der wichtigsten Blumentopf-Songs überhaupt.

→ Stephan Szillus war *Juice*-Chefredakteur von 2007 bis 2013 und in dieser Zeit verantwortlich für ein spätes Blumentopf-Cover. Der Film *The Search for Animal Chin* brachte ihn in seiner schleswig-holsteinischen Heimat erstmals auf die Bretter, die die Welt bedeuten, sein erstes Skateboard war das Tommy-Guerrero-Flammendeck von Powell Peralta.

↑   Sepalot: Method Air, 1989

01

01   Cajus im Skatepark in Sattel (CH)
     Mute Air Tweaked, 1995
02   Roger: Ollie Airwalk
03   Roger: Kickflip, Stuttgart 1988
04   Wunder: Melanchollie im Skatepark Lohhof, 2002
05   Wunder: Frontside Boardslide Transfer im
     Skatepark in Kirchheim, 2008

02

03

04

05

NO-BRAINER

„Ich würd' so gern mal auf Platz 80 sein. Ich würd' so gern mal in die Single-Charts hinein. Wenigstens einmal, wenigstens einmal." *(Platz 80)*

Man kann sich immer alles schönreden, das war schon 2006 so: Wir sind eben ein Album-Act. Die letzten beiden LPs Top 20 beziehungsweise Top 10, ausverkaufte Touren, die neue Scheibe fertig, RAPortagen zur ARD-Primetime, alles lief hammer. Bloß — wir hatten keine Hits. Und obwohl Claudie Trede, unsere Kölner Radio- und TV-Promoterin von Four, unermüdlich die einschlägigen Sender mit Argumenten belieferte, fanden wir im Radio nur zu ausgewählten Anlässen statt und unsere Videos landeten bestenfalls in der VIVA2 Nachtrotation (ja, damals gab es noch Musikfernsehen). Fettes Brot, Freundeskreis, Afrob, Beginner, 5 Sterne und viele andere hatten schon Jahre zuvor gezeigt, wie man Deutschrap ohne peinliche Verbiegungen in die Hitlisten bringt, und mittlerweile rockten Sido und Aggro-Berlin die Charts. Wir dagegen schafften es zwar locker, an einem Abend 1.500 Leute für eine unserer Shows zu mobilisieren, aber 500 Leute innerhalb einer Woche zum Kauf einer Single zu motivieren, um zumindest einmal in den Top 100 gelistet zu werden, war nicht drin. Unsere bis dahin erfolgreichste Auskopplung *Liebe & Hass* hatte es auf Platz 121 geschafft. Und ganz ehrlich: Was sprach dafür, dass es beim fünften Album anders laufen sollte? Für mich war *Platz 80* deshalb die perfekte Mischung aus „Scheiß doch auf den Media-Control-Blödsinn!" und „Irgendwie wär's

ja doch cool, wenn es mal klappen würde." Denn eines schien mir nach 14 Jahren Blumentopf klar: Wir waren nicht dafür prädestiniert, Charthits zu schreiben. Wer Hits will, braucht Hooks. Wir hatten Texte. Dafür waren wir bekannt und beliebt. Für viele war damals unser bester Song *Manfred Mustermann*: 8 Strophen, kein Chorus, nonstop Raps. Ich fand das großartig. Denn da war ich in Sachen Hip Hop voll bei den Stieber Twins: „Der Text steht im Zentrum, der Rest ist nur Schabernack." Aber sogar die Heidelberger waren zusammen mit Fischmob und *Susanne zur Freiheit* schon auf Platz 72 gewesen, während uns auch die beste Promoterin der Welt nicht in die Rotation bei Energy bringen konnte. Also was lief da schief bei uns?

Als klugscheißender Rapper überschätzt man naturgemäß die Bedeutung der Lyrics für den Erfolg eines Songs maßlos. Eine falsche Zeile kann mir den ganzen Track zerstören. Dagegen habe ich kürzlich in einer Untersuchung gelesen, dass Testpersonen nach dem Anhören verschiedener Popsongs nur etwa 5% vom Text behalten hatten. Das ist etwa der halbe Chorus. Befragt nach dem Songinhalt, lagen viele völlig daneben, konnten aber trotzdem die Stimmung korrekt wiedergeben. „Catchy" an einem Hit sind demnach nicht die Strophen, sondern allenfalls die Hook und ein bestimmtes Grundgefühl. Die Funktion der Vocals scheint hauptsächlich in der Unterstützung der durch die Musik transportierten Emotionen zu liegen. Sprachrhythmus und Stimmausdruck sind wichtiger als Punchlines, ein „Oooo La, La, La" hat mehr Wiedererkennungswert als „it's the way that we rock when we're doing our thang". Wenn ihr Hits wollt, vergesst die Message — es geht um Flow, Delivery und Attitude!

So viel zur Theorie. Die Praxis sah bei uns meistens so aus: Ein Rapper legte 8 Zeilen vor, aus denen eine überzeugende Textidee ersichtlich wurde. Basierend auf dieser Idee schrieben alle ihre Parts und am Schluss suchten wir dann gemeinsam nach einem Chorus, der alle Strophen unter einen Hut brachte. Schwierig, schwierig, und nur ab und zu war die Chorusidee am Ende besser als die gute Textidee, auf welcher der Track basierte. So wurde die Hook bei uns nicht selten der schwächste Teil vom Song. Und gerade ich bin alles andere als ein Spezialist für eingängige Refrains. Bei *6 Meter 90* stand der Chorus derart im Fokus, dass es erst mal gar keinen richtigen gab. Ich hatte nur 4 Takte Cuts in der Mitte vorgesehen, und als Sepalot es mit viel Fingerspitzengefühl tatsächlich schaffte, die eigentlich viel zu schnellen Zeilen aus *Jein* in die 86 bpm des Instrumentals einzubremsen, war die Albumversion fertig. Und ich fand überhaupt nicht, dass dem Song irgendetwas fehlte. Also hat Smudo, unser damaliger A&R bei Four Music, uns erst mal Nachhilfe gegeben, als es darum ging, den Song mit unserem ersten Video vom Album auszukoppeln: „Alles voll super, aber eine Single braucht einen Refrain. Und bitte die Strophen nicht zu lang! Mit anderen Worten: Songstruktur hilft." Und weil wir als Business-Rookies nicht komplett beratungsresistent sein wollten, haben wir dann eine extra Singleversion mit drei Strophen und richtigem Chorus gebaut. Weil ich aber kein Händchen für Hooks habe, hat den dann Cajus übernommen, wofür ich ihm sehr dankbar bin. Denn ich ließ da generell lieber andere für mich sprechen, und wenn mal ein Refrain von mir kam, waren es deshalb fast immer Cuts. In meinen Ohren klingen einfach die zusammengebastelten Zitate immer besser als alles, was ich selbst an Hook zustande gebracht hätte. Ich glaube, der einzige Solo-Track von mir, in dem der Chorus komplett ohne Cut auskommt, ist *Rave on*.

Inhaltlich die Mainstream-kompatibelsten Singles unserer ersten Alben waren wohl *Was' der Handel?* und *Liebe & Hass*. Aber wie Schu schon damals richtig erkannte: „Über Frauen wie dich schreiben andere Bands die Hits." Wir schrieben lieber kryptische Refrains:

„Was der H, was der A, was der N, D, der L. Baby, Baby, du bist sensationell."

Wer bitte hat jemals verstanden, dass *Was' der Handel?* unsere Version von *What's the Deal?* war? Und fehlt da beim Buchstabieren nicht ein „E"? Egal, wir fanden es einfach cool und Flow ist wichtiger als Textinhalt, soviel hatten wir schon kapiert. Aber dass man die wirkliche Hook, nämlich den Gesangspart von Mike (Antoine), als Chorus hätte nehmen müssen, anstatt ihn nur im Abspann singen zu lassen, das wurde mir erst klar, als er uns beim Dreh in St. Peter-Ording auch in Sachen Video-Performance ziemlich amateurhaft aussehen ließ.

Die perfekte Chartbremse haben wir dann in *Liebe & Hass* eingebaut: Gar keine Vocals im Chorus (wenn man mal von den dezenten „Love"- und „Hate"-Schnipseln plus Echo absieht). Weniger Mitsing-Potenzial geht wohl kaum. Gab es überhaupt schon jemals einen Deutschrap-Hit ohne Vocal-Chorus? Aber nach einer 34-taktigen Strophe braucht der Hörer vielleicht mal eine Pause von den Raps, deshalb fanden wir das schon schlüssig so. Die Idee, dass die Strophen einfach viel zu lang sind, wäre auch zu naheliegend gewesen (Stichwort Songstruktur!). Es gibt einen Grund, warum die Website „16bars" und nicht „32bars" heißt, Dummkopf!

Doch in dieser Hinsicht war ich der Schlimmste. Der ungekrönte König der zu langen Parts. Das konnten dann schon mal 40 Bars wie in *Danke* sein, aber solche Endlosstrophen schafften es nur schwer durch die bandinterne Zensur. Wie sollte man so mit vier MCs einen Song auf radiofreundliche 3:30-Minuten-Länge trimmen? Parts mit über 16 Takten hatten dazu immer auch einen egoistischen Beigeschmack. Denn bei 24er-Versen waren vier Strophen definitiv zu viel für den Song, sodass entweder einer nur den Chorus übernehmen konnte oder zwei in den sauren Apfel beißen und einen Abwechselpart schreiben mussten, in dem pingpongmäßig alle ein bis zwei Takte hin- und hergewechselt wurde. Ich bin der Einzige, der keinen echten Zweier-Abwechselpart auf Platte hat. Circa 1998 hatte ich mich mal in einem „Oldschool"-Lied mit Schu versucht. Wir klangen wie eine armselige Kopie von Run DMC, nur mit weniger Flow. Seitdem war ich fest davon überzeugt, dass ich Wechselparts nicht kann. Und ab 2006 erinnerten sie mich sofort derart an RAPortagen, dass ich mich an keinen mehr für ein Album herangetraut habe. Ohne Wechselpart gab es entsprechend oft auch Songs mit nur zwei oder drei von vier Rappern der Crew. Das sorgte für eine produktive Konkurrenz innerhalb der Band. Sobald eine Songidee stand, war jeder gepusht, möglichst schnell eine ernstzunehmende Demoaufnahme für seinen Part abzuliefern, um schon mal ein paar Takte zu reservieren. Entsprechend konnte es sehr ärgerlich sein, wenn man zu spät kam und alle Liegen schon mit Handtüchern belegt waren. So ging es mir bei *Platz 80*. Denn als ich den Track zum ersten Mal gehört habe, war er schon fertig. Er war aber so gut, dass ich unbedingt mit drauf wollte. Leider waren sich meine Bandkollegen alle einig, dass noch eine Strophe dem Song nicht wirklich gut tun würde. Vielleicht fürchteten sie auch wieder einen 32er-Part von mir. Was also tun? Einfach trotzdem eine normale Strophe zu schreiben, war keine Option. Zum Glück hatte Roger die Bedeutung von Hooks tiefer verinnerlicht als ich und den Song mit einem Doppel-Chorus beendet. Das gab mir die Chance, mich noch in den Song zu mogeln und doch auch mal eine Art Abwechselpart zu schreiben. Ich nahm nämlich einfach Rogers Chorus als Lückentext und füllte ihn mit meinen Raps auf. So kam ich zu meinem Part, ohne den Song zu verlängern. Dieses Lückentext-Prinzip wurde übrigens von Cool Calm Pete mit *Heart* perfektioniert, der einen kompletten Track von Nina Simone (*Peace of Mind*) mit seinen Raps „vervollständigte". Absolute Hörempfehlung, auch wenn er die Idee bestimmt nicht von mir hatte.

Aber was war denn nun unser Erfolgsrezept, um Platz 80 zu knacken? Ganz einfach: Ich musste einfach die Klappe halten und die anderen machen lassen. Denn Cajus und Roger hatten die richtigen Lehren aus unseren Misserfolgen gezogen: Zwei kurze Strophen (12 und 14 Takte), trockener Humor und eine geniale Hook im Zentrum, die sich alle merken und auf die sich alle einigen können: „Du bist ein Horst, Horst!" Was das genau bedeutet? Wird hier einem Horst gesagt, dass er ein Horst ist? Oder wird hier jemand als Horst-Horst tituliert, sozusagen als Doppelhorst? Ich hab nie nachgefragt, denn für mich war es immer klar: Du Horst, der zweite Horst bedeutet gar nix! Klingt nur besser mit zwei Horsts. So gehen Hooks. Platz 68, zwölf Plätze höher als der erträumte Platz 80, Champagner für Claudie! Und Schu hat auf unserer LP *Wir* mit *SoLaLa* erst recht bewiesen, dass er weiß, wie man lehrbuchmäßig Hits strickt: Man schreibe zuerst die Hook (in dem Fall als Entwurf für ein A-capella-Interlude). Die Hook ist idealerweise eingängig (vgl. „Oooo La, La, La"), kombiniert mit trockenem Humor (vgl. *Horst*). Ein echter „No-Brainer", wie es unser damaliger A&R bei Emi Götz Gottschalk ausdrückte. Auf die hitverdächtige Hook wird anschließend ein passender Beat maßgeschneidert. Zuletzt ergänzt man die Strophen, und zwar genau 3 Stück à 16 Bars (siehe Songstruktur), gemäß ihrer wahren Funktion im avisierten Chartbreaker: Sie dienen als rhythmisches Füllmaterial in den Pausen zwischen den Refrains und unterstützen zusätzlich die transportierte Grundstimmung (trockener Humor). Alle Regeln vorbildlich beachtet. Resultat: Vierter Platz beim Bundesvision Song Contest (beste Platzierung einer bayerischen Band bis dato) plus Platz 45 in den Single-Charts. Unser Alltime-High, chapeau! Mein Beitrag dazu? Neben ein paar mehr oder weniger einfallsreichen Wortspielchen im Wechselpart durfte ich mich auch noch verwirklichen und habe aus „Ach so, nur weil ich bei Mola von VIVA war" einen Stieber-Twins-Cut „So La La" zusammengeschnitten. Da konnte ich nicht viel kaputtmachen — es hat den Song nicht verlängert.

Wunder

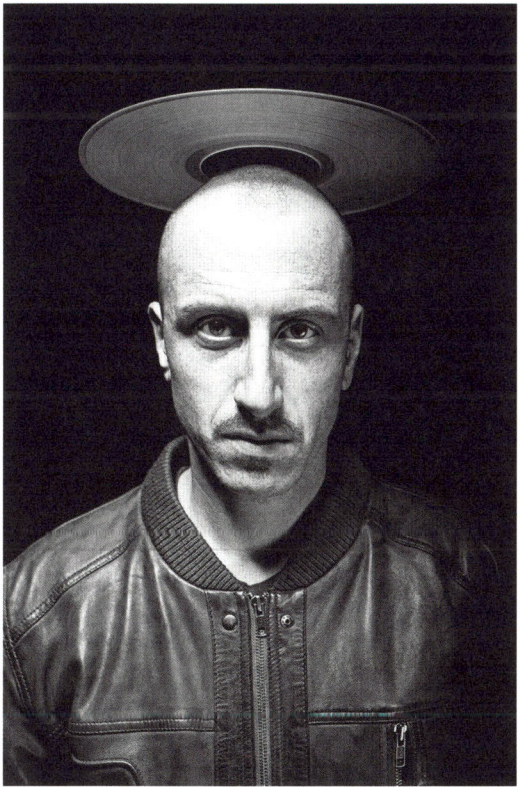

DU BIST EIN HORST, HORST!

Wann genau aus „Horst" ein Schimpfwort wurde, ist nicht bekannt. Wie es passierte, kann man sich jedoch ausmalen. In jeder Gruppe gibt es einen Ungeschickten, einen, der häufiger Pech hat als die anderen, einen, der manchmal etwas länger auf der Leitung steht als die anderen. Einer muss irgendwo, irgendwann einmal Horst geheißen haben. Und weil der Name trotz allem irgendwie auch passend war, fingen auch andere Leute an, den Tollpatsch ihrer Gruppe als „Horst" zu titulieren, selbst wenn der gar nicht so hieß. Ein Horst ist schlussendlich ein Allerweltsdepp. Einer, der wie alle anderen ist und allein schon deswegen ein wenig trottelig. Zu einem Horst kann jeder jederzeit werden. Es ist nicht so: einmal ein Horst, immer ein Horst — aber manchmal schon. Und sowieso hat Horst-Sein nichts mit der Abwesenheit von Intelligenz, Intellekt oder anderen Kriterien zu tun — oder, um es mit Blumentopf zu sagen: **„Ob alt oder jung, / Ob groß, ob klein. / Nichts schützt davor, ein Horst zu sein. / Auch du bist einer, Mann, nimm mich beim Wort! / Diagnose: Horst."**

Horst ist ein Song, der aus einem Flash heraus entstanden ist. Die Glücklichen oder auch die Idioten, die dieser Flash getroffen hat, waren Roger und Cajus: „Den Beat hatten wir fünf am Tag vorher an unseren Instrumenten zusammengejammt. Alles fing an mit zwei hauchigen Atmern auf die Eins und die Zwei. Einsilbig ... wiederholt ... irgendwas ... und wichtig — gehaucht! Wenig später zischten wir grinsend ‚Horst, Horst' vor uns her Richtung Box. ‚Du bist ein', als lauter, punchiger Auftakt dazu, fertig. Ein klassischer No-Brainer war geboren. Begeisterung! Kurz nach Halbzeit platzte Wunder überraschend ins Studio. Und da kam auch schon die Frage, was denn die Idee sei? Aus Angst, er könnte uns mit einem einsilbigen „Uh!" den ganzen Flash zerstören, schickten wir ihn weg. Echte Bandkollegen! Aber uns war klar, dass jeder noch so kleine Zweifel das Aus für *Horst* noch in seiner Entstehung bedeutet hätte."

Wenn Schu bei den Live-Shows als Intro zu *Horst* eine seiner Horst-Geschichten erzählt, ist das ein Moment, der zeigt, wie gut die Band selbst über Selbstironie funktioniert. Eine Horst-Geschichte handelt zum Beispiel davon, wie Schu als Jugendlicher Spaghetti kochen möchte und seine Schwester Julia fragt, wo denn im Keller der Tank mit

Salzwasser stünde. Es war kein Witz. Er meinte das ernst. Sich selbst nicht zu ernst nehmen, ist im Rap-Zirkus bestimmt eine exotische Eigenschaft und gerade die Eigenschaft, die den TOPF auszeichnet: Gelassenheit. Aber auch in ihren Texten sparen die Töpfe nicht an kritischer oder spaßiger Selbstreflektion und scheuen nicht davor zurück, die eigenen Unzulänglichkeiten zu thematisieren.

„Ich bin ne Stereotype mit Mono Lebenslauf. Mein Leben ist die Bühne, doch jetzt chill' ich gerade im Backstageraum. Ich bin nicht schlecht gelaunt, es gehört zu meinem Stil das ich so selten lächle. Das Leben ist 'n off'nes Buch für mich, nur leider leide ich an 'ner Leseschwäche." (Schu, *Problem mit Ich*)

Was ich lieb', wenn manche Leute weinen vor lachen — Was ich hass', und das bei meinen ernst gemeintesten Sachen. (Roger, *Liebe & Hass*)

„Vielleicht hat ja die Straße, in der ich aufwuchs, meinen Charakter geprägt, doch wer hört das gern, wenn er als Kind in 'ner Sackgasse lebt." (Wunder, *Reihenhaus*)

„Wenn du morgens aufstehst und vor dem Spiegel erschrickst, nach dem Schock erstmal in dich gehst, aber niemanden triffst, und du dir deshalb vornimmst, dass du heute mal lieber nix kiffst, aber schon weißt, dass du das bis heute Abend wieder vergisst." (Cajus, *Medizin*)

Der Fotograf Christoph Neumann begleitet die Band seit 2009 auf und hinter der Bühne, privat und inszeniert. Er schafft dabei gemeinsam mit den fünf und seinem Assistenten Dominik immer wieder Momente des Horst-Seins und hält diese fotografisch fest.

„Die Töpfe haben mir gleich während unseres Kennenlernens einen Spitznamen verpasst und mich ‚Rakete' getauft. Ich denke, das ist auf meine immer recht impulsive und energetische Arbeitsweise zurückzuführen. Und wir haben auf Anhieb gut zueinander gepasst. So wie das Lied *Horst* gut zu uns allen passt, da sich jeder von uns auf eine positive Art und Weise zum Horst machen kann. Das wirklich Spannende und überaus Hervorragende an den Jungs ist, dass sie sich nicht zu schade dafür sind, sich auch selbst zum Horst zu machen. Die Selbstironie, die der TOPF ausstrahlt, fehlt vielen, die sich allzu gerne viel zu ernst nehmen. Dadurch wirkt der Blumentopf authentisch und nahbar. Außerdem sind Cajus, Wunder, Flo, Roger und Sepalot für jeden Spaß zu haben. Die können stundenlang reden ohne inhaltlich etwas zu sagen, da geht es dann nur um Klamauk. Pingpongmäßig spielen sie sich die Sprüche zu.

Gerade Roger, Cajus und Schu sind Weltmeister darin, die können bestimmt auch tiefgründig, aber das wollen sie meistens nicht. Also wer Ironie und Sarkasmus mag, sollte sich ausgiebig und lang mit Cajus unterhalten. Und wie unterschiedlich die sind, sieht man sofort auf jedem Foto beziehungsweise spürt es hinter der Linse. Beim TOPF sind von laut bis ganz leise alle Nuancen am Start. Da ist Cajus, der schon mal ein wenig drüber sein kann, vielleicht etwas overacted und dann der extreme Gegenpol, Wunder: egal welches Foto, immer das gleiche Gesicht und immer schwierig zu positionieren. Aber das ist fotografisch geil. Das macht die fünf aus."

→ Christoph Neumann ist Fotograf und lebt in Berlin.

EINE HOHE KUNST?!?

„Und danach ist dann noch Freestyle-Session." Bei diesem Satz stellt es mir nach 20 Jahren Rap die Nackenhaare auf. Wahrscheinlich habe ich einfach zuviel gesehen — Marlon Brando, *Apocalypse Now*: „das Grauen, das Grauen". Nach den Konzerten noch Freestyle, jetzt darf jeder mal ran an die Mutti, Open-Mic, das Mikrofon ist offen für alles, „Mic's a Bitch and then you die". 1000 Tode. So eine Freestyle-Session kann durchaus zwei quälende Stunden lang werden, wenn der MC Underrated meint, jetzt gehören endlich mal sämtliche Mütter dieser Erde, die gesamte Rap-Szene und alle Faker und überhaupt alles zerfickt und es müsse ans Mic gestepped werden, um die Rhymes direkt aus dem Kopf zu droppen — und die ganze selbstreferenzielle „Rap über Rap"-Scheiße, die ich schon 1000 Mal gehört habe und die mich in Rap-Texten schon langweilt. Zwei Stunden Freestyle können sogar bei höchster Kunstfertigkeit anstrengend sein. Das kann sich nämlich wiederum anfühlen, als höre man Gitarristen dabei zu, wie sie sich im virtuosen Dauersoli-Spielen übertrumpfen wollen. Ganz hohe Kunst, ja, Wahnsinn, aber irgendwann ist man müde. Bin ich ein

Freestyle-Hater? Um Gottes willen, nein! Aber ich finde: Erst die Dosis macht das Gift.

Und dann sagen Blumentopf, sie gehen auf Freestyle-Tour. Freestyle mal im Konzert eingestreut dazwischen? Ja, auf jeden Fall! Und bei den Töpfen sowieso, weil sie zu den besten Freestylern überhaupt gehören. Punkt. Aber ein ganzes Konzert? Überhaupt ein Freestyle-Konzert, was soll das sein? Und das eine ganze Tour lang? Ich war skeptisch. Sogar bei Blumentopf. Sogar bei den Besten. Sogar bei denjenigen, die mir in unzähligen Freestyles ein „Woah, krass"- Emoticon auf mein Gesicht gepostet haben. Das war meistens witzig, geistreich, kritisch oder einfach nur genial. Ich kann mich an ein „Streitgespräch" zwischen Schu und Wunder erinnern, verpackt in Freestyle-Vierzeiler, das bei Salz in Cola anfing, dann über die weltpolitische Lage ging und in falschen Verschwörungstheorien und wahren Hintergründen endete. Fast 15 Minuten lang ging das hin und her. Das hat mich einfach nur weggeblasen. Pures Können. Solche Beispiele gibt es beim Topf viele.

Trotzdem muss ich zugeben, dass es mir auch bei Blumentopf manchmal zu viel wurde. Klar, vier Freestyler auf absolutem Top-Niveau, da will jeder seine spontanen Gedanken rausballern. Und bei den Töpfen ist es ja schon im normalen, privaten Gespräch so, dass sie vor Wortwitz nur so sprühen, als wollten sie sich gegenseitig ständig sprachlich übertrumpfen. Immer einen Spruch auf der Lippe, immer eine Punchline auf der Zunge, immer im Modus sozusagen. Trotzdem habe ich mir manchmal auch bei Topf-Shows gedacht: „Jetzt ist es mal gut mit Freestyle, ich will wieder einen Song hören." Deswegen war ich skeptisch. Auf einer ganzen Tour nur Freestyle? Wie falsch ich lag. Und wie das ging!

Wir waren als Doppel D für mehrere Konzerte als Support mit dabei und ich weiß noch, wie wir uns auf der Fahrt zum ersten Gig gefragt haben: „Werden sie auch Songs spielen? Wird das jeden Abend genau der gleiche Ablauf sein? Dieselben Spielchen mit dem Publikum? Wird Sepalot die gleichen Beats auflegen? Gibt es inhaltlich einen roten Faden?" Ich konnte es zuerst nicht wirklich glauben, aber es war wirklich so radikal

↑   Freestyle Tour, Skaters Palace, Münster

spontan, wie ich es nicht für möglich gehalten hätte. Ja, es gab am Ende vielleicht eine Handvoll Blumentopf-Songs jedes Mal, aber davor war mindestens zwei Stunden Free-style — schon mit der ein oder anderen ganz kurzen Verschnaufpause, mal ein wenig Sepalot solo, eine MPC stand noch da, für kleine Beatspäße dazwischen. Aber es ging alles recht nahtlos ineinander über. Hatte mehr Party- als Konzertfeeling. Und jede Show war anders, Sepalots Set war anders, die Freestyle-Texte waren kom-plett anders. Was auch am Publikum lag: Wie es auf dieses und jenes reagierte, bestimmte auch die Show von Blumentopf. Es war spannend, die unterschiedlichen Tagesformen von Roger, Schu, Wunder und Cajus zu sehen. War der eine mal ein wenig schwächer, fingen das die anderen locker wieder auf. Und es war überhaupt nicht langweilig oder zu viel. Wie gesagt, ich kam mir eher vor wie auf einer fetten Party, auf der Blumentopf den Sound macht. Vor allem auch, weil man durch die Länge des Free-styles auch mal abschalten konnte. Wie eben auf einer Party. Man muss ja auch nicht jedem Satz zuhören, den Guru rappt, um auf

einen Song von Gang Starr Party machen zu können. Das ist das, was mich bei der Blumentopf-Freestyle-Tour dann trotz aller Skepsis so gepackt hat. Wie locker und ungezwungen das auch alles ablief, das war eine Demonstration der Kunstfertigkeit. Es war jedes Mal straighter Hip Hop. MCing, wie es ursprünglicher nicht sein könnte. Typen, die mit spontanen Reimen die Menge anheizen, während der DJ Platten auflegt. Blumentopf Freestyle-Tour, des war die Realness, Oida!

     Monaco F

→   Monaco F bekennt sich dazu, nicht freestylen zu können, und möchte auch gar nicht mehr damit anfangen. Denn seiner Meinung nach sollte man die Messlatte erkennen und die hängt ihm viel zu hoch. Auf der Messlatte steht unter anderem mit dickem Edding Blumentopf.

FIAT FreestyleTeam

Blumentopf

DC

FREESTYLE TOUR 2009

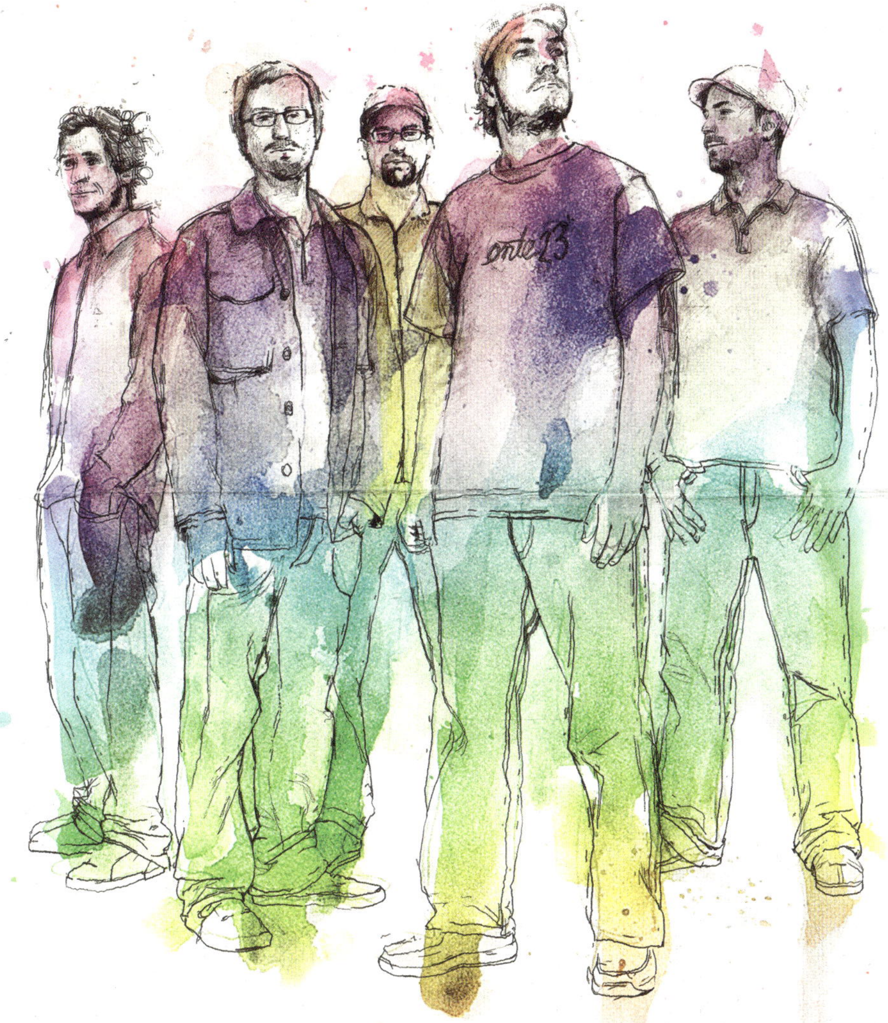

06.11.09 **Regensburg** – Suite 15
07.11.09 **(A) Timmelkamm** – Mosquito
08.11.09 **(A) Wien** – Szene
12.11.09 **Hamburg** – Knust
13.11.09 **Münster** – Skaters Palace Cafe

14.11.09 **Bochum** – Riff
15.11.09 **Wiesbaden** – Schlachthof
17.11.09 **München** – Atomic Cafe
20.11.09 **Bayreuth** – Zentrum
21.11.09 **(CH) Bubikon** – Rampe Club

22.11.09 **(CH) Basel** – Sommercasino
26.11.09 **Freiburg** – Jazzhaus
27.11.09 **Augsburg** – Ostwerk
28.11.09 **Tübingen** – Sudhaus
29.11.09 **Lindau** – Club Vaudeville

AKAI professional · www.hiphop.de · myspace.com · JUICE · laut.de · FOUR artists

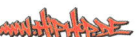

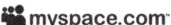

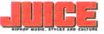

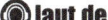

WWW.BLUMENTOPF.COM WWW.TOPFMUSIK.COM

2010

→ SINGLE *WIR* (EMI)
→ LP *WIR* (EMI)
→ 500-JAHR-SHOW
→ RAPORTAGEN ZUR FUSSBALL-WELTMEISTERSCHAFT IN SÜDAFRIKA (ARD)
→ SINGLE *SOLALA* (EMI)
→ 4. PLATZ BEIM BUNDESVISION SONG CONTEST
→ SCHU: EP *ÜBERDOSIS DU* (YA-HA!, YA-HA! MUSIK)
→ SEPALOT: EP *FRACTURE* (MIT FRANK NITT, MPM)
→ ROGER: REMIX *BRAINDEAD WIR*
→ IHR & WIR TOUR TEIL 1, SUPPORT: DEXTER, MANIAC

2011

→ EP *FENSTER ZUM BERG* MIT DER MUSIKKAPELLE MÜNSING (EMI)
→ *FENSTER ZUM BERG*-TOUR MIT DER MUSIKKAPELLE MÜNSING
→ IHR & WIR TOUR TEIL 2, SUPPORT: PURKWA
→ WUNDER: TEILNAHME BEIM SINGSPIEL AM NOCKHERBERG,
   ROLLE: PHILIPP RÖSLER
→ SEPALOT: SKETCHES#1 *BEAT KONDUCTA BAVARIA* (ESKAPADEN)
→ SEPALOT: LP *CHASING CLOUDS* (ESKAPADEN)

2012

→ SCHU: LP *IMMER & ÜBERALL* (YA-HA!, YA-HA! MUSIK)
→ ROGER: SONG *NUTTEN AM POOL* FÜR DEN KINOFILM *TÜRKISCH FÜR ANFÄNGER* (CONSTANTIN FILM)
→ *KEIN ZUFALL-GROSSES KINO*-TOUR, SUPPORT: EDGAR WASSER
→ ROGER: LP *4S PUNKS* (WSP RECORDS)
→ SCHU: TEXT *40 CENT* MIT STOFFERL WELL FÜR DAS THEATERSTÜCK
   FEIN SEIN, BEINANDER BLEIBN! (MÜNCHNER KAMMERSPIELE)
→ RAPORTAGEN ZUR FUSSBALL-EUROPAMEISTERSCHAFT IN POLEN
   UND DER UKRAINE (ARD)

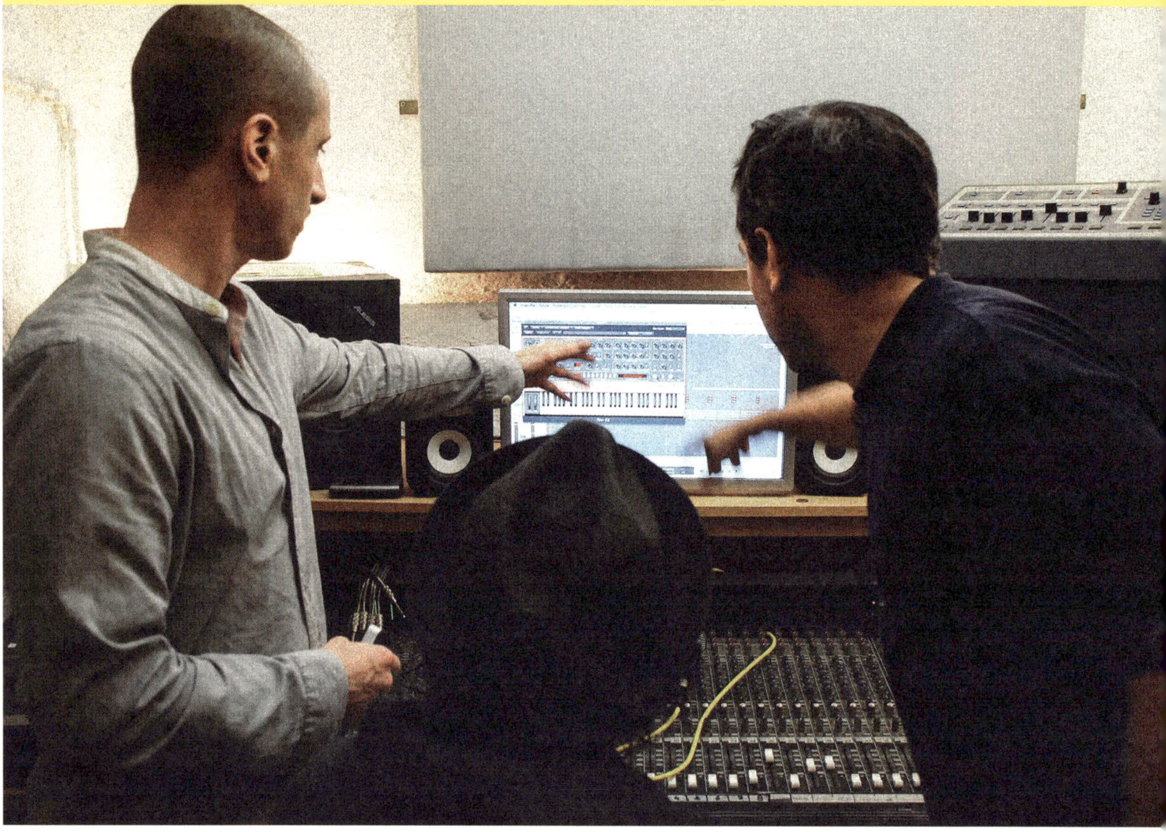

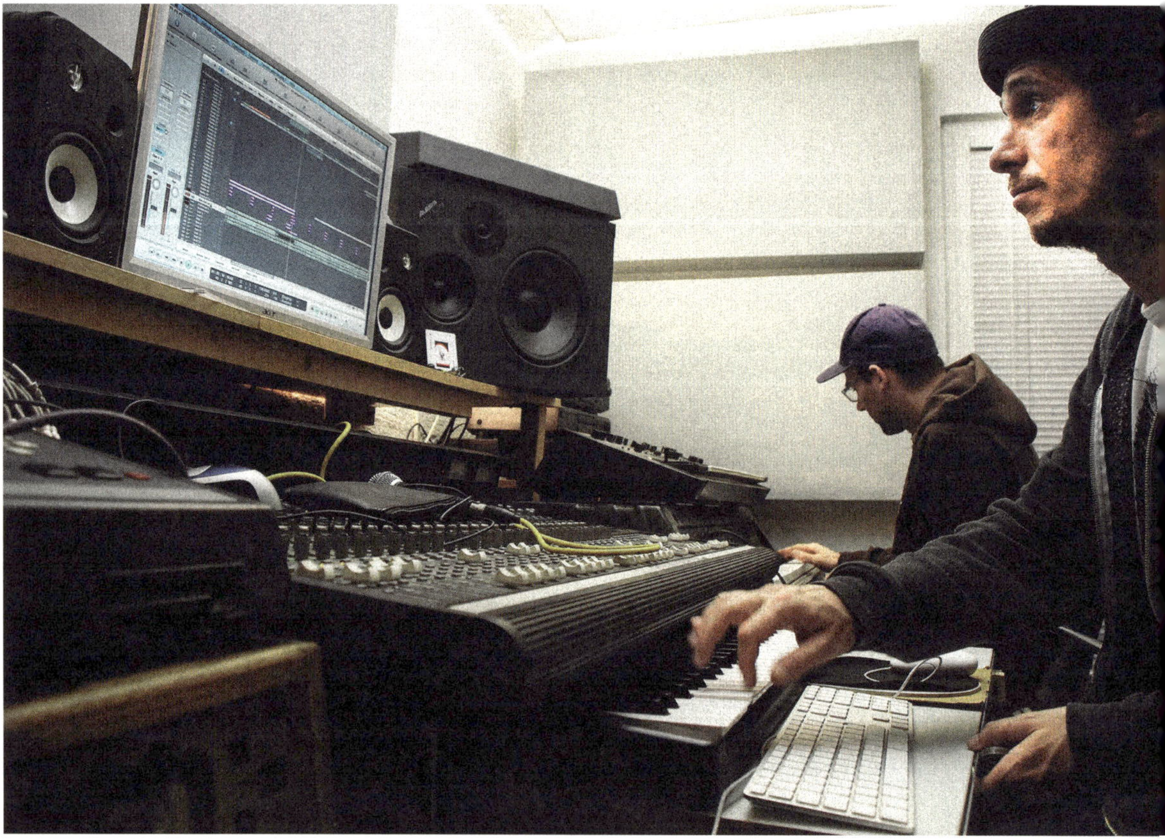

01

Das *Wir*-Album hatte einen schweren Start: Nachdem wir Four Music verlassen hatten und zu EMI gewechselt waren, hatten wir zum ersten Mal ein richtiges Management, das für uns arbeitete.

Diese beiden Ereignisse führten zu unzähligen Diskussionen und Streits, die uns nahezu sämtliche Energie für ein weiteres Album raubten. Wie sollte man zusammen einen Song schreiben, wenn man zuvor ein dreistündiges Streitgespräch geführt hatte? Wir hatten noch nicht einen vernünftigen Song, waren dafür aber schon oft an einem Punkt angelangt, an dem es mehr als unklar war, wie und ob das mit der Band weitergehen würde. Ein Albtraum.

Gleichzeitig waren wir uns aber einig, dass wir wieder einen Bandsound brauchten, einen Sound, der sich durch das gesamte Album ziehen würde. Wir versuchten es mit einem Bandcamp und mieteten uns für eine Weile in ein Haus in der Nähe des Chiemsees ein. Es half, zusammen auf neutralem Boden zu sein, auch wenn es letztlich kein Song aus diesen Sessions auf das Album schaffte. Wir näherten uns wieder an und fanden eine Basis, auf der wir aufbauen konnten.

Nachdem wir schon fast ein ganzes Album aufgenommen und wieder verworfen hatten, war *Wach auf* der erste Song, bei dem wir alle ein wirklich gutes Gefühl hatten. Die Klangästhetik des Liedes mit dem drumloopartigen Schlagzeug-Programming, den kaputten Gitarrensounds und den wie bei unseren Live-Shows eingesetzten Dopplern und Ad-Libs war dann auch der Blueprint für das übrige Album.

Während Roger für die Beats von *Sie tanzt die Nächte durch* und *Taschen voller Sonnenschein* verantwortlich war und Cajus für den von *SuperEinfachSchwierig*, entstanden die restlichen Songs wieder in einer klassischen Producer- / MC-Aufteilung.

Nach einer Zeit der Orientierungslosigkeit fingen wir nun endlich an, ein gemeinsames Album aufzunehmen. Was für eine schwere Geburt.

Sepalot

02

03

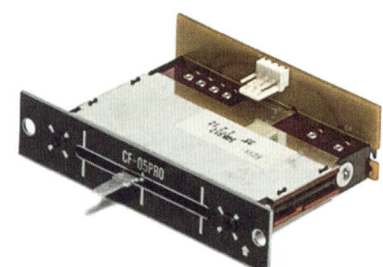

01	Pioneer DJM-909 (DJ-Mixer), Squashbälle zum entkoppeln der Plattenspieler und Fusspedal
02	Akai MPC1000 (Sampler für Liveshows)
03	Moog The Rogue (Analog-Synthisizer)
04	Ersatz Crossfader für DJ-Mixer

04

DER BLUMENTOPF-SOUND

Ein grauer Hinterhof im Münchner Glocken-bachviertel: An der Treppe, die in den Keller hinunterführt, bröckelt der Putz. Sepalot drückt die Tür zu einem schmalen Gewölbe-gang auf, in dem sich ein Drum-Set, Laut-sprecherboxen, eine alte Gitarre, Wasser-kocher, Zeitschriften und Platten stapeln. Es riecht nach Moder. Ein Nebenraum mit Holzvertäfelungen aus den fünfziger Jahren dient als Gesangskabine. Wenn moderne High-Tech-Studios heute mit Rechner, Mikro und Abhöre auskommen, dann stellt dieses Loch so ziemlich das genaue Gegenteil dar. Überall Gerätschaften aus der Steinzeit des Hip Hop: Neben einem Set 1210er-Platten-spieler stehen ein Fender Rhodes Piano Stage 73, ein Korg-Synthie und ein Moog. Sepalot, ein drahtiger Typ mit Forscher-Blick, kann jedes einem seiner Lieblings-Musiker aus den siebziger Jahren zuordnen: Herbie Hancock, Lonnie Liston Smith, Stevie Wonder und so weiter. Der Hip-Hop-Produzent und Blumentopf-DJ streicht mit den Fingern über zwei graue Kästen: SP 1200 Sampler-Dino-saurier. „Fünf Sekunden Mono-Sample-Zeit, und hier steckst du die Floppy Disc ein."

Auch wenn das TOPF-Studio in etwa so gemütlich wirkt wie das Depot eines Technik-Museums, wurden in dem Durcheinander mehrere von der Kritik hochgelobte Blumen-topf-Alben produziert: *Musikmaschine* und *Wir* etwa, und teilweise auch *Nieder mit der GbR*. Seit Ende der neunziger Jahre stellte die Münchner Formation zusammen mit Freundeskreis und den Beginnern die Vorhut einer mal politischen, mal selbstironi-schen Rap-Alternativkultur, die sich ihre eigene Version von Hip Hop schnitzen wollte.

Ihn hätten am Hip Hop immer die Beats interessiert, sagt Sepalot. Sie waren die Basis für die Zusammenarbeit mit den anderen vier Töpfen. Cajus, Roger, Schu und Wunder fanden vor allem über die Texte zum Rap. Blumentopf setzten mit ihrem Debüt *Kein Zufall* neue Maßstäbe im deutschen Hip-Hop. Viele sprachen von einem spezifisch „Münchnerischen" Sound, was auch immer das bedeuten mag. Die Blumentopf-Beats kamen deutlich entspannter daher als das Gros der Konkurrenz, hatten die gepflegte Nonchalance einer Isarparty mit Ghetto-Blaster. Sepalot, der alle Beats des Albums machte, hatte damals eigenen Angaben zufolge „kaum deutschen Hip Hop gehört". Ihn begeisterten viel eher amerikanische Produzenten wie Pete Rock, der trocken jazzige Swing von A Tribe Called Quest oder die soulige Weirdness der Outkast-Produ-zenten Organized Noise.

Außerdem hatte er eine tonnenschwere Plattensammlung: Er habe, sagt er, die alten Vinyltracks, den knisternden Rare Groove „total gefeiert". Nachzuhören in den so soulhaltigen wie staubigen Beats der ersten Blumentopf-Alben. Und in bahnbrechenden Samples. Manche der Sounds (etwa auf *Kein Zufall* und der *Abhängen EP*) jedenfalls konnte man später auch auf Produktionen von DJ Premier, Madlib, Jaydee und Pharcyde wiederfinden. Erste Auftritte als DJ von Blumentopf absolvierte Sepalot in Old-School-Manier: Bei Auftritten in Münchner Jugend-zentren reihte er wie einst Grandmaster Flash Beatsequenzen aneinander, mixte die Breaks stundenlang von Plattenteller zu Plattenteller. Blumentopf aber wuchs mit der

Horizonterweiterung von Sepalot bald aus der Funk-Ecke heraus. „Uns ging es immer um die Kanten, das etwas Unscharfe, überraschend Verwackelte. Ein zu hochpolierter Sound", sagt er, „würde nicht zur Band passen."

Das Fundament für den TOPF-Markensound war die eher verspielte als strenge Ästhetik. Wobei Sepalot wusste, welcher Rapper sich mit welchem Sound am wohlsten fühlte: Wunder und Schu kickten auf den melancholisch klavierlastigen Beats. Roger bevorzugte die dreckigen, rohen Sachen, die nach vorne gehen. Cajus mochte seine Beats dagegen Drum betont mit schiebenden Bässen. Irgendwann sei die Band auf den Trichter gekommen, dass man nicht jeden Track auf einen Fünfer-Kompromiss bügeln kann. Allerdings nicht sofort. *Großes Kino* und das Album *Eins A*, auf dem auch Wunder produzierte, nennt er die Highlights ihrer Karriere — Storytelling, Flow, Beats waren selten so dicht wie hier.

Demokratie gehörte immer zu den Grundprinzipien des Topfs: Oft war es die Schnittmenge aller fünf Bandmitglieder, der Fünfer-Kompromiss, der den Blumentopf-Sound definierte.

Das bedeutete, dass der Produzent auch seine Meinung zu den Lyrics äußerte, die MCs dafür immer wieder eigene Beats einbrachten. Anstrengend sei das gewesen, ja. Dahinter aber stand der Wunsch, alles neu zu machen, nicht im selben, erprobten Fahrwasser zu bleiben, und musikalisch im Kollektiv zu arbeiten. Besonders Roger steuerte auf den letzten drei Alben immer wieder Beats bei. Ein Wettbewerb der Ideen: Oft schrieben mehrere MCs ihre Lyrics auf denselben Beat, am Ende gewann der mit dem besten Text oder auch dem besten Flow.

Daneben brachten die MCs auch eigene Cuts ein: etwa Wunder in *SoLaLa*, *Fenster zum Berg* (von ihm stammen auch die Samples von *Mustermann*, *Block und Bleistift* oder *Bretter, die die Welt bedeuten*). Sepalot übernahm es dann, die Cuts (von Samy Deluxe über die Sticber Twins und Kool Savas bis zu Afrob und den Massiven Tönen) in ihre Lyrics zu scratchen.

Sepalot sagt, ihm sei es immer am liebsten gewesen, aus der Underdog-Perspektive zu produzieren. Oft komme etwas Besseres heraus, wenn einen die Umwelt als Nerd belächle und man es trotzdem durchziehe. Etwa bei Alben wie *Wir* — dessen schleppender Gitarren-lastiger Sound viele Fans verblüffte. Da war die Band schon längst der Hip-Hop-Orthodoxie entwachsen. Sie hatte sich etwa durch die ARD-RAPortagen auch jenseits der Hip-Hop-Kultur einen Namen gemacht. Und leistete sich auch soundtechnisch immer wieder witzige Extravaganzen wie ein Zusammenspiel mit der Musikkapelle Münsing. Letztlich ist es genau diese Einstellung, die die Coolness von Blumentopf prägt — und ihren Keller-Sound so unwiderstehlich macht.

→ Jonathan Fischer ist Journalist, Maler und DJ. Seit 1998 arbeitet er als freier Journalist unter anderem für die *Süddeutsche Zeitung*, *FAZ*, *Die Zeit*, *Rolling Stone* mit dem Themenschwerpunkt Afroamerikanische Kultur.

↑ Treppe im Hinterhof zum Studioeingang

„DIE WIR-AG SORGT FÜR DAS WIRTSCHAFTSWUNDER" (WIR)

Es war im Auto, an der Ecke von Sepalots Elternhaus in Freising, als die Band Blumentopf eine Zukunftsprognose abgab — über das, was kommen würde. 1997 war das, *Kein Zufall* war gerade fertig aufgenommen und die Veröffentlichung stand unmittelbar bevor. Das erste Album, das hieß auch: das erste Mal Geld. Und das, was immer ein Hobby war und in den Jugendzimmern der Münchner Vorstadt entstand, bekam auf einmal eine finanzielle Dimension. Nur — welche?

„Jeder musste aufschreiben, was er denkt, wieviel wir verkaufen", sagt Sepalot. Dazu den Namen. So breitete sich auf der Pinnwand im Haushalt 2000, der WG der Band in Freising, ein Panoptikum aus, ein Panoptikum der Erwartungshaltungen. „Schu und du, ihr wart am meisten auseinander", erinnert sich Roger. Denn Sepalot war sich sicher — und der Zettel auf der Pinnwand war Zeuge —, dass Blumentopf 10.000 Platten von *Kein Zufall* verkaufen würde. Auf dem Zettel von Schu hingegen stand 150.

Die Grundsatzdebatte, die folgte, ist typisch für den Spirit, mit dem die Band jahrelang gearbeitet hat. Basisdemokratisch, ohne Boss — von Business oder Band-Management sprach 1997 nun wirklich keiner, es ging um Beats, Beats, Beats, und Sepalot sah sich an der Pinnwand mit dem Vorwurf konfrontiert, „dass ich 'ne astronomische Zahl aufschreibe und mit vollkommen falschen Erwartungen da rangehe". Dabei war er bis dahin derjenige, der — während *Kein Zufall* aufgenommen wurde — ständig parallel mit einem Ohr am Telefon hing, um mit einem Anwalt zu besprechen, wie dieser den Platten-Deal mit Four Music zu fairen Konditionen für die Band aushandeln konnte. „Mir war klar, wenn wir 150 Platten verkaufen,

dafür hebt der Anwalt nicht mal das Telefon ab!" Die Situation an der Pinnwand im Haushalt 2000 um die antizipierten Platten-Verkaufszahlen war daher in zweifacher Hinsicht wegweisend: Blumentopf hat am Ende tatsächlich über 85.000 Platten von *Kein Zufall* verkauft. Gemanagt hat sich die Band aber trotz steiler Erfolgskurve mehr als zehn Jahre lang selbst.

Roger machte die Grafik. Noch bis zur zweiten Platte, *Großes Kino*, entstanden die Cover-Gestaltungen abends, nach Feierabend, in der Agentur, in der er damals gearbeitet hat — Vollzeit und in Festanstellung. „'Nen externen Grafiker anzuheuern, wäre uns im Leben nicht eingefallen", sagt Sepalot. „Es war ein Spirit-Ding!" Das Prinzip Eigenregie war also gesetzt. „So haben wir es dann mit der ganzen Platte gemacht", erzählt Roger. Während die Band also produzierte — natürlich selbst -, knipste ein Kumpel von Roger erste Fotos.

Im Laufe der Zeit kamen immer mehr Aufgaben dazu. „Wenn wir sie nicht selbst übernehmen konnten, haben wir sie in den eigenen Reihen vergeben", erzählt Cajus. 1999, kurz nach dem Booking-Vertrag mit Four Artists, übernahm Schus Schwester Julia die Tourbegleitung, wurde Ansprechpartnerin für Medien und half im täglichen Geschäft aus.

Um den Versand kümmerten sich Renate Schuster, Schus Mutter, und seine kleine Schwester Lena. Blumentopf wurde zur Family Affair. „Sicherlich normal, sich anfangs im privaten Umfeld umzuschauen", sagt Sepalot. Nur: „Bei uns ist es halt so geblieben!" Und Roger fügt hinzu: „Wenn es die Zeit zugelassen hätte, hätten wir wahrscheinlich alles selber gemacht!"

↑   Auftritt mit den Titans Berlin Cheerleader beim Bundesvision Song Contest in Berlin, 2010

JUICE-DVD   THE NEW WEST • DIDDY • JUST BLAZE VS. ALCHEMIST • MANNIE FRESH

JUICE

AUSGABE
07-08/2010

HIP HOP MUSIK, STYLES AND KULTUR

Kings Of HipHop

FUGEE SPECIAL

THE GAME
NATE57
SCARFACE

FÜR IMMER NERDS

BLUMEN TOPF

ALPA GUN
NAS & DAMIAN MARLEY

Und so tourte Blumentopf jahrelang wie ein eingeschworenes Bündel durch Hip-Hop-Deutschland. Aus dem Haushalt 2000 war eine WIR-AG hervorgegangen, und vom Licht-Techniker bis zum Nightliner-Fahrer waren fast alle von Anfang an dabei. Und blieben es — auch, als aus den Clubs Konzerthallen wurden und Blumentopf Headliner auf den großen Festivals. Jeder hatte seinen Aufgabenbereich. Wunder kontrollierte Abrechnungen und kümmerte sich um die GemA, Cajus war Online- und Merchandise-Beauftragter, und Schu schrieb Pressetexte und war in die Produktion der Musikvideos eingebunden. Dass es die Musikbranche einer Band aber nicht unbedingt leichter macht, nur weil die die Branche kollektiv ignoriert, merkte Sepalot als Erster: „Ich bin so in den Manager-Part reingerutscht", erinnert er sich, „und es gab sicher den Zeitpunkt, an dem ich das nicht mehr machen wollte."

Es war ein Spagat — zwischen der kreativen Arbeit mit der Band, der Arbeit im Studio und den Telefonaten mit der Plattenfirma. Ein Spagat, der für Sepalot immer schwieriger wurde:

„Man kann sich nicht richtig auf die Musik konzentrieren. Und es ist immer blöd, sich als Künstler selbst zu vertreten." Klar, wer diese Verhandlungen führt, muss wiederum ständig um den Wert seiner eigenen kreativen Arbeit feilschen. „Es deprimiert dich, wenn du Klinken putzen gehst", so beschreibt das Roger — sagt aber auch ganz offen: „Sepalot war für uns immer etwas nervig." Der sagt stöhnend über diese Zeit: „Ich hab eigentlich nur Brände gelöscht", und dass er den Do-it-yourself-Manager-Job eigentlich schon nach dem ersten Album wieder habe bleiben lassen wollen. Doch das nächste kam immer schneller als gedacht, „und ich stand wieder da und hab gesagt, das mach ich nie wieder. Aber dann konnte man wieder niemanden mit dazuholen, man war ja schon mittendrin und hatte keine Zeit mehr." Denn alles fängt schon wieder an zu rollen. Und der Spagat, er ist wieder da.

Komischerweise findet sich die Band, ausgerechnet nachdem sie eine Managerin engagiert hat, an ihrem tiefsten Punkt wieder. Es ist 2009 und Sophie Raml beginnt auszumisten. Sie organisiert eine neue Plattenfirma, die EMI, und zum ersten Mal gibt es auch einen A&R, Götz Gottschalk, der sich kritisch mit der Musik auseinandersetzt. Aber die Arbeiten an *WIR* gestalten sich schwierig. „Das war die Platte, wo sich die Band beinahe aufgelöst hätte bei der Produktion", sagt Roger. Der Einfluss durch Management und Label tut gut, aber plötzlich steht alles zur Diskussion. „Wie die Steuererklärung der letzten fünf Jahre machen", erinnert sich Roger. Und dann gab es diesen einen Abend: Die Band trifft sich, um am Album zu arbeiten, und diskutiert bis zwei Uhr morgens unter anderem darüber, wo die Tour-T-Shirts hergestellt werden sollten. Auf Musik hat danach niemand mehr Lust. Es gibt Streit, jeder der fünf hat plötzlich etwas Besseres zu tun. Die WIR-AG driftet auseinander und hadert damit, dass plötzlich alles so geschäftlich ist. Roger bezeichnet die Band in dieser Zeit rückblickend als „unmanagebar" — und Sophie, die neue Managerin, sagt nüchtern: „Es war nicht mehr so unschuldig." Es gibt einen Grund für den Albumtitel, der auf diese Phase folgte: Nieder mit der GbR.

Wenn danach wieder Grundsatzdebatten geführt werden wie damals vor der Pinnwand im Haushalt 2000, dann hat Sophie, die Managerin, eine Strategie: „Den größten Skeptiker nehme ich mit auf alle Termine", sagt sie lachend. Der größte Skeptiker ist Schu. Er ist jetzt für die Kommunikation in der Band zuständig, wenn etwa Toyota anklopft und einen Spot von Blumentopf will. Schu war dagegen, aber Sophie verwandelte alle Bedenken in Bedingungen, die sie Toyota gegenüber durchboxte. Es funktionierte. „Du hast ihn gebrochen.", lacht sich Roger schlapp. Aber das stimmt nicht. Es ist eher wieder so wie immer: Die Band Blumentopf macht, was sie will.

→ Elli Veh arbeitet als freie Journalistin, unter anderem für das politische TV-Magazin *Quer* und den *Zündfunk* auf Bayern 2. Dass eine „Family Affair" ein sehr aufreibendes Unterfangen sein kann, weiß sie ziemlich genau: Ihre Eltern führen einen Familienbetrieb in der 5. Generation.

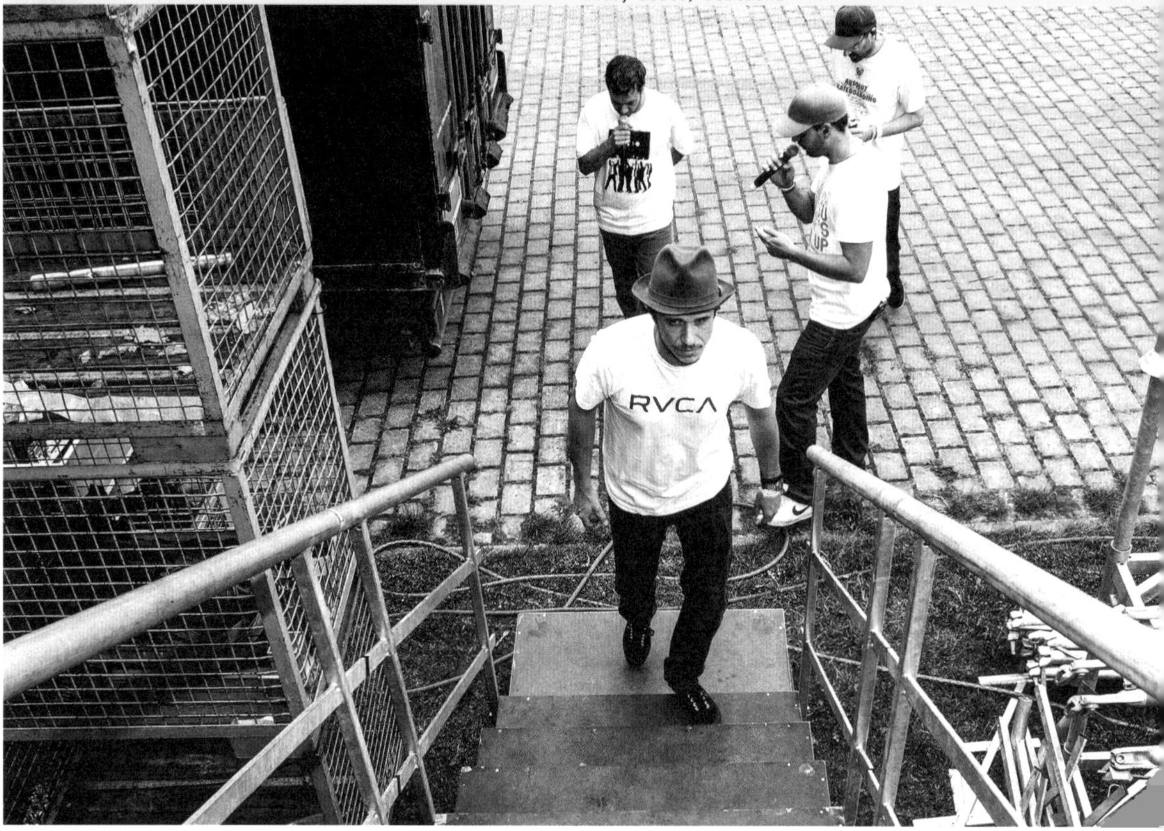
RVCA

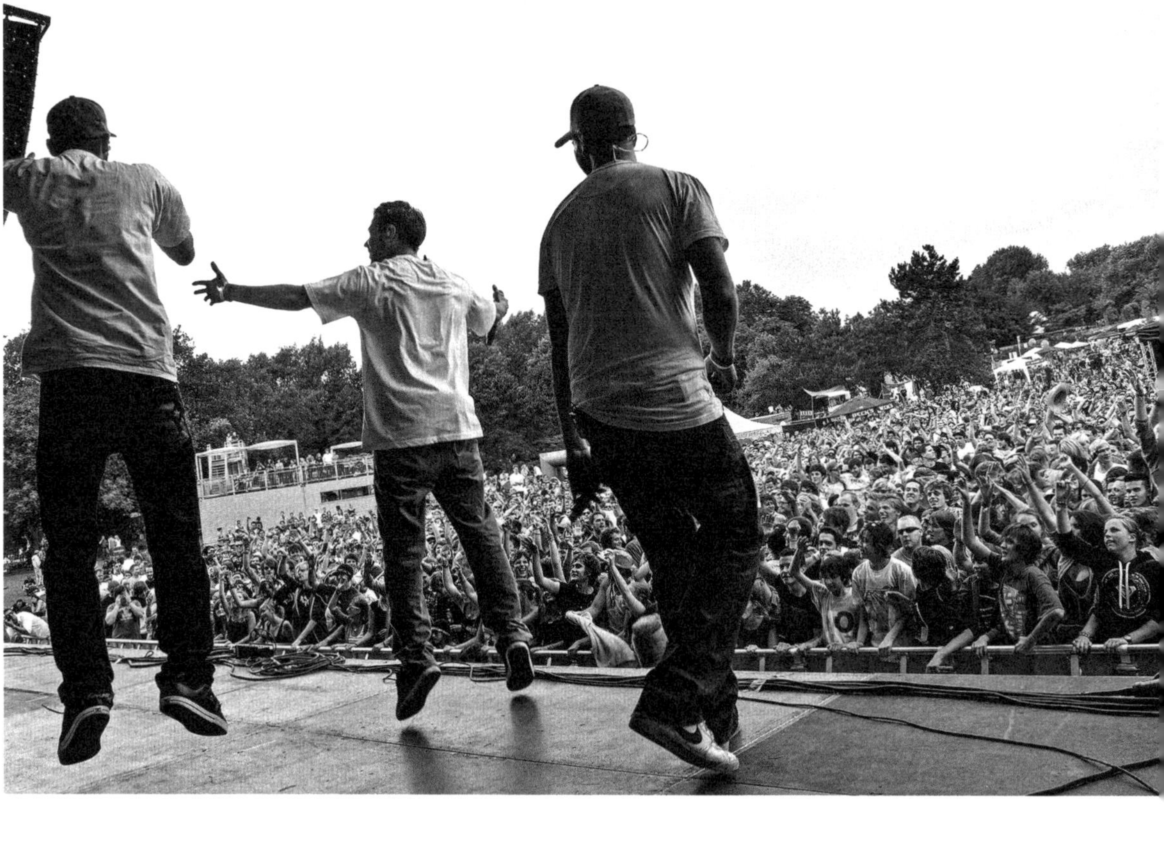

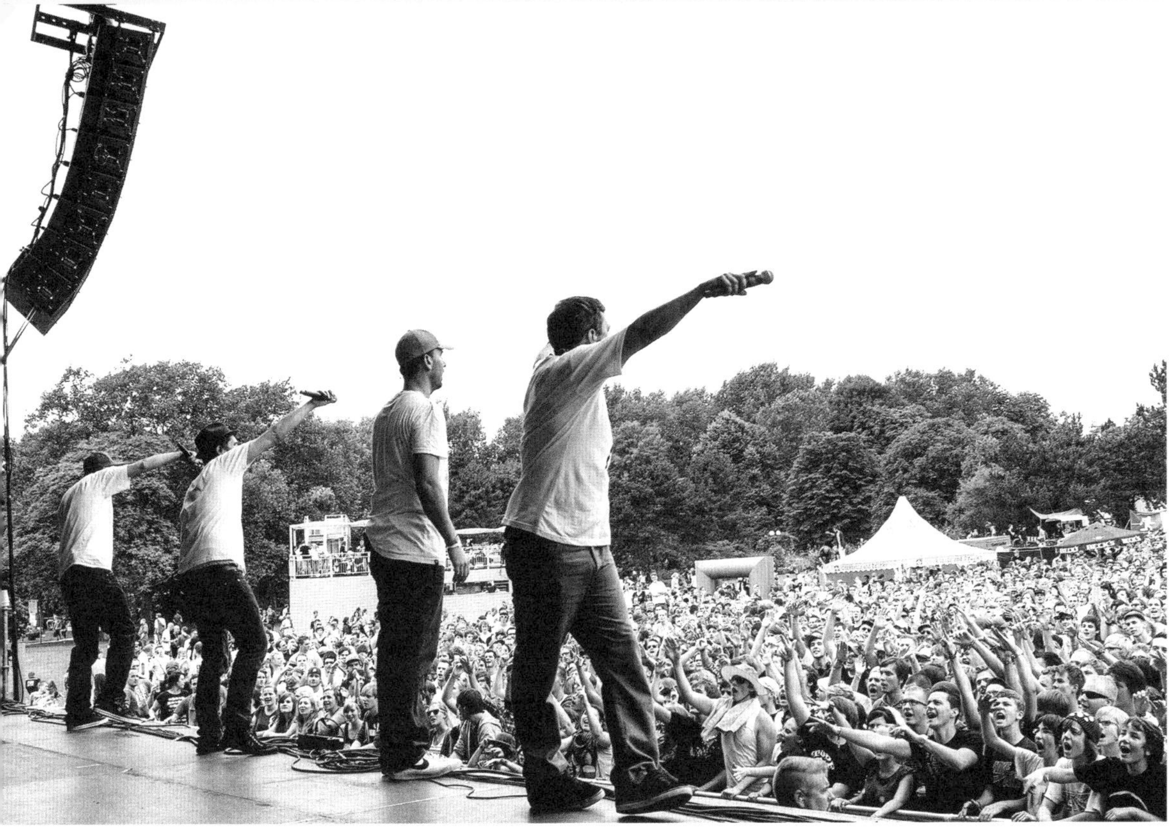

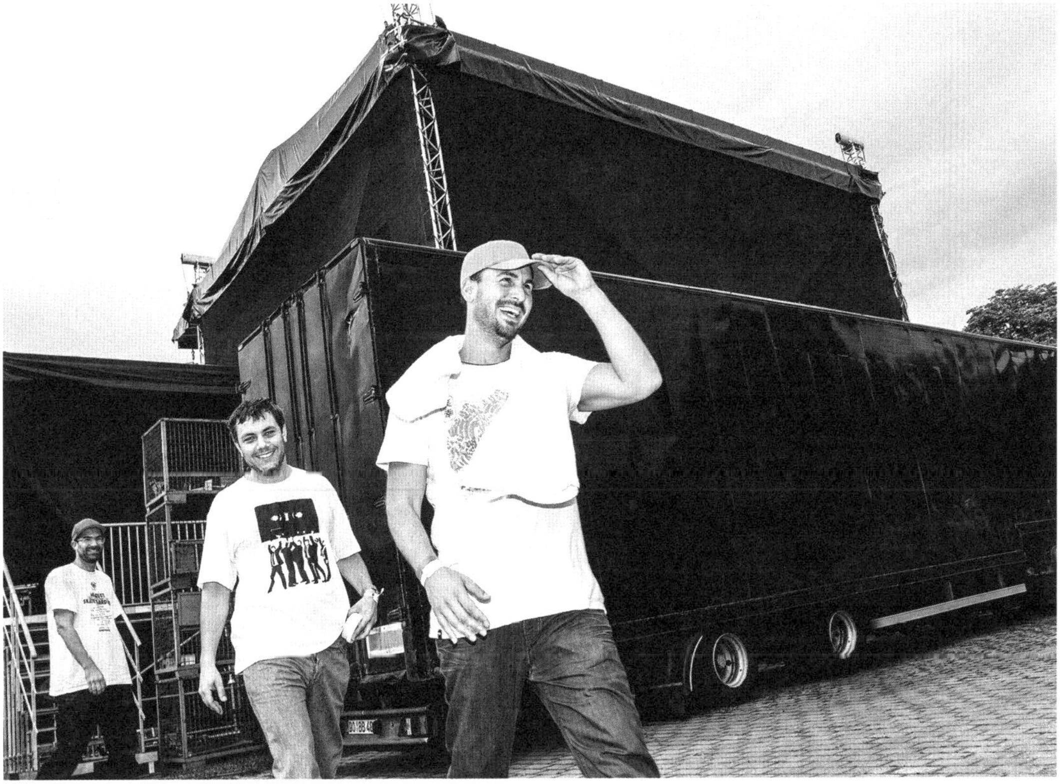

Fotos: Christoph Neumann

Mein Vater war immer ein kluger Mann mit Prinzipien
nur manchmal fand ich sein Schwierig den
ein Papa > der nie vergisst, dass < Mensch > das Herz aufsteht
wird für'n Tom & Jerry - Ton ~~und~~ gelegentlich

Doch die Glotze war viel spannender als das Fenster zum Hof
drum ging ~~...~~ Bud Spencer & Co
wenn wir zuhause sagten Papa, schaun wir mal 'n Film an?
gab's Zebras am Nil bedachte wie Selman <

Und auch beim Taschengeld wann wir nicht immer einer Meinung
Papa jeder kriegt das doppelte wie wir   Ach, sei schwer

wie zum Mäcci, wir waren nicht auf der Fällerbude
Punkt sechs Uhr gab's Abendessen und um 10 war Halbe ruhe
Ich ritt mit Karl May durch Kurdistan und bis nach Mekka
> Mein Vater brüllte < Mach das Licht aus, sonst > zieh ich die Stecker <
und später als wir die ersten großen Konzerte gaben
Sind wir den Auto den — wir bis zu mir der erste Tournee
> Mein Vater < sagte: so ein Unsinn, was wollt ihr in Bremerhaven
spielt doch erstmal in Erding und in Berchtesgaden

HIPHOP UND BLASMUSIK

„Da schau her, die Blaskapelle hält was aus!"

Eine Blaskapelle marschiert einen Berg hoch, lauter gestandene Mannsbilder in Tracht, im Hintergrund dieser fast schon übertrieben idyllische Ausblick auf die oberbayerischen Berge und dazu: Sprechgesang. Rappende Typen mit Caps und Baggy Pants. Der Dirigent der Musikkapelle Münsing Michael Kavelar erzählt, wie die ungleiche Kombination aus Blasmusik und Hip Hop für die EP *Fenster zum Berg* funktioniert hat.

„Eine Kooperation mit Blumentopf? Die Musikanten konnten sich erst mal sehr wenig darunter vorstellen. Wir hatten auch kaum Zeit: Etwa zwei Wochen vor Weihnachten haben wir zum ersten Mal über das Projekt geredet, zwischen Silvester und Heilige Drei Könige habe ich die Stücke für die Blaskapelle arrangiert, dann wurde zum ersten Mal geprobt. Allerdings hatte davor keiner was mit Hip Hop zu tun, es konnte eigentlich auch keiner wirklich was damit anfangen. Uns war aber schon klar, dass es eine Ehre ist, wenn eine so bekannte Band wie Blumentopf mit einem zusammen spielen will.

Mit den Münsingern ging das alles dann ziemlich schnell. Sie sind zwar alle Laienmusiker, aber sie sind flexibel, spielen gut und sind an viele Auftritte gewöhnt. Die Aufnahmen im Studio waren für alle etwas Besonderes. Die sechs Songs wurden an nur einem Tag aufgenommen. Das hat sieben oder acht Stunden gedauert. Eingespielt wurde erstmal nur die Musik, der Rap wurde hinterher drübergelegt.

Das Video zu *Fenster zum Berg* wurde am 12. Februar gedreht. An dem Tag sind wir später noch gemeinsam mit der Band in Garmisch-Partenkirchen aufgetreten, um die Single vorzustellen. Auf der Bühne war das Zusammenspielen kein Problem, die Anlage war gut und man konnte die Band deutlich genug hören.

Für die Blasmusiker war das alles schon ziemlich aufregend — wir haben dazwischen aber auch recht viel gefeiert. Neben unserem Proberaum in Münsing ist ein Italiener, in den Pausen werden wir immer mit Bier versorgt — ich glaube, die Blumentöpfe waren überrascht, wie locker es bei uns zugeht. Und auch beim Feiern nach den Auftritten dürften sie sich mal gedacht haben: ‚Da schau her, die Blaskapelle hält was aus!'"

↑ Aufnahmen mit der Musikkapelle Münsing im PULS Studio / BR

→ Michael Kavelar, Jahrgang 1979, studierte Trompete an der Musikhochschule Würzburg. Er ist Musiklehrer an der Realschule Wolfratshausen und Dirigent der Stadtkapelle Unterschleißheim und der Musikkapelle Münsing.

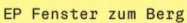

↑   Wunder: Pischa, Davos, 1986

Albumproduktion *Wir*: Bei einem Stück in der Beatauswahl Sepalots für die 4 MCs dient der Bayerische Defiliermarsch als Grundlage. Wunder entdeckt ihn und fühlt sich gleich an seine Kindheit erinnert: An seinen Vater, der noch heute der festen Überzeugung ist, dass Büroangestellte sich im Urlaub körperlich zu betätigen haben, Arbeiter hingegen ihre freien Wochen besser am Meer mit Nichtstun verbringen sollen. So fährt die Familie Wunderlich Ferien für Ferien in die Berge. Wunder, anfangs gar nicht so begeistert von seinem eigenen Text, lässt sich von seinen Bandkollegen überzeugen, den Track auf das Album zu packen. Auch im Live-Set der Band funktioniert der Titel so gut, dass die

fünf Gefallen an dem Voralpenland-Beat gewinnen und es entwickelt sich der Gedanke zu einem Cross-Over-Experiment: Original oberbayerische Blaskapelle trifft Hip Hop. Durch einen alten Bekannten stößt die Band auf die Münsinger Blaskapelle. Und so entsteht das Projekt, mehrere Albumtitel mit Blaskapellen-Arrangement und ohne Instrumental vom 1210er umzusetzen. Aufgenommen werden die Münsinger im BR-Funkhaus in München.

Jetzt fehlt aber doch Mundart-Rap auf der EP. Keiner der 4 MCs fühlt sich dazu in der Lage. Schnell einigen sie sich darauf, Monaco F zu fragen, ob er den Chorus von Hunger auf bayerisch einrappt. Der Pionier bayerischen Mundart-Raps sagt zu!

„ANDERSBAYERN"

Immer wenn mich die Töpfe wegen egal was kontaktiert haben, hat sich ein anderer von den Jungs gemeldet. Wunder wegen des Features auf der *Fenster zum Berg*-EP, Schu wegen des Pressetexts zu *Nieder mit der GbR*, Sepalot wegen eines Gigs in Berlin, wo ich über seine Bayernbeats (Beat Konducta Bavaria) gerappt habe, Cajus wegen dieses Buchs hier. Nur Roger hat mich nie angerufen. Kann es vielleicht an diesem einen Vorfall liegen?

Es ist 2008. Ich arbeite bei der gerade erst gestarteten jungen Welle des Bayerischen Rundfunks und bin Teilnehmer einer FakeCasting-Show. Roger ist Teil der Fake-Casting-Show-Jury. Er hört meinen Song „Wer bin i". Der Titel deutet es an: Es ist Mundart-Rap auf Bairisch. Teil von Rogers Fazit: „Das ist jetzt mehr so was für Jugendzentren — im bayerischen Umfeld." Uhhh, Punchline, direkt ins Gsicht! Oida, was ist los!? Roger disst mich!

Die Wahrheit ist: Zu diesem Zeitpunkt hatte er vollkommen recht. Wenn mal 50 halbwegs interessierte Menschen vor mir standen, glaubte ich, bald die Münchner Olympiahalle vollmachen zu können. Aber hey, ich bin Rapper. Rapper residieren schon auf dem Thron, wenn sie in Wirklichkeit noch auf der Schüssel sitzend ihre Texte schreiben. Der perfekte Ort dafür, weil die meisten davon gleich runtergespült gehören.

Rogers Satz aber hat gesessen. Er hat mich mehr gekränkt als wütend gemacht. Er kam nämlich nicht von irgendwem, sondern von einem Mitglied der Töpfe, einer meiner absoluten Lieblingsrapcrews! In dem Moment, als er diesen Satz sagte, sah ich mich im Keller sitzen in meinem Proberaum im Bayerischen Wald,

alle Blumentopf-Songs von zig Alben auswendig mitrappen, dann am Vorbild meine eigenen Texte überarbeiten — und genau in dem Moment kommt Roger durch die Tür und sagt: „Hey, wie geht's, alter Jugendzentrums-Toyboy?" Fanboy-Albtraum.

Die Wahrheit ist aber auch: Er sollte sich täuschen. Denn ein Jahr später klickten sich die Fans für mich die Finger wund. Der Song „Watschnbaam" meiner Band Doppel D wurde ein kleiner YouTube-Hit. Und wieder ein Jahr später ist auf Blumentopfs *Wir* der Song *Fenster zum Berg*. Der ist zwar nicht bairisch gerappt, sampelt aber den „Bayerischen Defiliermarsch", das bekannteste und heiligste Stück bayerischer Blasmusik. Und noch ein Jahr später bringen die Töpfe gleich eine ganze Blasmusik-Rap-EP heraus, die *Fenster zum Berg*-EP. Mit dabei ist: der Monaco F. Ich. Für mich wurde der Albtraum zum Traum. Als Wunder bei mir anrief und fragte, ob ich Lust hätte, bei der nächsten Blumentopf-EP mitzumachen, war das für mich wie: „Hey Fränzn, die Queen möchte dich zum Ritter schlagen. Bock?" Und plötzlich stand ich bei Blumentopf im Studio. In der Aufnahmekabine. Drumherum lockere Atmosphäre.

Mit den Töpfen ist es immer ein Spaß! Die hauen nämlich auch so einfach ständig einen Wortwitz und eine Punchline nach der anderen raus. Deswegen stehe ich weniger aufgeregt als vielmehr grinsend und lachend in diesem Kellergewölbe in der Münchner Innenstadt. Ich mache den Refrain bei *Hunger*, ein paar wenige Zeilen, die sind schnell im Kasten. Die Aufnahmesession selber hat vielleicht 15 Minuten gedauert. Aber es sind meine ganz persönlichen 15 Minutes of Fame. Scheißegal, was irgendwer dazu sagt. Ich hab kein Foto davon, auch kein Video, aber es ist alles in meinem Kopf gespeichert, und natürlich auf Platte. Wer ist bei Blumentopf mit am Mic? Der Waidler-Bub aus Regen!

Plötzlich war der Sound vom Jugendzentrum aus dem bayerischen Umfeld auf einer Platte von Blumentopf, einer der größten und bekanntesten Rap-Crews im deutschsprachigen Raum. Ich frage mich heute noch, was sich Blumentopf-Fans nördlich des Weißwurstäquators wohl gedacht haben, als der Topf mit dieser ganzen *Fenster zum Berg*-Action ums Eck kam. „Haben die zu tief in den Maßkrug geschaut? War zu viel Glutamat in der Weißwurscht?" Es war einfach eine Zeit, in der Bayern innerhalb Bayerns plötzlich ziemlich cool wurde. Aber eben nicht dasjenige, das in Deutschland so berüchtigt ist: CSU und Trachtler und Großmachtfantasien. Nein, die überkommenen Codes und Klischees wurden gebrochen und umgedeutet. In der Musik zum Beispiel so: Barfuß in Lederhose wie LaBrassBanda, die mit klassischen Blasinstrumenten Charthits in Turbogeschwindigkeit neu interpretierten. Oder in Baggy und Cap über Ami-Beats aufspitzen wie Doppel D, aber in tiefstem Bairisch und über das Leben auf dem Land. Das war frech und neu und alternativ und spannend. Und absolut contra Establishment, ob gewollt oder nicht. Die Medien nannten das „Reclaim Bavaria", „Cool Bavaria", in der Folge auch sehr dick aufgetragen „Heimatsound". Ich nenne es nach wie vor „AndersBayern".

Als ich den Song *Fenster zum Berg* zum ersten Mal gehört habe, war ich total stolz: Bisher war ich es, der oft auf Blumentopf-Wegen unterwegs war — jetzt spazierten sie mal auf meinem. Freilich, die benachbarten Österreicher Texta hatten mit ihrem Song

Sprachbarrieren bereits Jahre zuvor feinstes Oberösterreichisch serviert. Und die waren mit Blumentopf verbandelt wie keine zweite Rapcrew. Aber analytisch betrachtet war *Fenster zum Berg* näher an Doppel D. Es ist der gleiche Ansatz: Nimm etwas regional Codiertes, erzähl dazu etwas Regionales, aber brich das Ganze musikalisch. Hier: Zerhackstückter Bayerischer Defiliermarsch trifft persönliche Erzählung verpackt als Bergsteigerstory trifft Rap auf Deutsch mit Stieber-Twins-Hommage.

Nur Blumentopf konnten damals gleich noch eine ganze Blasmusik-Rap-EP hinterherschieben. Das hätten wir mit Doppel D niemals machen können. Bairisch rappen über bayerische Musik, das wäre doch wieder ein Klischee gewesen. Und natürlich ist die *Fenster zum Berg*-EP ein Spaß, eine Gaudi, aber ich fühlte mich nicht auf den Arm genommen. Und als Bayer vom Land hat man ein sehr feines Gespür dafür, wann man auf den Arm genommen wird. Ganz im Gegenteil. Ich fühlte mich ernst genommen mit der Kunst, die ich mache. Es war die Adelung eines regionalen Phänomens durch eine große überregionale Band. Ich denke Blumentopf haben mit *Fenster zum Berg* und der dazugehörigen EP auch einen großen Anteil daran, dass Rap auf Bairisch in der Folge immer populärer wurde.

Die Geschichte ist also gut ausgegangen für den Sound aus dem Jungendzentrum im Bayerischen Umfeld. Und die Geschichte mit Roger und mir? Die auch. Keine zwei Wochen später haben wir uns irgendwo auf einer Jam getroffen. Roger sagte zu mir: „Hey Fränzn, das was ich gesagt habe, nimm's nicht so ernst, war ein bisschen Show wegen der Juryrolle und so. Sei mir nicht böse!" War ich nicht. Alles Roger!

Monaco F

Monaco F ist mit seiner Crew Doppel D Bahnbrecher bayerischen Mundart-Raps und hat diesen salonfähig gemacht. Blumentopf ist eine seiner liebsten Rapcrews und ihm ein künstlerisches Vorbild gewesen.

01

02

03

01 Videodreh *Fenster zum Berg* mit der Musikkapelle
    Münsing
02 Wunders Vater (rechts)
03 Bild der bayerischen Zugspitzbahn mit Blick auf Eibsee
    und Schellschlicht diente als Vorlage für das EP-Cover.
    Fotograf: Bernhard Seichter (Schus Opa)

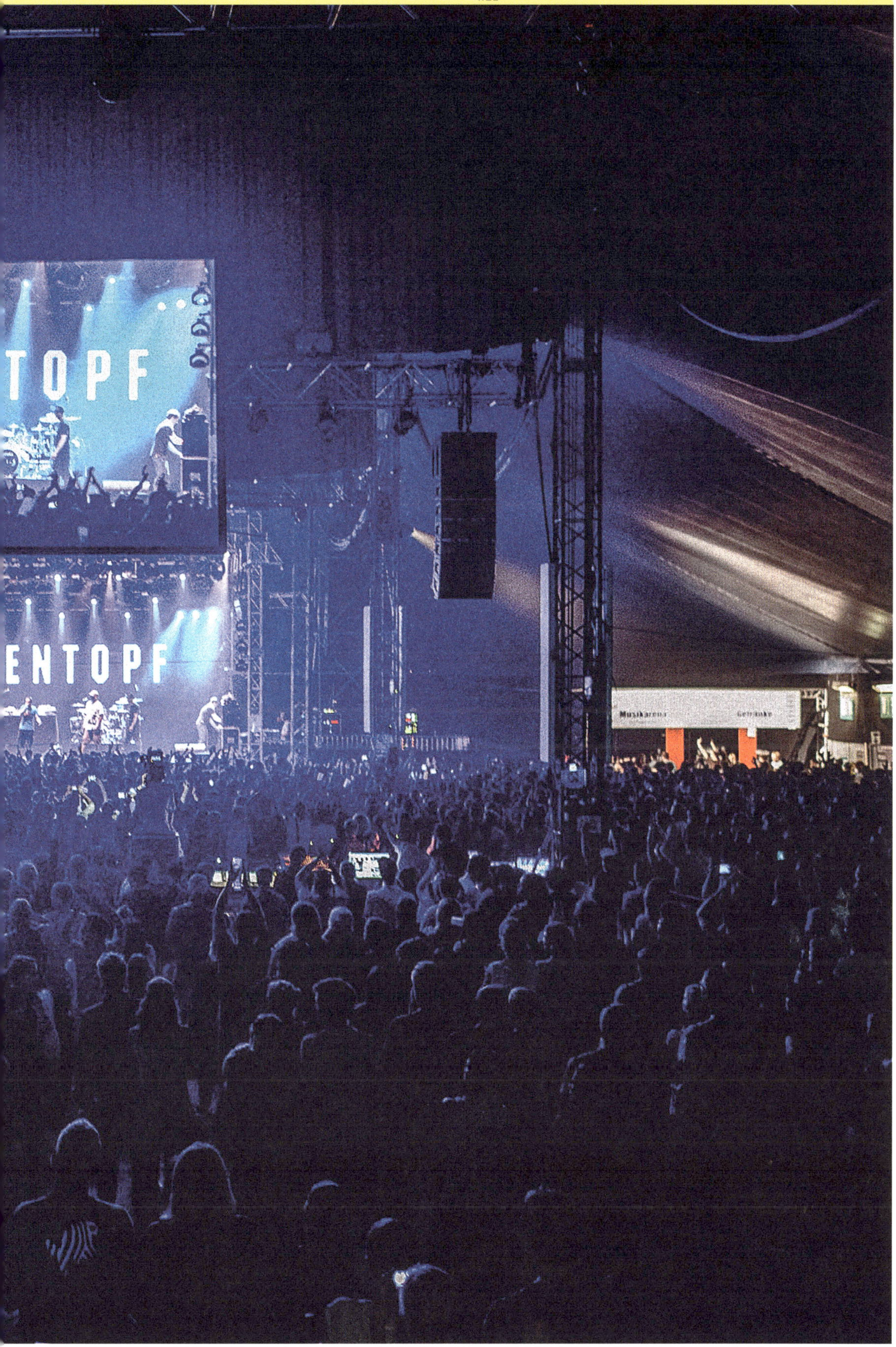
TOPF
ENTOPF

NUTTEN AM POOL

↑   Videostills aus dem Film „Türkisch für Anfänger"
→   Linienbus München, 1998

Blumentopf steht für überlegte, weitgehend politisch korrekte Texte mit Wortwitz und guter Story, keinesfalls für sinnentleerte, testosterongeschwängerte Reimerei. Umso absurder scheint es, dass Zeilen wie „Kalaschnikow, goldne Kette, weißes Unterhemd — deine Mutter kriegt einen Schwanz in Mund, wie im Dschungelcamp" vom TOPF stammen sollen.

Im Kinofilm *Türkisch für Anfänger* ist der Urheber des Textes Cem Öztürk. Cem ist der Hauptdarsteller, ein Märchenproll wie aus einem deutsch-migrantischen Bilderbuch. Er ist Schulversager und Halbstarker, frauenfeindlich und dann eigentlich doch ein ganz guter Typ. Sein Lebensziel: Rapstar werden — natürlich! Und als er vor seiner Freundin am Strand einer einsamen Insel seinen Rap performt, phantasiert Cem von einem eigenen Musikvideo, welches bei MTV Best of Hip Hop läuft: Cem vor der türkischen Nationalflagge mit twerkenden Körpern, Cem mit einer Domina hinter Gittern, Cem am Pool mit Champagnerflaschen und leichtbekleideten Frauen zu Lines wie „Yeah, ich chill mit Nutten am Pool.

Was, bitte, was willst du Hurensohn tun?" Gespielt wird Cem von Elyas M'Barek. Für ihn geht mit dem eigenen Raptrack und dem dazugehörigen Musikvideo ein Jugendtraum in Erfüllung. Und dass dann noch Roger von Blumentopf, der Band seiner Jugend, den Text dazu schreibt, ist für den Schauspieler nicht mehr zu toppen. Aber wie kommt Roger dazu? Und was hat Elyas mit Blumentopf zu tun?

Elyas, gebürtiger Münchner, fährt als Jugendlicher Skateboard und hört Hip Hop. Der 1210er steht oben auf der Wunschliste. Und wenn irgendwo sturmfrei ist, wird der Plattenspieler aufgebaut und *Kein Zufall* aufgelegt. Die fünf vom TOPF sind für den 15-jährigen Elyas Lokalhelden. Einmal an der Münchner Freiheit unterwegs, entdeckt Elyas einen Linienbus Richtung München Nord mit einem riesigen Blumentopfbanner darauf. Es ist ein Gefühl von Stolz, das Elyas dann empfindet. Der Sound dieser Band kommt aus seiner Stadt. Die Fünf wirken auf ihn wie Stars. Und als bei Living Large in der Muffathalle Masta Ace auf der Bühne steht und Elyas Roger kopfnickend im

Publikum entdeckt, ist es für ihn so, als hätte einer seiner Götter den Olymp verlassen. Sein bis heute liebster TOPF-Track ist *Flirtaholics* von der *Eins A*-Platte.

Elyas verfolgt weiter den Sound seiner Stadt und strebt eine Schauspielerkarriere an. 2006 spielt er in dem Sprayer-Film *Wholetrain* eine der Hauptrollen. Während der Dreharbeiten lernt er über einen Freund Roger und Schu und später den gesamten Blumentopf kennen. Es entwickelt sich eine Freundschaft. Kurz nach dem ersten Spielfilm folgt Elyas' Rolle als Cem Öztürk in der ARD-Vorabendserie *Türkisch für Anfänger*. Cem als Paradeprolltürke mit dem Herz am rechten Fleck möchte zwangsläufig Rapper werden. Und so kommt es, dass Elyas Roger fragt, ob er für seine Serienfigur ein Lied schreiben würde. Roger findet die Idee amüsant. Hier kann er ohne TOPF-Label einfach texten, und zwar vollkommenen Nonsens. Nicht, dass gerade Roger seine diesbezüglichen Fertigkeiten nicht schon bei Horst unter Beweis gestellt hätte. Aber „Du bist ein Horst, Horst" ist dann schon noch etwas anderes als „Guck mich an: Ein Kind von der Straße, das mehr Geld mit Schnee macht als die Winterolympiade" — keine Blumentopfkompatibilität. So kommt es dann auch zur Zusammenarbeit für den Kinofilm. Roger schreibt den Text, nimmt das Demo auf und die beiden gehen gemeinsam ins Studio, um den Track aufzunehmen. Nebenbei war Roger also auch Elyas' ganz persönlicher Rap-Coach. Elyas ist noch heute ein wenig beeindruckt davon, wie erfolgreich sein eigener Track geworden ist. Er wird immer wieder gebeten, *Nutten am Pool* zu rappen. Seine persönliche Lieblingsstelle ist „Für das Ding ist sogar das Ozonloch zu eng. Frag Christina Aguilera, wer der Größte ist. Ich bekam die Nutte kaum noch runter von meinem Dönerspieß." Das Ganze eine klassische Win-win-Situation: Der eine darf mal aus seiner Szene raus, der andere dafür kurz in eine eintauchen.

→   Elyas M'Barek, gebürtiger Münchner und von Beruf Schauspieler, wurde mit der ARD-Vorabendserie *Türkisch für Anfänger* für ein breites Publikum bekannt. 2010 spielte er in *In Zeiten ändern Dich* den jungen Bushido. Seine bislang größten Kinoerfolge feierte er mit *Fack ju Göthe* Teil 1 und 2 (2013 + 2015).

2012

→ AUS „HOLUNDER" WIRD „WUNDER"
→ SEPALOT: LP *CHASING BEATS* (ESKAPADEN)
→ SINGLE *NEULICH IN DER CITY* (EMI)
→ KOMPILATION *B-SEITEN UND RARITÄTEN*, (VINYL DIGITAL)
→ SINGLE *BIN DANN MAL WEG* FEAT. POHLMANN (EMI)
→ LP *NIEDER MIT DER GBR* (EMI)
→ *NIEDER MIT DER GBR*-TOUR TEIL 1, SUPPORT: EDGAR WASSER
→ SINGLE *ROSI* FEAT. GÜNTHER SIGL (EMI)

2013

→ WUNDER: PROMOTION, TITEL DER ARBEIT: *COMPLEX MICROFLUIDICS*
→ DVD *NIEDER MIT DER GBR LIVE* (EMI)
→ *NIEDER MIT DER GBR*-TOUR TEIL 2, SUPPORT: ROGER REKLESS
→ SEPALOT: SKETCHES#2 *MUNICH DISCO* (ESKAPADEN)
→ SEPALOT: LP *BLACK SKY* (ESKAPADEN)
→ KONZERT MIT DER MUSIKKAPELLE MÜNSING AUF DEM
   OKTOBERFEST (HERZKASPERLZELT)

2014

→ SUPPORT VON SPORTFREUNDE STILLER AUF *NEW YORK, RIO,
   ROSENHEIM*-TOUR
→ RAPORTAGEN ZUR FUSSBALL-WELTMEISTERSCHAFT IN BRASILIEN (ARD)

2015

→ TNT: LP *#HMLR* (VINYL DIGITAL)
→ SCHU: TEXT FÜR *SCOLA BAVARIA* MIT STOFFERL WELL ZUM
   THEATERSTÜCK *EKZEM HOMO* (MÜNCHNER KAMMERSPIELE)
→ TNT: TRAUMATIK TOUR 2.0, SUPPORT: AVERAGE
→ SEPALOT UND CAJUS: REISE NACH DAKAR
→ ROGER & SCHU: LP *CLAP YOUR FINGERS* (SHOWDOWN RECORDS)
→ ANKÜNDIGUNG AUFLÖSUNG
→ SEPALOT: AUSSTELLUNG *GRAFFITI FÜR BLINDE* (BILD: LOOMIT,
   TON: SEPALOT, KONZEPT: ALEXIS DWORSKY)
→ FEATURE *MÜNCHEN HALT*, AUF *HIER UND JETZT* (MAIN CONCEPT, BUBACK)

2016

→ FEATURE *TYPISCHE VERHÄLTNISSE*, AUF *M.O.O.P.TOPIA*
   (MOOP MAMA, MUTTERKOMPLEX)
→ ABSCHIEDSSHOWS
→ AUFLÖSUNG

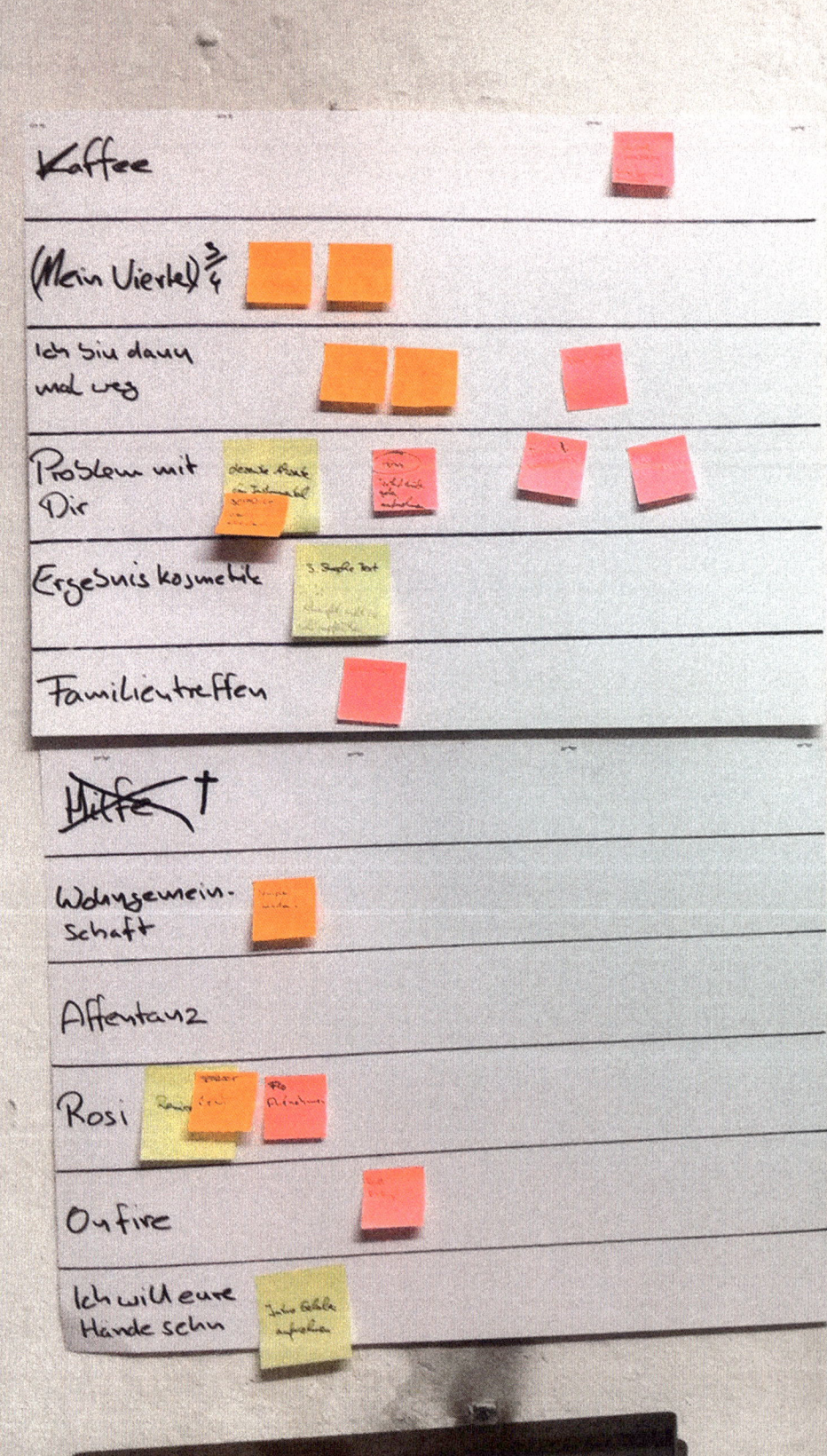

↑   To-Do-Liste — Produktion *Nieder mit der GbR* im TOPF-Studio

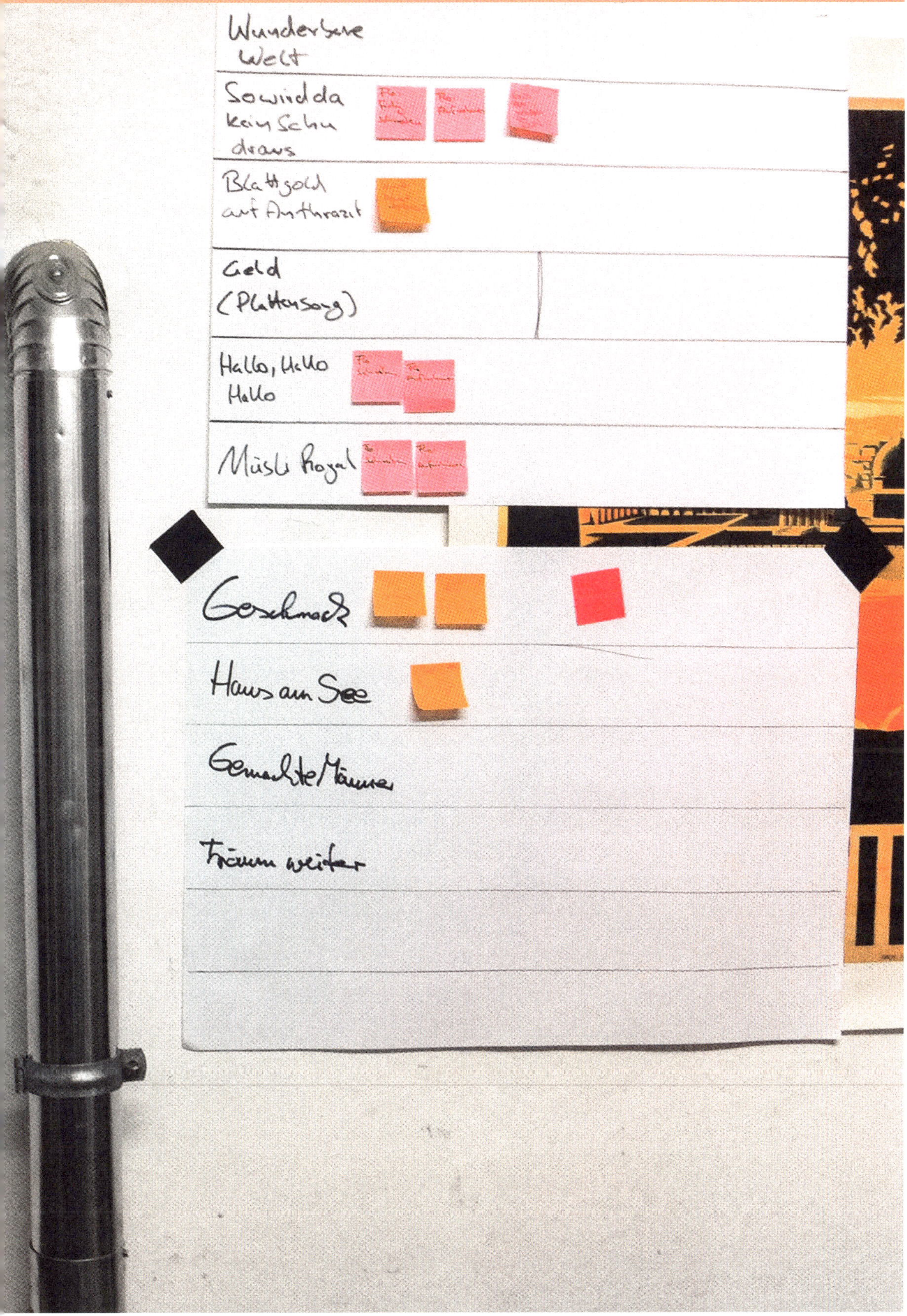

Wunderbare Welt

So wird da kein Schu draus

Blattgold auf Anthrazit

Geld (Plattensong)

Hallo, Hallo Hallo

Müsli Royal

Geschmack

Haus am See

Gemachte Mauern

Träum weiter

01

02

01	Technics SL-1210MK2 (Plattenspieler)
02	Akai APC40 (Controller für Musiksoftware)
03	Plattenkoffer

03

Uns war klar: Das wird die letzte Platte. Mit *Wir* wollten und konnten wir nicht gehen. Der Ausdruck „Die GbR" war bei uns zum Synonym geworden für alles, was uns vom Kreativsein abhielt. Es gab eine neue Regel in der Band: „Keine Business-Besprechungen im Studio". Und damit stand der Titel des Albums auch schnell fest: *Nieder mit der GbR*.

Schon für *Wir* hatte ich sehr viele Instrumentals ausschließlich auf dem Laptop produziert. Bei *Nieder mit der GbR* hatten wir unser Kellerstudio dann dermaßen satt, dass ich nicht einen einzigen Beat für das Album dort produzierte und auch die restliche Mannschaft nur noch zum Aufnehmen in diesen stinkenden und feuchten Keller kam.

Einen Großteil der Beats für das Album programmierte ich in ICEs. Die Rückreisetage von meinen DJ-Gigs waren besonders gut dafür geeignet. Die Mischung aus verkatert und gleichzeitig inspiriert von der Musik der letzten Nacht sein war ideal für mich. Den Rest der Instrumentals machte ich auf meinen Surftrips oder in irgendwelchen Cafés in München. Ich spielte ein paar von meinen alten Schallplatten auf meinen Laptop, schnappte mir mein Keyboard und war weg.

Roger steuerte die Beats für *3/4* und *Schwarzes Gold* bei.

Wenn *Musikmaschine* das Album war, bei dem jeder von uns auf der Suche nach Neuem war und die Band einen nicht zu stoppenden Drang danach hatte, sich auszuprobieren, dann war *Wir* die direkte Reaktion darauf. Das Beste an den beiden Alben war aber, dass sie uns zu *Nieder mit der GbR* brachten. Wie schon lange nicht mehr in unserer Geschichte war uns auf ganz natürliche Weise klar, dass die Band der eigentliche Künstler ist. Die Frage war nicht mehr, wie man möglichst viel des persönlichen Geschmacks in die Band einbringen könnte, sondern vielmehr, was jeder Einzelne einbringen könnte, damit die Band ein gutes Album macht. Nach den vielen Streitereien rund um das *Wir*-Album war das eine der wichtigsten Erkenntnisse der Band. Kompromisslos für die Band zu produzieren und zu schreiben, fühlte sich wieder richtig gut an — viel besser, als eine Platte zu machen, die aus einem Fünfpersonenkompromiss gewachsen war. Wir waren zuletzt endlich wieder bei der Band Blumentopf angekommen.

Sepalot

DER TOPF ALS ARBEITGEBER

Der Titel des letzten Albums — Kapitalismuskritik oder Abrechnung mit der neoliberalen Gesellschaft? Weder noch. Nieder mit der GbR ist Ausdruck dafür, der Musik im Bandgefüge wieder Vortritt gewähren und das Geschäft bei der Albumproduktion außen vor lassen zu wollen. Entstanden ist der Titel aber in einem anderen Kontext: „Nieder mit der GbR" ist der Schlachtruf der Blumentopf-GbR-Mitarbeiter, genauer gesagt der Les Didiers.

„Dieser Titel geht, wenn ich das richtig erinnere, auf den Mist von Otti zurück und hatte nie etwas mit Kapitalismuskritik, sondern mit Didiism erster Güte zu tun. Die Fronten waren mit GbR auf der einen und den Didis auf der anderen immer klar gesteckt. Und wenn bei den unsäglichen Super-Mario-Kart-Sessions auf dem Nintendo DS (teilweise mit 8 Spielern) überraschenderweise Otti gewonnen hat, stimmte er immer zur Melodie von Sierra Madre ‚Nieder mit der GbR' an und alle Didis und auch sonstigen Nicht-GbR'ler sind sofort eingestiegen. Das hat sich ziemlich schnell verselbstständigt und sich auch seitdem gehalten. Wann das war, weiß ich aber auch nicht mehr. Bei dem besagten Rennen aber kam kein GbR'ling unter die ersten Drei. Didi Domination!", so Dirksen, Gitarrist der Band, zur Entstehungsgeschichte.

Seit 2005 wird der TOPF auf Tour von einer Band begleitet, den Les Didiers.

Gitarre:	Dirk Brechmann aka „Dirksen" aka „Dark Didi" [01]
Bass:	Florian Laber aka „Fochan" aka „Bass Didi" [02]
Keys:	Sebastian Ostholt aka „Otti" aka „Der Tastier" [03]
Drums:	Fabian Füss aka „Ivan Ice" aka „Drum Didi" [04]
	Benni Pfeifer aka „Der Pfifferling", 2008–02/2011 [05]

Aber zur Stamm-Live-Crew gehör(t)en auch:

Licht:	Dirk Neuhäuser aka „Ginseng", seit 2000 [06]
Ton:	Marco Mahl aka „Schrobe", 1999–2004 [07]
	Jörn Brömelmeyer aka „Der Bröslige", 2006–2012 [08]
	Björn Heitzer aka „Fladen", 2001–2011 [09]
	Detlef Bienert, seit 2011 [10]
	Ralf Steyrer, seit 2013 [11]
Tourbegleitung:	Julia Schuster aka „Die Chefin", 1999–2011 [12]
	Benjamin Zecher aka Benjah erst Mercher dann Julias
	Nachfolger sowie Haus-und Hoffotograf und als Kameramann für
	Musikvideos und Videoblogs verantwortlich, seit 2006 [13]

01

02

03

04

05

06

07

08

09

10

11

12

13

↑ Gastauftritt von Cajus und Schu bei einem Texta Konzert in Österreich, 2002

↑ Blumentopf, Texta und Total Chaos, 1998

TEXTA UND DER TOPF, DER TOPF UND TEXTA

Ein Gedächtnis-protokoll

Jetzt ist es also vorbei. Ein Ende. Und weiter geht es trotzdem. Anders vielleicht, aber dennoch. *Das Ende* — letzter Track auf unserem 2015 erschienenen gemeinsamen Album *#hmlr* unter dem Crew-Namen TnT: historische Momente legendärer Reimer. Ein wenig großkotzig, mag sein — aber Ego war in diesem Game noch nie ein Problem, oder? Ein würdiger Abschluss, wie ich meine. Zum Abschied noch lässig ein Doppelalbum hingeknallt. Boom! Dabei wollten wir uns 2013 einfach nur mal wieder treffen und ein, zwei Tage im Studio verbringen. Mal schauen, was rauskommt. Von da an lief es wie geschmierte Butter, als wären seit den ersten gemeinsamen Sessions in Sepalots Jugendzimmer in Freising vulgo Hustensaft-Studios keine drei Wochen vergangen. Die ersten Sessions von Texta und Topf.

1995. *Cold Schilling* habe ich noch im Hinterkopf, das Lied, von welchem wir Skeros Schlussgequassel auf dem Kaleidoskop-Track *Cold Schilling 2* verwurstet haben, weil Sepalot das zum Glück irgendwo als A cappella gerettet hatte. Ein mir nur mehr peripher im Hinterkopf gebliebener Spanner-Song. Das Lied *Bettgeschichten* natürlich, das es dann sogar auf unser Debütalbum *gediegen* geschafft hat. Aufnahmezeit circa 3 bis 6 Uhr morgens. Ich weiß noch, wie ich beim Schreiben immer ein wenig eingeschlafen bin, dann wieder durch die Aufnahmen vom schläfrigen Rest der Bande aufgeweckt wurde, während der Beat stundenlang aus der SP12 raustrommelte. „Gut gemacht, na dann, gute Nacht!" Oder die Freestyle-Tapes, die sie uns von Zeit zu Zeit zugeschickt haben. Wir haben die religiös auf- und abgehört, fast genauso geliebt wie die Alben. (Notiz an mich: Muss ich wieder mal raussuchen.)

Das Coole an unserer Freundschaft und unserem gemeinsamen Musikmachen war, dass dieser Vibe immer geblieben ist. Wenn ein Track aus welchen Gründen auch immer nicht der Banger geworden ist, dann halt nicht. Der Nächste, bitte! Drum liegen auch noch genügend Songleichen irgendwo herum, vielleicht mag die mal wer ausgraben gehen. Mir fällt der Track *Flava & Funk* ein, entstanden schon im Haushalt 2000. Oder *Das ist, wie's zugeht* im Münchner Topf-Studio so 2006 herum. Für immer in mein Gedächtnis eingebrannt hat sich diese eine Listening-Session, bei der wir uns gegenseitig die fertigen Tracks unserer Debütalben vorgespielt haben. *Walkmania* versus *Rendezvous. Nachtmensch* versus *6 Meter 90. Millionen Personen* versus *Dass ich nicht lache*. Und so fort. Und jedes Mal dieses „Scheiße, ist das geil!"-Gefühl auf beiden Seiten. Seit dieser Zeit haben unsere fünf Münchner Freunde immer im Schnitt ein halbes bis eineinhalb Jahre vor uns ein Album gedroppt. Synchronie.

Und dann *Alpenpanorama*. Der Beginn von Kaleidoskop. München-Innsbruck-Linz, eine Tripolis. Der beste schlechte Posse-Track aller Zeiten ist man geneigt zu sagen. Zu hören auf *werwaswannwiewo*, dem ersten Album von Total Chaos. Logische Schlussfolgerung: Jungs, wir gehen auf Tour! Traumatisch. Praktisch. Gut. Olé, auf sie mit Gebrüll! Und gebrüllt haben wir viel. Und gefeiert. Bei diesem einen Foto vor dem Tour-Bus, wo wir alle irgendwo mitten in der Nacht in Deutschland — von Alkoholgenuss gezeichnet, aber mit Energie und Spaß — in die Kamera grinsen, als hätte es Selfies und Facebook schon damals gegeben. Oder auf irgendeiner Afterparty Huckey huckepack tanzend auf DBHs Schultern, bis sie beide mit einem lauten Rums umgefallen sind. Weiter geht's, nix passiert. Irgendwie lieb ich das. 2001 jedenfalls dann das Kaleidoskop-Album. Oder war es doch nur eine EP? Egal, Four Music gibt jedenfalls einen gar nicht so kleinen Vorschuss her, aber interessiert sich sonst Nüsse für das Album. Ernüchterung. Aber die gemeinsamen Shows in Österreich, Deutschland und der Schweiz sowie beim Hip Hop Kemp in Tschechien waren wieder legendär.

Vielleicht auch das Ende der Unschuld. Aber während wir ja immer halbwegs druckfrei unsere Alben gemacht haben, erkannten wir schon den Business-Einfluss bei den Töpfen. Videosingle hier, fette Promo da, dicke Tour-Termine und Festivals dort. Die Töpfe waren im deutschen Hip Hop angekommen und nicht mehr wegzudenken. Sicher, auch wir hatten mit *Fragestunde* und *Sprachbarrieren* zwei Videos auf Viva und MTV laufen, spielten am splash! und konnten uns nicht beschweren, aber bei den Boys lief alles trotzdem eine Spur größer und professioneller — was aber weder Neid von unserer Seite noch ein Von-oben-herab bei den Töpfen zur Folge hatte. Aber mittlerweile waren fast zehn Jahre vergangen. Angekommen beim jeweils vierten Album. *Gern geschehen. So oder so.* Und: *Alt.* Der nächste gemeinsame Nenner. Das absurd großartige Old-School-Video von Paul Poet mit dem Obdachlosen-Chor vom Wiener Stimmgewitter. „Der Topf ist alt, Texta sind alt, Torch ist alt." Dabei waren wir grad mal Ende 20, Anfang 30 — aber in dem nach dem *next shit* gierigen Hip-Hop-Geschäft längst nicht mehr die jungen Unbekümmerten. Jetzt gab es Kool Savas und Aggro und so, harten Stoff. Fick deinen Reihenhausrap. Westberlin! Hilft aber nichts, Augen zu und durch. Während die Töpfe also die *Musikmaschine* anwarfen, gaben wir *Paroli*, während sie das *WIR* ausriefen, um ihre Konflikte positiv zu kanalisieren, kämpften wir mit Skero herum und fanden das alles recht *grotesk*. Während dieser Jahre wurde unser Kontakt etwas loser, riss aber nie komplett ab. Mit der Big Band von Stephan Konderts S.K. Invitational spielten wir ein paar gemeinsame Shows und unsere Laufbahnen näherten sich wieder verstärkt an.

2013. Ein neuer Anfang. Die erste *TnT*-Session läuft gut. Sehr gut sogar. *Das ist wie wir's tun* und *Irgendwas fehlt immer* — die erste gelungene Ausbeute. Geht ja noch! Dann entscheidet sich Skero auf unserer Seite, die Band zu verlassen. Im Frühjahr danach auf zu einer zweiten *TnT*-Session nach München. Das Vorhaben schreitet voran: Wenn wir nicht gemeinsam im Studio sind, werden Tracks digital hin und her gesendet, speziell Roger und Schu geben ordentlich

Stoff, Cajus meldet sich regelmäßig von seiner Seeresidenz, auch der hochbeschäftigte Wunder bekundet weiterhin reges Interesse. Im Hochsommer 2014 dann ein zweiter Ausflug der Töpfe nach Linz, Sepalot mit Beats und Wunder mit Rhymes inklusive. Das Album nimmt schön langsam konkrete Formen an, wir sind gut in Form, wie es scheint. Im Herbst ist dann tatsächlich alles im Kasten, letzte Scratches von Dan und Sepalot trudeln ein, Vinyldigital mag das alles rausbringen, bitte gerne! Ende Oktober geht es ein weiteres Mal Richtung Bayern, Snippet-Dreh! Zuerst im Studio in München, am nächsten Tag Outdoor-Drehs, am Nachmittag ab auf den Walchensee, mehr Snippet-Drehs, und als am Abend schon kaum einer mehr stehen, geschweige denn munter dreinschauen kann, drehen wir bis 3 Uhr in der Früh noch das *Silberbesteck*-Video. Respekt an unseren Regisseur Schu an dieser Stelle.

Ende November 2014. Alles im Kasten, ich mach mich an die Mixes und ans Master. Ein paar Interludes noch und fertig ist unser finales Statement. Geht sogar in die Charts. Platz 12 in Ö, Platz 31 in D, Platz 57 in CH. Da schau her! Logische Folge: Wir gehen auf Tour! Sieben Dates in Österreich und zehn in Deutschland, verteilt auf fünf Wochenenden. Wir treffen uns drei Tage in der KAPU in Linz, dem Ort des ersten gemeinsamen Konzerts, und planen unsere drei Stunden Marathon-Show. Mitte März geht es los, und die ausverkaufte Wiener Arena sollte ein gutes Omen werden für den Rest der Dates. Historischer Abriss. Jedes Wochenende ein Hit, wir werden eingespielter und eingespielter, es flutscht. Erschöpft, aber glücklich spielen wir Mitte April unseren letzten Tour-Stopp in der ausverkauften Münchner Muffathalle. Im August 2015 spielen wir eine letzte *TnT*-Show als Headliner beim Prima Leben Und Stereo Open Air in Freising, dem Ort, wo quasi alles begonnen hat. Der Vorhang fällt ein letztes Mal. Der Kreis ist geschlossen.

Flip

↑ Texta und Blumentopf in Flips Studio in Linz, 2014

(„WIR SIND NICHT NUR TEAM UND FREUNDE SONDERN")

SEELENVERWANDTE

Man kann es gar nicht anders sagen: Zwischen den Töpfen und uns entwickelte sich über all die Jahre ein Zusammenhalt der enthusiastischsten Sorte. Tatsächlich beschreibt der etwas klischeehafte Begriff der Seelenverwandtschaft treffend, was zwischen unseren beiden Bands passiert ist. Das ist nicht übertrieben, sondern liegt im gegenseitigen Respekt, in der Achtung und Freundschaft begründet. Eine Überschneidung der Likings, ein Zusammenspiel der Charaktere. Trotz Auffassungsunterschieden und abweichender Sichtweisen fühlt man sich — oft auch genau deswegen — verbunden, und zwar im Übrigen in einem Ausmaß wie mit keinen anderen Artists sonst aus der deutschsprachigen Hip-Hop-Szene. Das klingt jetzt vielleicht ein bisschen nach eingeschworener Schicksalsgemeinschaft, ist aber in Wirklichkeit als ein viel einfacheres Gefüge zu beschreiben. Man kennt das besser unter: Da stimmt die Chemie. Die Besuche im Freisinger Haushalt 2000 (und in München) waren wie zu Hause zu sein, auch wenn man nicht daheim war. Die Arbeit an gemeinsamen Songs und Alben (*TnT*, *Kaleidoskop*) lief, als hätte es nie was anderes gegeben. Schön, wenn sich sowas auf natürliche Weise ganz einfach ergänzt. Leidenschaft, Hingabe und Wille plus eine dauernde und unmissverständliche Response in aller Ehrlichkeit sind dafür unbedingte Voraussetzung. Das ist die Grundlage für die Ermöglichung einer Steigerung der Intensität in allen Wirkungsbereichen, und man kann von einer Verwirklichung jenseits von Sprache sprechen. Es gibt eben immer vielschichtige Bedeutungen, eine Überlagerung von Bildern. Es macht also demnach auch gar keinen Sinn, wenn man es sich (zu) leicht macht. Es gibt eben einen Preis der Kollektivität.

Aber, aber! Das kann doch nicht gut gehen, könnte jemand böswillig denken. Ein Schelm, wer meint, hier trifft deutsche Gründlichkeit auf österreichische Schlamperei! Denn all das und vor allem die gemeinsamen Konzerte und zwei traumatische Tourneen (Traumatik I und II) haben diese vermeintlichen Gegensätze in Wirklichkeit auf befruchtende Weise zusammengeführt und, ihr entschuldigt, ich sag's, wenn's auch noch so kitschig klingt, eben zu etwas Besonderem gemacht. In manchen Momenten („Nein, wir waren nicht zu spät, ihr wart zu früh.") musste unser Zusammenhalt sich durch Rücksichtnahme und Einsicht beweisen.

Was die Töpfe souverän mit einer gesunden „Lass mal jetzt, ich kill ihn morgen"-Attitude lösten — denn ihr wisst, die angekündigten Morde finden eh nicht statt — unterstrich nur, dass wir richtig liegen und bestärkte „unser Ding"! Wir mit unserer an die Grenzen gehenden „textarischen Lockerheit" gegenüber der topfmäßigen „Wo seid ihr?"-Genauigkeit. Es braucht Nerven, um in diesem brodelnden Kessel der Emotionen ein wohlschmeckendes Süppchen zu kochen. Man muss dauernd die Waage ins Gleichgewicht bringen, anstatt sich um die Torte zu streiten. Solange das Tun die Sinngebung des Seins ist, ist unser gemeinsames Unterfangen das beste Beispiel für eine freudvolle Zusammenarbeit und eine richtig gute Zeit dabei.

Unsere Freundschaft wird weiter gehegt und gepflegt. Wir sind und bleiben seelenverwandt.

Huckey

→ Harald „Huckey" Renner ist Rapper bei Texta. Philipp „Flip" Kroll ist Rapper und Producer bei Texta. Gegründet 1993. Linzer mit Attitude. Texta sind seit 2013 Huckey, Laima, Flip & DJ Dan.

↑ TnT Tour 2015

SCHAUT nach oben ↑ wir fliegen über die Stadt
SUPERMäNNER , strotzen vor KRAFT
Wir sind mutig , feige , einfach nur KRASS.
Wir können alles machen, wenn uns nur
JEMAND sagt was.

↑ Zeichnungen: Florian Weber (Sportfreunde)

BLUMENFREUNDE SPORTTÖPFE

„Blumentopf. Spielen auch."„Blumentopf? Die auch aus München?"„Hip Hop aus München, jawohl."„Die haben uns doch in der letzten INTRO verrissen."„Genau. Spielen auch. Vor uns, glaub ich. Oder nach uns." „Warum haben die unser Album eigentlich nicht gut gefunden? Sind doch aus München, oder?"„Heißt ja nix." „Ja, aber was ist mit Lokalpatriotismus?"„Kennen uns ja nicht, oder? Oder kennst du die?"„Nö, woher denn?"„Aus München."„Noch nie geredet mit denen. Aber Lokalpatriotismus, weißt du? Beide aus München, da gebe ich halt dann ein paar Punkte, oder nicht?"„Keine Ahnung." „Hm … bestimmt Penner."

So, so ähnlich oder gar ein wenig anders, doch mit vergleichbarem Tenor, fand ein Gespräch innerhalb der Sportfreunde statt, die während des Soundchecks einer Radioveranstaltung in Kassel die teilnehmenden Bands diskutierten. Auch an diesem Abend war zwischen den Töpfen und uns Sportfreunden nicht mehr als ein flüchtiges „Servus" hin und her geflattert. Es gleicht fast einem eitlen Phänomen, dass beide Bands es lange Jahre schafften, nebeneinanderher zu existieren. München gilt nicht als Hochburg irgendeiner musikalischen Subkultur (der Letzte, der für eine Münchner Prägung stand, war Georgio Moroder). In allen Segmenten werkelten talentierte Musiker mit Fantasie und Funkenflug. Jedoch, ein Pendant zur Hamburger Schule entstand so wenig wie ein Aggro Berlin im Monaco-Gewand. Lustigerweise spielte Flo einst mit seiner alternativen Crossover-Band Subsonic Bi-Pets aus Schrobenhausen bei einem Münchner Waisenhausfest. Da Flos Schwester den Musikalischen Abend organisierte, buchte sie die Subsonics als Quasi-Headliner. Dass sich das die Lokalhelden nicht bieten ließen, zeigten sie mit einer äußerst verspäteten Ankunft am Waisenhaus, nachdem die Schrobenhausener Grunge-Burlis schon zu spielen begonnen hatten. Blumentopf als Support von den Spargelfritzen? SoLaLa. Also andersrum.

Flo und Peter fanden im Studium zusammen und legten 1996 mit dem Stillern los. Es folgten Jahre des Existierens. Blumentopf hier. Wir als Sportfreunde da.

Ein wenig mehr Kontakt brachte unser Mitwirken bei einigen Veranstaltungen von Bellevue di Monaco. Hier wurde deutlich, dass gegen die gleichen Missstände gekämpft wird. Egal wer hopt oder rockt oder popt. Obwohl wir natürlich arschcoole Slacker waren,

↑ Walchensee 2015

wussten wir genau, dass *SoLaLa* eigentlich ein Welthit ist. Wir wussten genau, wie man die *Party-Safari* abballert. Wir wussten, warum *die City schläft*. Und wir wussten, dass man für so viele gute Texte und Beats alle Hüte ziehen muss, die man auftreiben kann.

Eine große Ehre war es also, als wir bei den Töpfen in ihrem Kellerstudio „Glanz und Gloria" bei der Testosteron-Hymne *Supermänner* mitträllern durften. (Auch ein Grund, warum *Nieder mit der GbR* das letzte Album der Töpfe zu sein scheint.) Ernst beiseite, aus diesem Kurz-Kreativ-Trip entstand die Idee des Jahrtausends. Nämlich einen musikalischen Verbindungsversuch einzugehen, der mit freier Auswölbung aktiver Brainstormingwut an allen Instrumenten beginnen sollte und mit entblößter Scham und Seitwärts-Salto springend endete. Dies fand am Walchensee im Januar 2015 in einem Kaminraum einer Gastwirtschaft statt. Dabei entstanden Hits, welche nie entdeckt werden. *Nervt!* oder *Improviser* oder der Sonnenstuhl-Burner *Urlaub in Ahhhhh* sind Lieder, die gerne einmal Sepalot ans Schlagzeug, Rüde und Peter an die Moog-Türme, Flo an die Gitarre und Roger an den Billardtisch beförderten, während Schu den Grill anzündete und Cajus weitere Biervorräte einkühlte. Als das Musikgewand annähernd stand, ballerten die drei MCs (Wunder war leider verhindert und somit der Welterfolg blockiert) innerhalb weniger Minuten 150 Reime aufs Blatt. Hier trafen Menschen auf Menschen, die wussten, wie man „sich einen Lenz machen" buchstabierte und dabei dem Beruf folgt, der für

beide Bands stets Berufung ist/war. Neben den Tönen waren aber auch Gespräche über politische Stränge, über die Wucht der Liebe zu Ding und Herz, über Holzpupmann und Schmierblut, über Grillsaucen und Tourerlebnisse ein Leichtes. Folglich kommt die Frage auf, warum diese stimmige Verbindung so lange auf sich warten ließ. Warum wir uns erst sehr spät in die Arme fielen, kann kein Beteiligter genau erklären. Selbst spirituosspirituelle Analyseversuche und heitere Kausalattribuierungen bringen keine Ergebnisse. So tun wir einfach, als wären wir schon immer Kumpels und zwar diejenigen, die gemeinsam Briefkästen in die Luft sprengten und auf Mofas Mädels in Miniröcken jagten.

Wir freuen uns über die späte, aber dafür umso herzlichere Freundschaft zu Schu, Cajus, Roger, Sepalot und Wunder und wünschen jedem Einzelnen für die Zukunft Glück, Frieden und Erfüllung mit den Familien und viel Feuer für neue Ideen, welcher Art auch immer.

Eure Sportfreunde Peter, Rüde, Flo

Ps.: Und … äh … wann ist Walchenseesession 2 gleich wieder?

UNVERGESSLICH

Die Nachricht, dass Blumentopf ihre Karriere beenden, machte auf Facebook schnell die Runde, und mich erreichte die Info um 8 Uhr morgens. Beschissener hätte der Tag nicht beginnen können, denn wenn ich auf meine Karriere zurückblicke, ist keineswegs von der Hand zu weisen, dass die Jungs vom Blumentopf meinen Weg und die Art, wie ich reime, maßgeblich beeinflusst haben. Eines der ersten deutschen Alben, die ich in die Finger bekam, war *Kein Zufall*. Dendemann und Maju Biese pumpten es ständig im Studio und *6 Meter 90* wurde zur absoluten Hymne gekrönt. Meine Kumpels und ich standen noch in den Startlöchern, bauten unsere ersten Demos, und ein Album-Release war undenkbar zu der Zeit. Wir schauten auf zu den Jungs! Umso aufregender war das erste Treffen auf der *Großes Kino*-Tour 1999 in Dortmund. Nach der Show kam ich in den Backstage-Bereich und lernte Blumentopf kennen. Ich war nervös, doch die Jungs waren sehr kool — außer Schu, der war derbe arrogant! hahaha ... Wir verlinkten uns und ein paar Monate später flog ich nach München, um für mein erstes Solo-Album den Track *Briefträgerstyles* aufzunehmen, für den Holunder den Beat produzierte. Das war der Startschuss für ALLES, was folgte.

Nico Suave

→ Nico Suave ist ein deutscher Rapper. Er hat den TOPF 2003 als Support auf Tour begleitet.

↑ Videodreh *Kool!* am Walchensee

Ich erinnre mich an so viele Touren und
Live-Gigs, an den Nightliner mit Panorama-
Fenster und Weitblick, an das Kilo Gras,
was nachts über die Grenze ging, während
handgroße Butts an unseren Schwänzen
hingen! An die Sessions im Bus mit Sparc
und Anton Schwarz, an den Videodreh
am See, verkleidet vor den Kameras, an die
Studio-Zeit für meine 2. und 3. LP, denn
nirgendwo hab ich mehr Joints als Kippen
gedreht! An das Glockenbach-Viertel und an
die Freestyle-Sessions. Wie ihr live rockt,
wie ihr spittet, werd ich wohl nie vergessen.
Ich könnt noch mehr erzählen, doch dafür
reicht der Platz nicht. Ich danke euch für 20
Jahre Rap-Geschichte, was Fakt ist!
Die Zeit bleibt unvergesslich und für immer
im Kopf. Für immer Die Jungs aus dem
Reihenhaus, für immer der Topf!

One Love

WENN DEINE LIEBLINGSBAND STIRBT

„Früchte tragen können nur die Blüten, die verwelken" — *Leise Töne*

Ich weiß noch genau, wie das alles begann: Ich wusste von nix und hab auch kaum Rapreime gekannt. Die *Eins A*-Tour war gerade vorbei, da kaufte ein 13-jähriger Junge sein erstes Blumentopf-Album. Ich war gerade umgezogen — neuer Block, neues Haus, neues Viertel — und hatte auf Viva 2 das *Liebe & Hass*-Video gesehen.

Ich hörte in die Platte rein in diesem kleinen, schlecht sortierten CD-Laden, der trotzdem genau dieses eine Album genau ein Mal da hatte: Die vier Freestyle-Fanatics, die man vom Mikro nicht wegkriegt, mit ihrem DJ an Technics liefern mir Classics.

Das war von Beginn an so und hält bis heute an. Als vor ein paar Tagen bei Facebook stand, dass sich der Blumentopf auflöst, hatte ich das erste Mal in meinem Leben dieses Gefühl, dass mir eine Band weggenommen wird.

Einfach abgelöst von einem Gangsta-Rap-Act. Ich wurde gerade Zeuge, wie so manche Fans vor Schreck ihren Matetee verschluckten und ihr Smartphone fallen ließen, denn Roger und Schu und wie sie alle hießen, die gehörten ganz nach vorne und nicht in den Hintergrund.

Doch es gibt keine Teds mehr im Videotext und eigentlich ist es beim Topf auch ganz anders als bei Take That damals. Für mich zumindest. Und das liegt daran:

„Vielleicht hat ja die Straße, in der ich aufwuchs, meinen Charakter geprägt, doch wer hört das gern, wenn er als Kind in 'ner Sackgasse lebt."

Solche Reime von Holunder waren genau das Richtige für den jungen Jonas. Einer, der genauso Samy Deluxe gefeiert hat, der versucht hat, den ganzen Ami-Rap zu verstehen

und immer an den Slang-Wörtern gescheitert ist (56k-Modem, kein Wikipedia, duh) und der trotzdem dann Musik von so Typen hört, die irgendwie so sind wie er, nur eben schon etwas älter.

Jungs aus dem Reihenhaus eben. Verwöhnte deutsche Vorstadtkids. Typen, die kiffen, aber bei denen einer halt auch darüber rappt, warum er selbst das eben nicht macht (*Nur dass ihr wisst*).

Ich habe mir dann die alten Alben geholt, *Großes Kino* und *Kein Zufall*, und damit die Musik kennengelernt, die heute noch von den Oldschool-Dudes als der wahre Hip Hop gefeiert wird. Die Storytellings von schirmchenfliegenden Zombiepartyescapes mit Weißweinschraubverschlussflasche am Gürtel bis zu sich unterhaltenden Blättern und Bleistiften. Ich bin Nachmittage in Geschichten versunken, von Partys kopfnickend heimgebounced und habe Autofahrten kaugummikauend auf dem Rücksitz verbracht — denn **„Glück und Schmerz liegen nah beisammen, wie Wuppertal und Remscheid"**.

„Ich weiß, es war nie das, was zählt, aber irgendwie lieb ich das."

Ich habe im Topf-Forum rumgehangen, stundenlang darauf gewartet, dass die unveröffentlichten Songs von der Seite auf meinem Rechner gelandet sind und mir jedes Album gekauft, auf dem auch nur ein Track mit dem Topf drauf war.

So habe ich einige Top-Platten kennengelernt: Die *L.P., Nicht Vollständig* von I.L.L. Will (2002), wo selbst heute noch einige der derbsten Tracks von Eins Zwo, Nico Suave oder Curse drauf sind (und eben *Liebe & Hass Teil II*).

Gute Musik von einem gewissen Clueso (2004), dessen erste beiden Alben danach gleich in den Schrank kamen und der damit einer der wenigen Künstler ist, von denen ich hipstermäßig behaupten kann, ihn schon vor dem Hype gehört zu haben.

Meinen Horizont rückwärts erweitert hat der Topf mit Texta und Main Concept, denn selbst David Pe, Glammerlicious und DJ Explizit habe ich zuerst durch sie kennengelernt. Wie man sich bei wissenschaftlicher Literatur von Quelle zu Quelle hangelt, lernt man von Rapcrew zu Rapcrew neue Lieblinge kennen.

Ich habe alle Alben gekauft, Instrumentalplatten am Merchandisestand gediggt,

Sepalot-Tapes gesaugt und CDs gehortet. Als für einen kurzen Moment selbst-designte T-Shirts in limitierter Auflage im Shop auftauchten, habe ich gleich drei Stück gekauft. Bei manchen Touren fuhr ich mit der Regionalbahn gleich in mehrere Städte, alle Solo-Platten von Cajus bis Schu & Janna musste ich haben, die Fan-Verrücktheit führte so weit, dass ich plötzlich bei einem Videodreh mit Elyas M'Barek gekickert habe, der als Kumpel von Roger bei *Schau nach vorn* in einem Kölner Hinterhof die Hauptrolle gespielt hat.

Bei 16 Konzerten bin ich jedes Mal heiser, durchgeschwitzt und sauzufrieden nach Hause gegangen. Ich habe Nachwuchsbands kennengelernt, die später richtig groß geworden sind wie Dexter (damals mit Maniac) oder Fatoni (damals mit Keno, heute Moop-Mama-Frontmann als Creme Fresh Crew). Habe Bands und Rapper kennengelernt, die mir heute noch am Herzen liegen: ob die Phantom Black-EP oder das Vierzueins-Album, das noch 2009 in Dauerrotation lief und mir als Inspiration für einen Account bei Twitter dienen sollte.

Ob im kleinsten Club bei der *Haben wir nicht nötig*-Tour mit Main Concept oder in der DJ-Drummer-Connection in einem Club in Philadelphia, ob in der Kufa in Krefeld oder dem SO36 in Berlin, der Zeche in Bochum oder dem E-Werk in Köln. Ihr habt mich immer wieder in die beste Zeit meines Lebens katapultiert, zwischen Pubertät und Abi, in Studium-Sommernächten oder Arbeitstagsheimfahrten.

Zusammen mit Texta habt ihr schon vor elf Jahren vom Altwerden gerappt. Und so langsam dürft ihr als Crew in Rente gehen.

Denn die Erinnerungen, die stecken in jeder Zeile.

→ Jonas Jansen hat erst über *Eins A* zum Topf gefunden, dann aber alles rückwärts verschlungen. Wenn er nicht Rap hört oder seine Twittersucht als @vierzueinser stillt, schreibt er als Wirtschaftsjournalist für die *Frankfurter Allgemeine Zeitung* über Netzwirtschaft.

EIN CHIN-CHIN AUF BLUMENTOPF

Ich esse zu Abend mit König Boris, Doktor Renz und Björn Beton. Man hat die Wahl zwischen zweierlei Tafelspitz vom Kalb mit Kartoffelsticks, Cremespinat, Kichererbsen und Wan Tan, Neon-Reis, gebratenem Blumenkohl und frischem Gemüse. Ich bin Support bei der *Teenager vom Mars*-Tour von Fettes Brot. Die Stimmung ist wie das Essen ausschließlich sehr gut. Außer an diesem Abend in Graz. Wir haben gerade alle zusammen das offizielle Video zur Auflösung von Blumentopf gesehen. Ich sage so etwas wie: „Ich wusste ja, dass sie sich trennen, aber jetzt, wo es so offiziell ist, bin ich irgendwie richtig traurig." Den Broten geht es genauso. Wir schweigen noch eine Weile und stoßen dann auf Blumentopf an. Ich muss dann auch schon auf die Bühne. Fettes Brot und Blumentopf verbindet eine lange Freundschaft. 1996 und 1997 waren Blumentopf Vorgruppe von Fettes Brot auf der *Spiel mir das Lied vom Brot*-Tour. 2007 war ich mit meiner damaligen Band Creme Fresh Vorgruppe von Blumentopf auf der *Musikmaschine*-Tour. Jetzt bin ich also Vorgruppe von Fettes Brot und wir stoßen auf Blumentopf an, alles ist ein Kreis oder so. So endet also die Geschichte von Blumentopf und ich muss daran denken, wie sie für mich angefangen hat — und das ist nicht trennbar davon, wie das mit Hip Hop für mich angefangen hat. Ab Mitte der 90er Jahre hörte ich alles an deutschem Rap, was ich irgendwie bekommen konnte. Egal, ob aus Hamburg, Stuttgart oder etwas später auch aus Berlin. Ich mochte fast alle Stilrichtungen, die es damals gab, wobei mich an den verschiedenen Künstlern sehr unterschiedliche Dinge faszinierten. Und ich weiß genau, was es bei Blumentopf war: dass sie Songs so schrieben, dass wir das Gefühl hatten, das könnten Kumpels von uns

sein und das alles hätte direkt etwas mit uns zu tun. Das war einzigartig, dieses Gefühl, dass das aus meinem Leben kommt — und das hatte ich nur beim Topf. Ich denke nicht, dass das etwas damit zu tun hatte, dass ich selbst auch aus München komme. Allerdings war es tatsächlich wichtig für meine Clique und mich, dass es auch Rap aus unserer Stadt gab. Natürlich gab es noch Main Concept und Feinkost Paranoia, aber Blumentopf war für uns anfangs viel präsenter. Ich weiß nicht, ob es für Teenager heute auch noch so wichtig ist, wo ein Künstler herkommt. Ich habe das Gefühl, durch das Internet ist das eher egal (und das ist vielleicht auch besser so), aber damals war es das nicht. Dadurch war die Band irgendwie nahbar, irgendwie echt und nicht nur auf MTV. Ab und zu hat man einzelne Töpfe sogar auf der Straße gesehen. Ich war 15 Jahre alt und angetrunken, kam von einer Party an der Isar und ging über die Reichenbachbrücke, auf meinen Lippen *Was' der Handel?*, die aktuelle Blumentopfsingle, als mir Schu entgegenkam. Ich hab ihn vollgelabert, wie geil doch seine Musik sei, und ihm seine eigene Strophe vorgerappt, bis er meinte: „Danke, danke, aber ich muss jetzt echt weiter!" Wahrscheinlich haben ich und meine Kumpels an dem Abend an der Isar gefreestylt, eigene Texte habe ich damals auf jeden Fall noch nicht geschrieben. Ich habe die von Blumentopf und den Absoluten Beginnern gerappt — und von Fettes Brot. Und da bin ich nun auf Tour mit Fettes Brot und eine der wichtigsten Bands meiner Jugend löst sich auf. Der Einfluss, den Blumentopf auf mich und uns hatte, war sicher auf den ersten Releases von Creme Fresh noch deutlich zu hören. Es wäre natürlich schrecklich, wenn das heute noch so wäre. Aber wenn *Großes Kino* irgendwo läuft, habe ich flashbackartige Gefühle, wie sie nur ganz wenige Platten aus der eigenen Teenie-Zeit hervorrufen können. Danke dafür TOPF! Und hey: *Früchte tragen können nur die Blüten, die verwelken.*

Fatoni

→ Fatoni, Jahrgang 1984 und gebürtiger Münchner, ist mit dem Blumentopf-Sound aufgewachsen. Mit seiner damaligen Crew Creme Fresh begleitete er den TOPF 2007 als Support auf Tour und kam dabei zu seiner ersten und bis dato einzigen *Bild*-Schlagzeile „Creme fresh macht auf Creme Crash".

↑   Rock am Ring, 2013

Impressum

Herausgegeben von Jenny Bohn

© Verlag Antje Kunstmann GmbH, München 2016
© der Originalbeiträge und der Songtexte bei den jeweiligen Autoren

Gestaltung: Copa-Ipa
Schrift: Gräbenbach, Camelot Typefaces
Papier: Design Offset
Druck und Bindung: Kösel GmbH, Krugzell

ISBN 978-3-95614-131-7

Der Topf dankt:

Esther Adam, Akanni, Ina Andexer, Mike Antoine, Kofi Asihene, Les Babacools, Andy Barsekow, Jeff Baumann, Michael Bartle, Fritz Beck, Susanne Beck, Hannes Beckmann (r.i.p.), Bellevue di Monaco, Jonas Bendner, Che André Bergendahl, Jakob Biazza, Detlef Bienert, Ralf Binder, Lukas Bischoff, Black Tiger, Roland Bohland, Jenny Bohn, Davide Bortot, Dj Bowdee, Tibor Bozi, Fitz Braum, Christian Brecheis, Dirk Brechmann, Joern Broemelmeyer, Franz Brunner, Bubu Stylez, Gabriel Büchelmeier, Ines Bugner, DJ Bustler, Busy, Arno von Buxhoeveden, MC Caramelo, Marc Champeimont, DJ Chrome, Clueso, Cora E, DavidPe, Def Ill, Dennis Delweg, Demograffics, Dendemann, Dexter, Doppel D, Klaudie Drazdansky, Guido Drexler, Dominik Drutschmann, Edgar Wasser, Matthias Edlinger, Egon, E-La, Rene El Khazraje, Clemens Fantur, Fatoni, Tim Fehlbaum, Felix, Fettes Brot, Christan Fischer, Jonathan Fischer, Flip, Freeze, Sebastian Freyberg, Ingrid Fuchs, Sebastian Fuchs, Fabian Füss, Krista Glass, Stephanie Glockmann, Goethe Institut, Götz Gottschalk, Stefanie Graefenstein, Lukas Gröbler, Markus Grosse, Jan Gutzeit, Peter Hadar, Steffi Hager, Philip Handschin, T. Hanghofer, Nico Hannak, Coraline Hargesheimer, Klaus Heinen, Simon Heitmann, Bjoern Heitzer, Renate Hilgers, Amadeus Hiller, Till Hofmann, HR Sinfonieorchester, Huckey, Niko Hüls, Stefan Hülsmann, Oliver Ihrens, I.L.L. Will, Christoph Ising, Stefan Jaksch, Jonas Jansen, Johnny Popcorn, Josef Jiru, Juse Ju, JUZ Unterschleissheim, Max Kaiser, Johannes Kaltenhauser, Nicki Kampa, Mitra Kassai, Katmando, Michael Kavelar, Max Keller, Keno, Matze Kern, Bernd Klaus, Nico Klein, Brigitte Kluwe, Knackeboul, Sebastian Knebelkamp, Chrissi Knebelkamp, Tim Koblenz, Roxanne Koch, Korinna Krauss, Tom Krüger, Daniel Kuhn, Flo Laber, Alex Lacher, Patrick Lange, Giacomo La Tragna, Thomas Leibe, Björn Lentföhr, Andi Locher, Mark Löscher, Merle Lotz, Lylit, Lyroholika, DJ Mad, Elke Magold, Marco Mahl, Main Concept, Daniel Malat, Maniac, Lucy Maric, Chris Maruhn, Marvin, Elyas M' Barek, Jan Mehlhose, Ludwig Meier, Markus Mein, Jenny Michaels, Mika, Herr Minute, Kristijan Mirkovic, Monaco Fraenzn, Anna Moralez, Uli Mücke, Christopher Mueller, Musikkapelle Münsing, Clemens Nagel, Dirk Neuhäuser, Christoph Neumann, Nico Suave, Nash Nopper, Werner Nowitzki, Torben Oberhellmann, Oh Vocalist, Claudia Orlando, Sebastian Ostholt, Anne Otto, Christian Otto, Raoul Paslaru, Benni Pfeifer, Sven Pfennig und die Titans, Phantom Black, PhilPham, Pohlmann, Sebastian Poschenrieder, Markus Postrach, Adriano Prestel, Stefan Raab, Sophie Raml, Raptile, Danny Rau, Andy Reitz, Retrogott, Alex Richter, Mathis Riehm, Roger Rekless, Markus Roth, Christian Rothe, Dirk Rudolph, Sabrina, Michel Sand, Jay Scarlett, Falk Schacht, Daniel Schieferdecker, Sebastian Schiller, Anne Schmidt, Richard van Schoor, Julia Schuster, Lena Schuster, Renate Schuster, Alexander Schwan, Mark Schwär, Sektion Kuchikäschtli, Rainer Sell, Sens Unik, Siddi, Günther Sigl, Silke, SK Invitational und Stephan Kondert, Skate Aid, James Slater, Jochen Smuda, Smudo, Kami Sorusch, DJ Sparc, Wolfgang Spegassner, Sportfreunde Stiller, Marcus Staiger, Agnes Stamml, Christian Stangassinger, Ralf Steyrer, Christoph Stickel, Stieber Twins, Michael Stockum, Gregor Stoeckl, Mathias Straub, Alexander Strobl, Ralf Summer, Stephan Szillius, Björn Tagemose, Taurer, Texta, Tornimator, Total Chaos, Klaudie Trede, Thomas, Twinz, Elli Veh, Vera, VierzuEins, Viva Zwei, Viva con Agua, Sarah Vollmer, Jonas Wachholz, Akim Walta, Julian Warner, Jörg Weger, Thomas Wehrle, Deirdre Weiss-Laughton, Jan Weissenfeld, Richard Wernike, Dave Wetzl, Matthias Wiegele, Emilio Winschetti, Robin Wodtke, Janna Ji Wonders, Dennis Wösten, Daniel Wurm, Tanju Yolasan, Daniel Zachmann, Zandt, Benjamin Zecher, Sven Zellner, Ziegelmüller, Uli Zieher und allen Veranstaltern und Fans.